THOMAS MAYER

DIE VERMESSUNG DES UNBEKANNTEN

Ein Essay über Geld und Gesellschaft
in Zeiten radikaler Unsicherheit

Bibliografische Information der Deutschen Nationalbibliothek
Die Deutsche Nationalbibliothek verzeichnet diese Publikation in der Deutschen National-
bibliografie. Detaillierte bibliografische Daten sind im Internet über http://dnb.d-nb.de abrufbar.

Für Fragen und Anregungen
info@finanzbuchverlag.de

Wichtiger Hinweis
Ausschließlich zum Zweck der besseren Lesbarkeit wurde auf eine genderspezifische Schreibweise sowie
eine Mehrfachbezeichnung verzichtet. Alle personenbezogenen Bezeichnungen sind somit geschlechts-
neutral zu verstehen.

Originalausgabe
1. Auflage 2021
© 2021 by FinanzBuch Verlag, ein Imprint der Münchner Verlagsgruppe GmbH
Türkenstraße 89
80799 München
Tel.: 089 651285-0
Fax: 089 652096

Alle Rechte, insbesondere das Recht der Vervielfältigung und Verbreitung sowie der Übersetzung, vorbehalten. Kein Teil des Werkes darf in irgendeiner Form (durch Fotokopie, Mikrofilm oder ein anderes
Verfahren) ohne schriftliche Genehmigung des Verlages reproduziert oder unter Verwendung elektro-
nischer Systeme gespeichert, verarbeitet, vervielfältigt oder verbreitet werden.

Redaktion: Matthias Michel
Korrektorat: Silvia Kinkel
Umschlaggestaltung: Pamela Machleidt
Umschlagabbildung: Shutterstock/Zagory, Shutterstock/jvillustrations, Shutterstock/Fafarumba
Satz: Tobias Prießner
Druck: CPI books GmbH, Leck
Printed in Germany

ISBN Print 978-3-95972-483-8
ISBN E-Book (PDF) 978-3-96092-916-1
ISBN E-Book (EPUB, Mobi) 978-3-96092-917-8

Weitere Informationen zum Verlag finden Sie unter

www.finanzbuchverlag.de

Beachten Sie auch unsere weiteren Verlage unter www.m-vg.de

Inhalt

Vorwort 7
Kapitel 1 - Die Dunkle Seite des Mondes 9

Teil I - Vom Umgang mit Unsicherheit 21
   Kapitel 2 - Vom Schicksal zum Zufall 23
   Kapitel 3 - Systemische gesellschaftliche Risiken: Soziale Sicherheit
               und Chancengleichheit 31
   Kapitel 4 - Idiosynkratische gesellschaftliche Risiken: Klimawandel
               und Corona-Pandemie 37
   Kapitel 5 - Warum die moderne Geldpolitik zum Scheitern verurteilt ist. . . . 51
   Kapitel 6 - Warum die moderne Finanztheorie zum Scheitern verurteilt ist . . 63
   Kapitel 7 - Expertenherrschaft in der Risikogesellschaft 99

Teil II - Der Versicherungsstaat 113
   Kapitel 8 - Die staatlich geschaffene Fragilität 115
   Kapitel 9 - Die Schwindsucht der rentierlichen Geldanlagen 127
   Kapitel 10 - Wert, Wachstum, Qualität 137
   Kapitel 11 - Staatlicher Zugriff 147
   Kapitel 12 - Wenn der Versicherungsstaat Konkurs anmelden muss 161

Teil III - Narrative für die Zukunft 167
   Kapitel 13 - Was tun? 169
   Kapitel 14 - Die Bedeutung von Narrativen 179
   Kapitel 15 - Umsetzung in die Praxis 183
   Kapitel 16 - Der ehrbare Kaufmann und die Politiker 187
   Kapitel 17 - Was sind die bekannten Unbekannten? 191
   Kapitel 18 - Die Alterung der Gesellschaft 195
   Kapitel 19 - Die Völkerwanderung unserer Zeit 207
   Kapitel 20 - Die Digitalisierung unserer Lebensumstände 213
   Kapitel 21 - Die ungezügelte Geldvermehrung der Zentralbanken 221

Kapitel 22 - Die Entstehung einer neuen geopolitischen Weltordnung 231
Kapitel 23 - Scheinwissenschaftliche Apokalypse (Klimawandel)
und erlernte Hilflosigkeit (Pandemie) 243
Kapitel 24 - Die Auflösung der liberalen Ordnung
durch Identitätspolitik 253

Nachwort 267
Anmerkungen 270
Liste der Grafiken 274
Liste der Tabellen. 275
Literatur 276
Personenregister. 280
Sachregister 282
Über den Autor 285

»So viel Wissen über unser Nichtwissen und über den Zwang, unter Unsicherheit handeln und leben zu müssen, gab es noch nie.«

Jürgen Habermas[1]

Vorwort

Nach vier Jahren in der Forschung beim Kieler Institut für Weltwirtschaft und weiteren drei Jahren Praxis in der Entwicklungsökonomik bei der Kreditanstalt für Wiederaufbau und dem Internationalen Währungsfonds gab ich auf. Mit der Erkenntnis: Entwicklung lässt sich nicht planen. Man kann dafür nur die Voraussetzungen schaffen, und das geht nicht von außen. Nach fünf Jahren in der Politikberatung für Industrieländer beim Internationalen Währungsfonds gab ich auch das auf. Mir schien, die Politik machte einfach das, was ihr am meisten nutzte, und suchte sich die Experten danach aus. Ich wechselte 1990 in die Finanzbranche und befasste mich dort mit den Kapitalmärkten. Als damals überzeugter Anhänger der Theorien von rationalen Erwartungen und effizienten Märkten war ich darauf gefasst, auch dort bald wieder aufzugeben. Ich gebe zu, meine Beziehung zur Ökonomik ist nicht sehr gefestigt.

Doch es kam nicht zur erneuten Aufgabe. Die Märkte erwiesen sich nicht als so effizient, dass ein Ökonom, der sich mit ihrer Interpretation und Prognose befasste, dort kein Auskommen finden konnte – und zwar in lohnenderem Umfang als in der Entwicklungsökonomik und Politikberatung. Dieser Umstand hält mich seither in der Finanzbranche, aber nicht nur. Immer stärker faszinierten mich die Märkte als Richter über die in ihnen tätigen Akteure. Es sind Richter, die ihre Urteile fällen ohne Ansehen der Person. Sie demütigen den Nobelpreisträger ebenso wie den namenlosen Autodiktaten, wenn diese in ihren Einschätzungen falschliegen, und sie belohnen diese, wenn sie richtigliegen. Ich kenne keinen ehrlicheren Richter. Statt der Justitia müssten man die Finanzmärkte mit verbundenen Augen (für das Richten ohne Ansehen der Person), Waage (für das Abwägen der Sachlage) und Richtschwert (für die Härte der Durchsetzung ihres Richtspruchs) darstellen.

Etwas anderes faszinierte mich sogar noch mehr: der Umgang mit der Unsicherheit über die Zukunft. Je länger ich in und mit den Märkten lebte, desto größer wurde meine Überzeugung, dass die Wissenschaft wenig und der gesunde Menschenverstand viel zum richtigen Umgang mit Unsicherheit beitragen kann. Und immer stärker schien mir, dass der Umgang mit Unsicherheit nicht nur in den Finanzmärkten, sondern auch in der Gesellschaft viele falsche Praktiken hervorgebracht hat.

Nun ist es so weit, dass ich zu diesem Thema den vorliegenden Essay wage. Die Bezeichnung Essay ist bewusst gewählt, denn bei Wikipedia habe ich dazu die folgende Beschreibung gefunden: »Im Mittelpunkt steht oft die persönliche Auseinandersetzung des Autors mit einem Thema. Die Kriterien wissenschaftlicher Methodik können dabei vernachlässigt werden; der Schreiber (der Essayist) hat also relativ große Freiheiten.«[2] Diese Beschreibung passt zu mir und meiner Arbeit.

Es ist zu erwähnen, dass dieser Essay nicht ohne die Inspiration zweier anderer Arbeiten zustande gekommen wäre: Ulrich Becks *Weltrisikogesellschaft* und John Kays und Mervyn Kings *Radical Uncertainty*. Beiden Büchern ist daher in folgendem Versuch (nichts anderes bedeutet das Wort Essay) viel Raum eingeräumt. Und es gehört auch dazu, zu sagen, dass ich den Hinweis auf diese Bücher Edward Chancellor verdanke, mit dem mich eine langjährige Geistesfreundschaft verbindet. Außerdem danke ich Ludger Schuknecht, Kai Lehmann und Norbert Tofall für viele Anregungen und hilfreiche Kommentare. Mein Dank gilt auch Daniela Riepe für ihre umsichtige Betreuung dieser Arbeit, Matthias Michel für das sorgfältige Lektorat und nicht zuletzt Georg Hodolitsch, der mir nun zum vierten Mal als Programmleiter beigestanden hat.

Doch genug der Vorworte – begeben wir uns unverzüglich *in medias res*.

Kapitel 1

Die Dunkle Seite des Mondes

In seinem Roman *Die Vermessung der Welt* erzählt Daniel Kehlmann die Geschichte von Alexander von Humboldt und Carl Friedrich Gauß.[3] Der eine, Humboldt, will die Welt empirisch, der andere, Gauß, theoretisch vermessen. Beide Verfahren ergänzen sich, weil wir die ihnen unterliegende mathematische Logik in einem großen Teil der für uns wahrnehmbaren Umgebung gespiegelt sehen. Wir sehen, was sich uns mit dem uns mitgegebenen Wahrnehmungsapparat offenbart. Aber die Gegenwart ist nur ein flüchtiger Moment. Dauernd müssen wir in der Gegenwart Entscheidungen treffen, deren Folgen sich erst in der Zukunft zeigen. Doch die Zukunft liegt im Dunklen. Wir müssen sie ergründen.

Seit uns der Glaube an die göttliche Vorsehung abhandengekommen ist, haben wir uns zu ihrer Ergründung angewöhnt, in mathematischen Wahrscheinlichkeiten zu denken. Wenn wir schon nicht wissen können, was passieren wird, dann können wir doch vielleicht eine Liste der möglichen Entwicklungen erstellen und für jede eine Wahrscheinlichkeit vergeben. In seinem Buch *Against the Gods* erzählt der Finanzhistoriker Peter L. Bernstein die Geschichte der Vermessung der Zukunft mithilfe der Wahrscheinlichkeitsrechnung.[4] Dazu muss mathematisch unfassbare Unsicherheit in mathematisch messbare Risiken verwandelt werden. Aus den uns vorstellbaren, künftig möglichen Entwicklungen wählen wir diejenige mit der höchsten Wahrscheinlichkeit als Prognose und vertrauen darauf, dass die Wahrscheinlichkeiten anderer Entwicklungen mit der

Größe der Abweichung von der Prognose sinken. Unsicherheit wird scheinbar zum messbaren und damit versicherbaren Risiko.

Einige, aber nicht alle Risiken können wir privat versichern. Deshalb errichten wir den Versicherungsstaat, den wir beauftragen, unsere Lebensrisiken, die wir privat nicht versichern können oder wollen, zu minimieren und die Restrisiken öffentlich zu versichern. Im Gegensatz zur Vermessung der Welt scheitert die Vermessung der Zukunft – und damit der Versicherungsstaat – aber immer wieder an der mathematischen Unbeherrschbarkeit eigentlicher, »radikaler« Unsicherheit, die man auch als fundamentale Ungewissheit bezeichnen könnte. Die Wahrscheinlichkeitsrechnung versagt. Wer lange in den Finanzmärkten unterwegs war, hat dies oft genug erlebt. Er weiß, dass Geldanlegen in der Kunst besteht, mit Überraschungen aller Art umzugehen, vom »gewussten Ungewussten« bis zum »ungewussten Ungewussten« (siehe Kapitel 2). Letzteres, das ungewusste Ungewusste entzieht der Vermessung der Zukunft mit den Methoden der Mathematik vollständig den Boden.

Meine erste denkwürdige Erfahrung mit der Unberechenbarkeit der Zukunft machte ich im Jahr 1994, ungefähr vier Jahre, nachdem ich in die Welt der Wall Street eingetreten war. Die Jahre davor war der Zins – hier die Rendite auf zehnjährige US-Staatsanleihen – von 8,9 Prozent im September 1992 auf 5,4 Prozent im September 1993 gefallen. Der Zinsrückgang war eine Bonanza für die Anleihehändler, die diese Papiere für die Lagerhaltung kauften (da der Preis steigt, wenn die Zinsen fallen). Ich erinnere mich heute noch an den Eintrag von Larry Becerra, der bei Goldman Sachs ein großes Rad in diesem Bereich drehte, auf der internen Chatline der Firma: »Buy bonds until your hands bleed!«

Als die US-Notenbank, die Federal Reserve, dann Anfang 1994 ihren Leitzins, die Federal Funds Rate, erhöhte, stieg die Rendite auf zehnjährige Staatsanleihen bis auf 8 Prozent im November 1994. Die Preise fielen, die Händler machten Verluste, Goldman Sachs kam ins Trudeln und die Partner der Firma, die damals noch mit ihrem gesamten Vermögen hafteten, verließen reihenweise das Unternehmen. Sogar Steven Friedman, der zusammen mit Jon Corzine Goldman Sachs leitete, schmiss hin. Gefragt, wie es denn sein könne, dass die Firma so viel Geld verloren habe, wenn die Wahrscheinlichkeit für einen viel geringeren Verlust doch mit weniger als 1 Prozent angeben worden sei, antwortete Bob Litterman, der damals oberste Risikomanager von Goldman Sachs, Ereignisse mit mehr als drei Standardabweichungen vom Mittelwert und einer Wahrscheinlichkeit von weniger als 0,27 Prozent seien zwar selten, aber doch möglich.

Im weiteren Verlauf der 1990er-Jahre machte ein Hedgefonds mit dem Namen »Long-Term Capital Management« (LTCM) Furore. Treffender wäre der Name »Trades for the Short-term« gewesen. LTCM wurde nicht nur von dem Starhändler (und früherem Salomon Brothers-Chefhändler) John Meriwether geleitet, sondern hatte mit Myron Scholes und Robert C. Merton auch zwei Nobelpreisträger der Wirtschaftswissenschaften in seinem Anlagekomitee. Das Markenzeichen des Fonds war, die auf der Wahrscheinlichkeitsrechnung aufbauende moderne Finanztheorie (*Modern Finance*) mit enorm gehebelten Finanzwetten in die Praxis umzusetzen.

Ich war geblendet von der Reputation dieser mit Preisen geadelten Genies, wenn ich als einfacher Bankenökonom meine begrenzten Überlegungen bei diesem Kunden vortragen durfte (Goldman Sachs war zu dieser Zeit ein *Primary Broker* für LTCM). Was konnte schon schiefgehen, wenn zwei Nobelpreisträger die Zukunft vermessen würden? In der Asien- und Russlandkrise lösten sich die Berechnungen jedoch in Luft auf, der Fonds ging pleite und drohte aufgrund seiner hohen Verschuldung die ganze Finanzbranche in den Abgrund zu ziehen. Ein Konsortium von Wall-Street-Firmen übernahm die Positionen von LTCM und die US Federal Reserve senkte die Zinsen, um die Lage zu stabilisieren. Damit befeuerte die Notenbank aber nur eine Rally am Aktienmarkt, die schließlich im Jahr 2000 mit dem Platzen der Blase von Internetwerten endete.

Kapitel 1

Als ich im Herbst 2002 von Goldman Sachs zur Deutschen Bank nach London wechselte, sagte man mir, dass das klassische Kreditgeschäft überholt sei. Die Zukunft gehöre *sekuritisierten* (in handelbare Wertpapiere transformierten) Krediten, deren Risiken man exakt kalkulieren könne, wenn sie nach den Regeln der modernen Finanztheorie geschickt zusammengepackt worden seien. Was sich nicht verpacken ließ, könne man mit *Credit Default Swaps* gegen Kreditausfall versichern.

Unter Anshu Jain, dem Leiter des Bereichs »Global Markets«, drehte die Deutsche Bank ein großes Rad auf dem hochkomplexen Gebiet der *Collateralized Debt Obligations*. Aber auch da erwies sich der Glaube an die Vermessbarkeit der Zukunft als Illusion. Die »wissenschaftlich« zusammengebastelten Finanzprodukte platzten und lösten die Große Finanzkrise von 2007/2008 aus, die zur Großen Rezession von 2008/2009 führte. Anshu Jain war wegen der aus seinem Bereich kommenden Verluste für die Deutsche Bank zerknirscht, aber Josef Ackermann, der Vorstandsvorsitzende, hielt an ihm fest (was er vielleicht später bereute, als Jain gegen seinen Willen seine Nachfolge antrat).

Für mich war die Große Finanzkrise ein Weckruf, stellte sie doch alles infrage, was ich bis dahin als wahr betrachtet hatte. Ich nahm an, dass alle Beteiligten auf der ganzen Welt dies ebenso sehen würden. Doch diese Annahme war naiv und stellte sich als großer Irrtum heraus. Die große Mehrheit der Akteure in der Finanzbranche und in den Zentralbanken machte weiter wie bisher. Sie glaubte weiterhin an die Vermessbarkeit der Zukunft mit wissenschaftlichen Methoden, obwohl sich diese Methoden – weil von der Wirklichkeit falsifiziert – als Pseudo-Wissenschaft erwiesen hatten. Aber auch in anderen Bereichen von Wirtschaft und Gesellschaft klammern wir uns an die Vermessbarkeit der Zukunft und unsere vermeintliche Fähigkeit, damit Risiken beherrschen zu können.

Ein herausragendes Beispiel ist der Klimawandel. Für die überwiegende Mehrheit der Menschen ist der Klimawandel das größte

Risiko für die Menschheit. Eine »Eurobarometer-Umfrage« der Europäischen Kommission fand heraus:[5]

- Für 93 Prozent der EU-Bürgerinnen und -Bürger ist der Klimawandel ein »ernstes« Problem, für 79 Prozent ein »sehr ernstes«.
- 92 Prozent der Befragten halten es für wichtig, dass ihre Regierung ehrgeizige Ziele für die Steigerung des Anteils erneuerbarer Energien festlegt, und 89 Prozent der Befragten sind der Auffassung, dass ihre Regierung Maßnahmen zur Verbesserung der Energieeffizienz bis 2030 unterstützen sollte.
- 84 Prozent sprechen sich für eine Aufstockung der öffentlichen Finanzmittel für den Übergang zu sauberer Energie aus, selbst wenn dies mit einer Kürzung der Zuschüsse für fossile Brennstoffe verbunden wäre.
- 92 Prozent der Befragten – und mehr als acht von zehn Befragten in jedem EU-Land – sind sich einig, dass die Treibhausgasemissionen auf ein Minimum gesenkt und die verbleibenden Emissionen kompensiert werden sollten, um die EU-Wirtschaft bis 2050 klimaneutral zu machen.

Das war im Jahr 2019. Zum Zeitpunkt dieser Umfrage stellte die Mutation des Coronavirus SARS-CoV-1 zu SARS-CoV-2 ein Risiko mit viel größeren Konsequenzen in der nahen Zukunft dar. Die Befragten wussten im Jahr 2019 aber nichts davon. SARS-CoV-2 gehörte damals für die meisten Menschen (außer einigen Gesundheitsexperten, die ihr Wissen für sich behielten) zur Kategorie des »ungewussten Ungewussten«. Der am 15. Januar 2020 veröffentlichte *Global Risk Report 2020* des World Economic Forum listete sechs mit dem Klimawandel zusammenhängende Risiken unter den für 2020 am wahrscheinlichsten. Eine Epidemie oder gar Pandemie war nicht darunter.* Das wissenschaftlich begründete »teilweise gewuss-

---

* Das änderte sich ein Jahr später im Report 2021. Nun erschienen »Infektionskrankheiten« unter den Top Ten, konnten aber »Wetterereignisse« nicht von Platz eins verdrängen, die dort seit Jahren ihren Stammplatz haben.

te Ungewusste«, das zur Gewissheit erhöht und publizistisch effektiv verbreitet wurde, hatte den Blick auf das hinter dem Schleier der Ungewissheit lauernde Unbekannte verstellt.

Die Corona-Pandemie ist ein Fanal dafür, wie wenig wir über die Gegenwart wissen, wie ungewiss die Zukunft ist und wie schwer es dem Staat fällt, die ihm zugewiesenen Rolle des Rundumversicherers seiner Bürger gegen Risiken für Gesundheit und wirtschaftlichen Wohlstand auszufüllen. Politik und Gesellschaft hätten von dem Risiko einer Virusmutation wissen können, haben jedoch die Augen davor verschlossen. Anfang Januar 2013 legte die Bundesregierung dem Bundestag und der Öffentlichkeit eine Risikoanalyse zum Bevölkerungsschutz vor, in der eine durch Modifikation des SARS-Coronavirus ausgelöste Pandemie beschrieben wurde:

»Das Szenario beschreibt eine von Asien ausgehende, weltweite Verbreitung eines hypothetischen neuen Virus, welches den Namen Modi-SARS-Virus erhält. Mehrere Personen reisen nach Deutschland ein, bevor den Behörden die erste offizielle Warnung durch die WHO zugeht. Darunter sind zwei Infizierte, die durch eine Kombination aus einer großen Anzahl von Kontaktpersonen und hohen Infektiosität stark zur initialen Verbreitung der Infektion in Deutschland beitragen. Obwohl die laut Infektionsschutzgesetz und Pandemieplänen vorgesehenen Maßnahmen durch die Behörden und das Gesundheitssystem schnell und effektiv umgesetzt werden, kann die rasche Verbreitung des Virus aufgrund des kurzen Intervalls zwischen zwei Infektionen nicht effektiv aufgehalten werden ... Nachdem die erste Welle abklingt, folgen zwei weitere, schwächere Wellen, bis drei Jahre nach dem Auftreten der ersten Erkrankungen ein Impfstoff verfügbar ist.«[6]

Das Szenario wurde als »bedingt wahrscheinlich« und als ein Ereignis, das »statistisch in der Regel einmal in einem Zeitraum von 100 bis 1.000 Jahren eintritt«, eingestuft. Tatsächlich kam die SARS-CoV-2 Pandemie rund 100 Jahre nach der Spanischen Grippe, und der in der Risikoanalyse angenommene Verlauf nahm die tatsächliche Entwicklung erstaunlich genau vorweg. Dennoch waren Politik und Gesellschaft völlig unvorbereitet. Virologen, Epidemiologen und Politiker gaben verwirrende und zum Teil widersprüchliche Anweisungen, und es fehlten die einfachsten Schutzmittel in Form von Mund-Nasen-Masken. Obwohl die Risikoanalyse mit einer zweiten Welle nach Abklingen der ersten Infektionswelle gerechnet hatte, wurden im Sommer 2020 keine wirksamen Vorkehrungen dagegen getroffen. Die Folgen ausbaden mussten unter anderem die Gesundheitsämter, die bei der Verfolgung von Infektionsketten, und die Schulen, die bei der Organisation von Distanzunterricht erneut überfordert waren; letztere auch, weil in den »ruhigeren« Monaten seitens der Politik verabsäumt wurde, sinnvolle Konzepte für die Online-Beschulung zu erarbeiten.

Schon während der ersten Infektionswelle wurde klar, dass an der von SARS-CoV-2 ausgelösten Krankheit Covid-19 vor allem ältere Menschen sterben und insbesondere Alten- und Pflegeheime besonders geschützt werden müssen. Aber auch beim Schutz der Alten versagten Staat und Gesellschaft, sodass sich die Krankheit unter Menschen im Alter von 80 Jahren und mehr am stärksten verbreitete. Zeitweilig registrierten die Gesundheitsämter im Winter 2020 mehr als 700 Neuinfektionen pro 100.000 Personen im Alter von 90 Jahren und mehr in der Woche (Grafik 1.1).

Der Staat versprach Finanzhilfen für Wirtschaft und Bürger in gigantischem Ausmaß, und die Zentralbank flutete die Wirtschaft mit neuem Geld. Doch die überforderte Staatsbürokratie verteilte die Hilfen nur stockend und ungenau. Statt geplanten 509 Milliarden Euro gab die Bundesregierung im Jahr 2020 »nur« 443 Milliarden Euro aus, und das Finanzierungsdefizit betrug statt geplanter 218 Milliarden Euro »nur« 130 Milliarden Euro. Die private Wirtschaft überraschte positiv. Dem kleinen Mainzer Pharmaunternehmen Biontech gelang es in weniger als einem Jahr, einen Impfstoff gegen Covid-19 zu entwickeln und mit seinem Partner Pfizer noch im Jahr 2020 auszuliefern. Doch die Europäische Kommission, die die Bestellung von Impfstoff an sich gezogen hatte, verpatzte die Beschaffung. Die USA, Großbritannien und Israel boten hohe Preise, während die EU-Kommission knauserte und feilschte. Die Länder der EU fanden sich daher auf den hinteren

Plätzen in der Warteschlange der Impfwilligen wieder. Die Folgen davon waren vermeidbare Todesfälle und Einkommensverluste. Für die dafür Verantwortlichen hatte dies keine Konsequenzen.

Grafik 1.1: Covid-19-Neuinfektionen in den Kalenderwochen 2020–2021 (7-Tage-Inzidenz (je 100.000) nach Altersklassen)

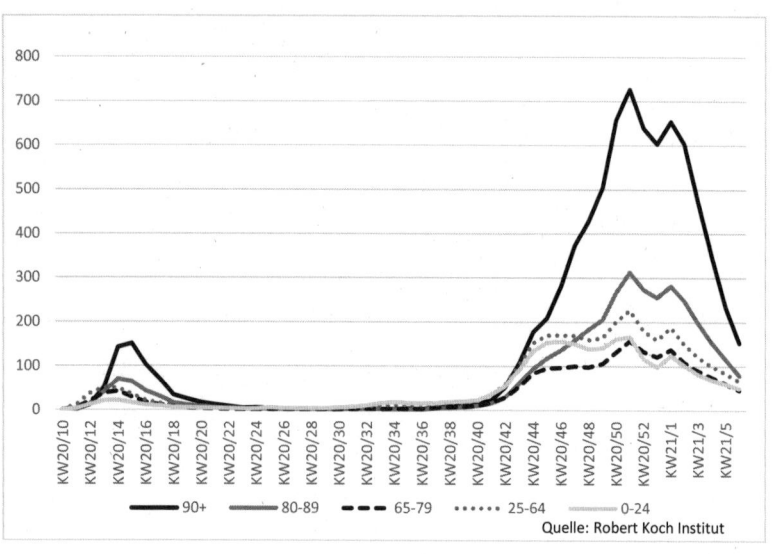

Quelle: Robert Koch Institut

Das Jahr 2020 sollte uns Bescheidenheit lehren. Doch fürchte ich, dass wir – wie nach der Großen Finanzkrise – auch daraus keine Lehren ziehen werden. Noch während wir im Nebel der Pandemie herumstocherten, sah die Politik in der von dem Virus verursachten Zerstörung die Chance, eine neue, nach ihren Vorstellungen geplante Welt zu gestalten. Nach dem Teilabriss infolge der Pandemie soll die Wirtschaft »grüner« wieder auf- und dabei umgebaut werden. Woher Politik und Gesellschaft die Zuversicht nehmen, dass sie die mit dem Klimawandel verbundenen Unsicherheiten besser durchdringen und berechnen und die Wirtschaft effektiver und effizienter planen können als dies bei der Pandemie der Fall war, entzieht sich dem gesunden Menschenverstand.

In diesem Essay möchte ich nachzeichnen, wie es dazu kam, dass wir den Umgang mit fundamentaler Ungewissheit verlernt haben, welche tiefgreifenden Konsequenzen dies in Wirtschaft, Finanzen, Politik und Gesellschaft hat und wie ein richtiger Umgang mit »radikaler Unsicherheit« aussehen könnte. Dabei begebe ich mich auf eine Gratwanderung zwischen Ökonomie und Soziologie sowie zwischen (positiver) Analyse dessen, was ist, und (normativer) Empfehlung, was man tun könnte. Meine Empfehlungen richten sich nicht an die Politik, die auf Herausforderungen eher schlecht als recht reagiert, statt sie zu antizipieren und entsprechende Vorbereitungen zu treffen, sondern an den Leser, der unter den Bedingungen einer kurzsichtigen Politik und unter radikaler Unsicherheit wirtschaftliche Entscheidungen für die Zukunft treffen muss.

Teil I des Essays handelt vom Umgang mit Unsicherheit. Wir überführen radikale Unsicherheit in vermeintlich messbare Risiken (Kapitel 2) und scheitern beim Management dieser Risiken immer wieder in der Wirtschaft, im Finanzbereich und in der Gesellschaft (Kapitel 3 bis 7).

Teil II beschreibt die Errichtung des Versicherungsstaats mit dem Ziel, die Folgen der Unsicherheit zu beherrschen. Doch der Versicherungsstaat macht in seinem Bemühen, alle denkbaren Lebensrisiken zu minimieren und was übrig bleibt zu versichern, unsere Lebensumstände fragil (Kapitel 8). Die Nebenwirkung seiner Allversicherung ist, dass die Möglichkeiten zur finanziellen Eigenvorsorge für vorhersehbare und ungewisse Belastungen schwinden (Kapitel 9) und die Preise von Finanzanlagen verzerrt werden (Kapitel 10). In finanzielle Schwierigkeiten gekommen, besteuert der Versicherungsstaat seine Bürger bis zur teilweisen Konfiszierung ihrer Vermögen (Kapitel 11). Doch wird dadurch nichts besser. Das Risikomanagement wird selbst zum Risiko und droht, die auf Risikominimierung und Risikoversicherung ausgerichtete Risikogesellschaft zu zerstören. Die finanzielle Überdehnung der staatlichen Aufgaben führt den Versicherungsstaat schließlich in den Konkurs (Kapitel 12). Nun ist der Bürger, wenn es darum geht, durch das Meer fundamentaler Ungewissheit zu navigieren, auf sich selbst gestellt. Doch eröffnet die Selbstzerstörung der Risikogesellschaft auch erneut Chancen auf gesellschaftliche und wirtschaftliche Erneuerung.

Teil III versucht Lösungswege aufzeigen. Statt an der Illusion der Vermessbarkeit radikaler Unsicherheit festzuhalten oder Handlungen aus Angst vor Unsicherheit bis zur Selbstlähmung einzuschränken, gilt es, die Zukunft mit gesundem Menschenverstand zu ergründen und sich durch die Zeit mit Versuch und Irrtum voranzutasten (Kapitel 13). Dazu ist es nötig, für Vergangenheit und Gegenwart realistische Erzählungen (»Narrative«) zu finden und aus der inneren Dynamik der Geschichten eine Ahnung – und leider ist mehr nicht möglich – über die Zukunft abzuleiten (Kapitel 14). Dafür gibt es Beispiele und Vorbilder im Finanzbereich und in der Geschichte (Kapitel 15 und 16).

Zu den großen Narrativen unserer Zeit (Kapitel 17), die es zu ergründen gilt, gehören der demografische Wandel (Kapitel 18), die Völkerwanderungen unseres Zeitalters (Kapitel 19), die Digitalisierung unserer Lebensumstände (Kapitel 20), die ausufernde Geldvermehrung der Zentralbanken (Kapitel 21), die Entstehung einer neuen geopolitischen Weltordnung (Kapitel 22), der Klimawandel und die Corona-Pandemie (Kapitel 23) sowie die Auflösung der liberalen Ordnung von Wirtschaft und Gesellschaft durch Identitätspolitik (Kapitel 24). Das sind die »bekannten Unbekannten«. Das »unbekannte Unbekannte«, das im Dunkel fundamentaler Ungewissheit lauert, können wir nicht erzählen, sondern nur bedenken.

Könnten wir die Finalität der Geschichte erkennen, würden wir uns wohl auf geradem Weg dorthin begeben. Wäre die Geschichte ein Zufallsprozess – oder »ein verdammtes Ding nach dem anderen«, wie der britische Historiker Arnold Toynbee meinte –, könnten wir aus ihr nichts lernen. Liegt die Wahrheit jedoch in der Mitte, verändert die Geschichte uns und wir verändern sie. Insofern ist die Zukunft offen, aber nicht rein zufällig.

Vermutlich ist die Geschichte pfadabhängiger und damit auch zyklischer als wir Kinder der Aufklärung wahrhaben wollen. Mit einer ausgereiften Erzählung können wir den Pfad besser verstehen und die Zukunft erahnen. Diese Erkenntnis eröffnet auch neue Handlungsmöglichkeiten, die den Lauf der Geschichte verändern können. Nicht der *Random Walk*, sondern der *Error-Correction-Process* wäre dann das entsprechende, der Statistik entstammende Bild.

Durch Irrtum und Korrektur kann ein im Nachhinein in Umrissen beobachtbarer, aber schwer in die Zukunft prognostizierbarer Zyklus entstehen. Doch ein Muster ist erkennbar: Fehlerhafte Entwicklungen setzen ein, wenn die individuelle Freiheit durch Verpflichtungen aller auf Ziele, die von wenigen definiert werden, unterdrückt wird. Korrekturen entwickeln sich, wenn diese Verpflichtungen aufgehoben werden. Gegenwärtig haben Freiheitsbeschränkungen Konjunktur. Wie weit die fehlerhafte Entwicklung gehen wird, ist offen. Zuversichtlich stimmt jedoch, dass wir auf die Korrektur hoffen dürfen.

Teil I

Vom Umgang mit Unsicherheit

Kapitel 2

Vom Schicksal zum Zufall

Radical Uncertainty, radikale Unsicherheit, lautet der Titel eines im vergangenen Jahr erschienenen, bemerkenswerten Buches.[7] Die Autoren John Kay, ehemals Kolumnist der *Financial Times*, und Mervyn King, ehemals Gouverneur der Bank von England, beschreiben darin, wie die moderne Gesellschaft der Illusion erlegen ist, Unsicherheit in berechenbare Risiken überführen zu können. Damit führen sie ein Thema fort, das schon den 2015 verstorbenen deutschen Soziologen Ulrich Beck beschäftigte. Beck folgerte: »Die Welt des berechenbaren und beherrschbaren Risikos setzt (und vielleicht sogar mit dem Siegeszug seines Berechenbarkeitsanspruchs) das Moment der Überraschung frei.«[8] Wer glaubt, die Zukunft vermessen zu können, wird immer wieder – und meist unangenehm – überrascht.

Die alten Griechen waren begnadete Mathematiker. Einige Leser werden sich aus der Schulzeit noch an den Satz des Pythagoras zur Berechnung der Seitenlängen rechtwinkliger Dreiecke erinnern ($a^2+b^2=c^2$). Im 3. Jahrhundert v. Chr. verfasste Euklid von Alexandria ein Lehrbuch der Mathematik, das noch bis ins 20. Jahrhundert im Geometrieunterricht an Schulen verwendet wurde. Doch eines ist auf den ersten Blick merkwürdig: Die Griechen haben sich nie mit der Wahrscheinlichkeitsrechnung beschäftigt. Der Grund dafür ist simpel: Im griechischen Denken gab es keinen Platz für Zufall und Wahrscheinlichkeit. Der Lauf der Dinge war von den Göttern bestimmt, und zwar unabwendbar. Obwohl der thebanische König Laios alles unternahm, um den Folgen eines Fluches der Göttin Hera zu entgehen, erfüllte sein Sohn Ödipus diesen unwissentlich. Wer seine Unsicherheit über die Zukunft verringern wollte, musste den Willen der Götter erkunden und sich ihm fügen. Mathematik half da nicht weiter.

Intensiver als wir heute für unser Alter vorsorgen, bemühten sich die Menschen des Spätmittelalters, für das Jenseits vorzusorgen und es zu diesem Zweck akribisch zu vermessen.[9] Vor dem Eintritt in den Himmel wartete auf den Sünder das Fegefeuer, an das die Menschen damals noch fester glaubten als wir heute an den Klimawandel. Je größer die Schuld, desto länger der Aufenthalt dort. Da der Mensch schuldig geboren wurde und andauernd neue Schuld auf sich lud, brauchte er laufend Entlastung. Er gewann sie durch die Gnade Gottes. Glücklicherweise konnte man sich diese aus dem Gnadenschatz der Kirche erwerben. Für gute Werke gab es Ablass, der dem Umfang der Werke entsprechend Zeit im Fegefeuer ersparte. Auf einem Heilsmarkt konkurrierten verschiedene Gnadenangebote, die mit Ablasswerten in Form von eingesparten Tagen im Fegefeuer beziffert waren. Ablässe mussten ursprünglich erarbeitet werden, zum Beispiel durch Beten, Wallfahren oder Küssen von heiligen Reliquien, und waren daher knapp. Später wurden sie reichlich aus dem immateriellen Gnadenschatz der Kirche geschöpft und konnten käuflich erworben werden. In jedem Fall konnte man seinen Aufenthalt im Jenseits damit gut vermessen. Die Vermessung der irdischen Zukunft spielte dagegen kaum eine Rolle. Der Heilsapparat zur Jenseitsvorsorge schuf schließlich durch übermäßige Gnadenschöpfung eine gigantische Ablassblase – auf ihre Art eine Spekulationsblase –, die infolge der Reformation platzte.

Es ist daher keine Laune der Geschichte, dass Mathematiker erst nach der Reformation und in der Zeit der Aufklärung begannen, sich mit Wahrscheinlichkeitsrechnung zu befassen. »Das Risiko betritt die Weltbühne, wenn Gott sich von ihr verabschiedet ... Denn in der Abwesenheit Gottes entfaltet das Risiko seine verheißungs-

und schreckensvolle, schier unbegreifliche Ambiguität«, schreibt Ulrich Beck dazu.[10] Den Anstoß zur Wahrscheinlichkeitsrechnung gab eine Anfrage des Chevalier de Méré, eines passionierten Spielers, an den Mathematiker Blaise Pascal, der zur Beantwortung einen noch berühmteren Kollegen, Pierre de Fermat, hinzuzog. Der Briefwechsel zwischen Pascal und Fermat in den Wintermonaten 1653/1654 markiert die Geburtsstunde der Wahrscheinlichkeitsrechnung. Unsere Erwartung berechnen wir, indem wir die mögliche Entwicklung mit der Wahrscheinlichkeit ihres Eintretens multiplizieren. So jedenfalls hat es Abraham de Moivre, der die von Pascal und Fermat entwickelte Wahrscheinlichkeitsrechnung weitergeführt hat, im Jahr 1718 in seiner *Doctrine of Chances* postuliert.

Die Wahrscheinlichkeitsrechnung gilt als eine eher einfache Spielart der Mathematik. Nehmen wir das Beispiel des Roulettetisches, in dessen Umfeld sie entstand. Der dort installierte Roulettekessel hat 37 Taschen, deren Farben sich zwischen Schwarz und Rot abwechseln und die von 0 bis 36 durchnummeriert sind. Der Kessel wird in eine Richtung hin angestoßen, und während er sich dreht, wird eine Kugel in die andere Richtung eingeworfen. Dank der Zentrifugalkraft dreht die Kugel ein paar Runden am oberen Rand des Kessels, bis sie durch die Schwerkraft nach unten gezogen wird und schließlich in einer der 37 Taschen landet. Die Wahrscheinlichkeit, dass sie in einer bestimmten Tasche, beispielsweise der mit der Nummer 10 landet, ergibt sich aus der Anzahl der betrachteten möglichen Ergebnisse im Verhältnis zur Zahl aller möglichen Ergebnisse, also als 1/37. Natürlich ist die Wahrscheinlichkeit, dass die Kugel in irgendeine andere Tasche als die mit der Nummer 10 landet, ebenfalls jeweils 1/37 (sofern der Roulettetisch nicht zugunsten eines bestimmten Ergebnisses manipuliert ist). Und die Wahrscheinlichkeit, dass die Kugel in eine Tasche mit der Nummer 0 bis 36 fällt, ist 37/37, also 1, während die Wahrscheinlichkeit, dass die Kugel auf eine Zahl unter 0 oder über 36 fällt, 0/37, also 0 ist.

Kommen wir nun zu der Auszahlung, die der Roulettespieler erwarten kann, wenn er auf eine Zahl setzt. Wenn er auf die richtige Zahl gesetzt hat, bekommt er das 35-Fache seines Einsatzes, also zum Beispiel 35 Euro bei einem Einsatz von 1 Euro. Der von de Moivre definierte Erwartungswert beträgt also 1/37 x 35 Euro = 35/37 Euro = 0,95 Euro (wobei wir hier für die Auszahlung die 0 wie alle anderen Zahlen behandeln). Dieser Wert gibt an, was der Spieler mit 1 Euro Einsatz gewinnen würde, wenn er das Spiel unendlich oft wiederholen könnte. Natürlich ist das für einen einzelnen Spieler nicht möglich, aber wenn viele Spieler jeden Tag über sehr lange Zeit spielen, geht die Zahl der Spiele gegen unendlich. Aus der Sicht der Spielbank ist es gut, zu wissen, dass sie dann einen Gewinn macht, und zwar 5 Prozent aller getätigten Wetten auf die Zahlen 0 bis 36.

Auch wenn sie in den Jahrhunderten danach enorm weiterentwickelt wurde, bleibt die Wahrscheinlichkeitsrechnung bis heute durch ihre Geburt an den Spieltischen des 17. Jahrhunderts bestimmt. Seither vertrauen wir darauf, dass wir die Zukunft, auch wenn sie uns nicht genau bekannt ist, zumindest auf diese Art »vermessen« können – wodurch insbesondere die Kunst der Geldanlage in die Sphäre der Wissenschaft aufstieg (dazu später mehr).

Im Jahr 1921 schrieb jedoch der an der Universität von Chicago lehrende Ökonom Frank Knight, dass messbare Unsicherheit, also das, was wir gemeinhin mit »Risiko« bezeichnen, so weit von der wirklichen Unsicherheit entfernt ist, dass man sie eigentlich nicht als »Unsicherheit« bezeichnen könne.[11] Knight führte für die wirkliche Unsicherheit den Begriff »radikale Unsicherheit« ein und verwies darauf, dass diese mit der an den Spieltischen entstandenen Messtechnik nicht zu erfassen sei. Ebenso sah dies John Maynard Keynes in seiner 1936 erschienenen Schrift *The General Theory of Employment, Interest and Money*.[12] Im Vergleich zu den Ergebnissen am Roulettetisch seien zum Beispiel für die Aussichten auf einen weiteren europäischen Krieg, den Preis von Kupfer und den Zins in 20 Jahren, die Ablösung einer Erfindung durch eine neue oder für den sozialen Status von Vermögensbesitzern im Jahr 1970 einfach keine Wahrscheinlichkeiten berechenbar. »We simply do not know!«, meinte Keynes.* Und Peter L. Bernstein jubelte: »A tremendous idea lies buried in the notion that we simply do not know. Rather than frightening us, Keynes' words bring great news: we are not prisoners of an inevitable future. Uncertainty makes us free.«** *Animal Spirits*, Bauchgefühle, waren für Keynes, der selbst ein begnadeter Anleger war, die wahren Triebkräfte für die Wirtschaft und die Finanzmärkte.

Dagegen setzten der US-Ökonom Frank Ramsey und der italienische Ökonom Bruno de Finetti das Konzept der »subjektiven Wahrscheinlichkeiten«.[13] Sollte es nicht möglich sein, für die von Keynes gegebenen Beispiele Wahrscheinlichkeiten aufgrund subjektiver Einschätzungen zu geben und auf diese Weise auch die Unsicherheit abseits der Spieltischszene berechenbar zu machen? »We may treat people as if they assigned numerical probabilities to every conceivable event«, erklärte kurz und knapp Milton Friedman, ein anderer Großmeister unter den Ökonomen.*** Wie Kay und King erläutern, würde dies aber voraussetzen, dass man alle möglichen künftigen Entwicklungen kennt, denn nur so könnte man eine Reihe subjektiver Wahrscheinlichkeiten vergeben, die sich zu eins addieren und folglich konsistent sind. Dies ist aber für die meisten künftigen Entwicklungen unmöglich.

Oft werden wir von Ereignissen überrascht, für die der frühere US-Verteidigungsminister Donald Rumsfeld den Namen *Unknown*

---

* »Wir wissen es einfach nicht!«

** Bernstein, 1998, S. 229. (»Die Vorstellung, dass wir es einfach nicht wissen, birgt eine grandiose Idee. Anstatt uns Angst zu machen, enthalten Keynes' Worte eine großartige Nachricht: Wir sind keine Gefangenen einer unausweichlichen Zukunft. Ungewissheit macht uns frei.«)

*** Friedman, 1962. (»Wir können Menschen so behandeln, als ob sie jedem denkbaren Ereignis numerische Wahrscheinlichkeiten zuordnen würden«.)

Unknowns geprägt hat.* Das sind Ereignisse, von denen wir nicht einmal ahnen, dass sie passieren könnten, und für die wir daher keine Wahrscheinlichkeiten vergeben können. Weil wegen der *Unknown Unknowns* die Gesamtheit aller möglichen Ereignisse unbekannt ist, können wir keine Häufigkeitsverteilungen aufstellen, aus denen wir (unter der Annahme, dass diese auch für die Zukunft gelten würden) Wahrscheinlichkeiten errechnen könnten. Subjektive Wahrscheinlichkeiten sind daher nichts mehr als in Zahlen ausgedrückte Meinungen.

Nehmen wir an, wir können uns drei mögliche Lagebilder für die Zukunft ausmalen und halten jedes für gleich wahrscheinlich. Dann würden wir jedem dieser Lagebilder eine Wahrscheinlichkeit von 1/3 zuweisen und die jeweiligen Erwartungswerte aus diesen Wahrscheinlichkeiten und den Bewertungen der Lagebilder errechnen, wenn wir der Vorstellung Milton Friedmans entsprechen würden. Da wir aber wissen, dass die Zukunft von Ereignissen bestimmt sein könnte, von denen wir gegenwärtig keine Ahnung haben, können wir uns auf die zugewiesenen Wahrscheinlichkeiten nicht verlassen. Unsere gesamte Wahrscheinlichkeitsrechnung wird zur Makulatur, weil die Verhältnisse eben bei Weitem nicht so eindeutig bestimmt sind wie am Roulettetisch.

Oder nehmen wir an, wir beobachten die Häufigkeit des Vorkommens bestimmter Ereignisse in der Vergangenheit, zum Beispiel, wie sich der monatliche Durchschnitt der Aktienpreise im Verlauf der letzten zehn Jahre entwickelt hat. Wir stellen fest, dass die Preise in den meisten Monaten um 0,5 Prozent gestiegen und nur in 2 Prozent

---

* »There are known knowns; there are things we know we know. We also know there are known unknowns; that is to say we know there are some things we do not know. But there are also unknown unknowns — there are things we do not know we don't know.« US Department of Defense News Briefing – Secretary Rumsfeld and General Myers, News Transcript, 12. Februar 2002. (»Es gibt bekanntes Bekanntes; das heißt, es gibt Dinge, von denen wir wissen, dass wir sie wissen. Wir wissen auch, dass es bekanntes Unbekanntes gibt; das heißt, wir wissen, dass es einige Dinge gibt, die wir nicht wissen. Aber es gibt auch unbekanntes Unbekanntes – es gibt Dinge, von denen wir nicht wissen, dass wir sie nicht wissen.«)

der Fälle um 5 Prozent oder mehr gefallen sind. Können wir daraus schließen, dass wir auch in Zukunft mit einer Wahrscheinlichkeit von 98 Prozent Monatsverluste von 5 Prozent oder mehr ausschließen können? Natürlich nicht, denn die Entwicklung der Aktienpreise wird nicht von Naturgesetzen bestimmt, die im Lauf der Zeit keinen Veränderungen unterliegen. Stattdessen werden sie durch geschichtliche Entwicklungen getrieben, die aus der Vergangenheit heraus nicht mechanisch in die Zukunft fortgeschrieben werden können.

Ludwig von Mises, Friedrich von Hayek und andere Ökonomen der Österreichischen Schule haben die Auffassung vertreten, dass wir die Zukunft betreffende ökonomische Entscheidungen auf der Grundlage unserer subjektiven Kenntnisse der Fakten und Zusammenhänge treffen, die nicht objektiv und mathematisch zu erfassen sind.[14] Wirtschaftliches Handeln braucht einen Plan. Dieser Plan wird gefasst, indem in den Märkten erworbene frühere Erfahrungen genutzt werden, um sich ein Bild über zukünftige Ergebnisse zu machen. Dieses »Erwartung« genannte Bild ist ein entscheidender Bestandteil jeder wirtschaftlichen Handlung. Das zur Bildung von Erwartungen notwendige Wissen sieht in jedem einzelnen Kopf etwas anders aus, weil es die spezifischen und einzigartigen Fähigkeiten der Einzelnen widerspiegelt, Informationen zu sammeln und zu interpretieren. Das Wissen ist oft implizit. Die Akteure sind möglicherweise nicht in der Lage, es zu artikulieren, und es lässt sich sicherlich nicht objektiv messen. Man kann es nur an den Handlungen erkennen.

Wenn Einzelpersonen auf dem Markt handeln, können sie ihr Wissen erweitern, indem sie es mit dem Wissen anderer Personen abgleichen. Somit schafft jeder Austausch neues Wissen, aus dem weitere Austausche abgeleitet werden können. Entgegen der neoklassischen Annahme kann es kein endgültiges Gleichgewicht auf dem Markt geben. Der Markt befindet sich in einem Zustand des ständigen Ungleichgewichts. Allenfalls kann man sich einen – nie zu erreichenden – theoretischen Endzustand des Gleichgewichts wie ein platonisches Ideal vorstellen. Dieser Idealzustand würde sich aus der vollendeten Ausnutzung der aus den Ungleichgewichten resultierenden Gewinnchancen durch kluge Akteure am Markt ergeben. In der Realität führen jedoch ständig neue Informationen dazu, dass dieses Gleichgewicht nie erreicht werden kann.

In diesem Umfeld handelt der von Joseph Schumpeter beschriebene »dynamische Unternehmer«, der absolut Neues schafft, für dessen Zustandekommen keine Wahrscheinlichkeiten vorab gefunden werden können. Für Schumpeter ist der Kapitalismus: »by nature a form or method of economic change and not only never is but never can be stationary«.* Er wird vom Unternehmer vorangetrieben, der neue Produkte schafft, die bestehende Produktionsstruktur revolutioniert, neue Absatzgebiete findet oder die Industrie reorganisiert. Dabei spielt für Schumpeter die Kreditgeldordnung eine besondere Rolle. Sie erlaubt dem Unternehmer, von der Bank für ihn (durch die Kreditvergabe) geschaffenes, neues Geld zu bekommen, ohne von vorher getätigten Ersparnissen abhängig zu sein. Durch seine Tätigkeit zerstört der Unternehmer unaufhörlich alte Strukturen und schafft neue. »This process of Creative Destruction is the essential fact about capitalism.«**

Obwohl es gute Gründe dafür gibt, dass sich die Wirtschaft andauernd in einem dynamischen Ungleichgewicht befindet, ihre Entwicklung einem nicht-stationären Pfad folgt und wir uns nicht alle möglichen künftigen Entwicklungen vorstellen können, haben sich im ökonomischen Diskurs Ramsey und de Finetti gegen Knight und Keynes durchgesetzt. Die Zukunft gilt als mit den Methoden der Wahrscheinlichkeitsrechnung vermessbar, und das Konzept der radikalen Unsicherheit wurde an den Rand gedrängt. Die Folgen sind bis heute gravierend.

---

* Schumpeter, 2014. (»Der Kapitalismus ist von Natur aus eine Form oder Methode des wirtschaftlichen Wandels und ist nicht nur nie stationär, sondern kann es auch nie sein«.)

** Schumpeter, 2014. (»Dieser Prozess der schöpferischen Zerstörung ist die Essenz des Kapitalismus«).

Kapitel 3

Systemische gesellschaftliche Risiken: Soziale Sicherheit und Chancengleichheit

Der Markt entstand als Instrument zur Koordination der wirtschaftlichen Aktivitäten unabhängig voneinander handelnder Individuen. Beabsichtigte Aktivitäten erweisen sich als erfolgreich, wenn sie im Markt Widerhall finden, oder sie scheitern, wenn das nicht der Fall ist. Folglich gehört das Scheitern zur Koordinationsfunktion des Marktes und ist unverzichtbarer Teil der Marktwirtschaft. Ebendies nährt bei risikoaversen Menschen seit der Transformation der menschlich eng verbundenen Stammesgesellschaft in die »Große Gesellschaft« einander persönlich unbekannter Mitglieder die Skepsis gegenüber dem Markt. Fundamentale Ungewissheit lässt den Markt bedrohlich erscheinen.

Ist der Erfolg am Markt ehrlich verdient oder erschwindelt? Was passiert, wenn man in der Marktwirtschaft scheitert? Auf diese Fragen wurden Antworten gegeben, die von der Korrektur am Markt erzielter Ergebnisse bis zum Ersatz der Marktwirtschaft durch zentrale Planung reichen. Die Ungewissheit soll berechenbar und damit planbar werden. Seit dem Scheitern der zentralen Planwirtschaft im »real existierenden Sozialismus« steht die Korrektur der Marktergebnisse statt der zentralen Planung allerdings im Vordergrund der Gesellschaftspolitik.

In Deutschland wird die Soziale Marktwirtschaft als guter Kompromiss zwischen der Koordination wirtschaftlichen Handelns am

Markt und der Absicherung gegen ein Scheitern am Markt verstanden. Als politischer Vater dieses Modells gilt Ludwig Erhard, der erste Wirtschaftsminister der jungen Bundesrepublik. Entgegen einer heute populären Lesart verband Ludwig Erhard mit dem Konzept der Sozialen Marktwirtschaft jedoch keineswegs die Umverteilung der am Markt erarbeiteten Einkommen und Vermögen.[15] Im Gegenteil, er sah darin eine große Gefahr:

> »Die Blindheit und intellektuelle Fahrlässigkeit, mit der wir dem Versorgungs- und Wohlfahrtsstaat zusteuern, kann nur zu unserem Unheil ausschlagen. Dieser Drang und Hang ist mehr als alles andere geeignet, die echten menschlichen Tugenden: Verantwortungsfreudigkeit, Nächsten- und Menschenliebe, das Verlangen nach Bewährung, die Bereitschaft zur Selbstvorsorge und noch vieles Gute mehr allmählich aber sicher absterben zu lassen – und am Ende steht vielleicht nicht die klassenlose, wohl aber die seelenlos mechanisierte Gesellschaft. Besonders unverständlich erscheint dieser Prozeß, weil in dem gleichen Maße, in dem sich der Wohlstand ausbreitet und die wirtschaftliche Sicherheit wächst, dazu unsere wirtschaftlichen Grundlagen sich festigen, das Verlangen, das so Erreichte gegen alle Fährnisse der Zukunft absichern zu wollen, alle anderen Bedenken überschattet. Hier liegt ein wahrlich tragischer Irrtum vor, denn man will offenbar nicht erkennen, daß wirtschaftlicher Fortschritt und leistungsmäßig fundierter Wohlstand mit einem System kollektiver Sicherheit unvereinbar sind.«[16]

Wirtschaftlicher Fortschritt bringt zwar Wohlstand, ist aber auch mit Unsicherheiten verbunden. Und die will die risikoaverse Gesellschaft minimieren und versichern. Erhard war sich bewusst, dass der Versorgungs- und Wohlfahrtsstaat den Rückfall in die Planwirtschaft mit all ihren nicht nur wirtschaftlichen Nachteilen bedeutet hätte:

> »Die wachsende Sozialisierung der Einkommensverwendung, die um sich greifende Kollektivierung der Lebensplanung, die weitgehende Entmündigung des einzelnen und die zunehmende Abhängigkeit vom Kollektiv oder vom Staat – aber damit zwangsläufig auch die Verkümmerung eines freien und funktionsfähigen Kapitalmarktes als einer wesentlichen Voraussetzung für die Expansion der Marktwirtschaft – müssen die Folgen dieses gefähr-

lichen Weges hin zum Versorgungsstaat sein, an dessen Ende der soziale Untertan und die bevormundete Garantierung der materiellen Sicherheit durch einen allmächtigen Staat, aber in gleicher Weise auch die Lähmung des wirtschaftlichen Fortschritts in Freiheit stehen wird.«[17]

Aber er sah auch die Notwendigkeit der Absicherung von unverschuldet in Not geratenen Mitbürgern:

»Aus all diesen Ausführungen wird der Wunsch ersichtlich, den Bereich der kollektiven Sicherung eingedämmt zu wissen, d. h. ihn eher enger als weiter zu fassen. Um jedoch Mißdeutungen auszuschließen, sei in diesem Zusammenhang betont, daß auch ich es als selbstverständliche Pflicht der Gemeinschaft erachte, für die Sicherung des Lebensabends derjenigen zu sorgen, die jetzt alt sind und die ohne eigene Schuld ihre Ersparnisse infolge einer schlechten Politik, die zu zwei Inflationen geführt hat, verloren haben.«[18]

Die Ablehnung von Verteilungspolitik ergibt sich aus der Funktion des Marktes als Koordinationsinstrument wirtschaftlicher Aktivitäten. Die am Markt erzielten Einkommen ergeben sich aus einer »spontanen«, von den Menschen nicht geplanten, sondern durch Evolution entstandenen Ordnung. Deshalb können sie nicht nach den Vorstellungen Einzelner oder der Mehrheit der Bevölkerung von »sozialer Gerechtigkeit« beurteilt werden.[19] Die Verteilung von Markteinkommen ist ebenso »gerecht« oder »ungerecht« wie die Verteilung von Lebenschancen durch das »Schicksal«. Andererseits gebieten der menschliche Anstand und der Zusammenhalt der Gesellschaft, dass man unverschuldet in Not geratene Mitglieder nicht ohne Beistand lässt.

Allerdings entsteht mit der Absicherung gegen das Risiko, unverschuldet in Not zu geraten, auch der Appetit auf die umfassendere Absicherung des gewohnten Lebensstandards bis hin zur Absicherung des relativen sozialen Status. Der politische Druck zur Absicherung möglichst aller Lebensrisiken führt zur Ausuferung staatlicher Sozialleistungen und letztendlich zum »Versicherungsstaat«, auf den wir noch zu sprechen kommen werden. Das Ergebnis wird an der Entwicklung der staatlichen Sozialausgaben relativ zum Bruttoinlandsprodukt, der »Sozialleistungsquote«, sichtbar. Nach Angaben des Bundesministeriums für Arbeit und Soziales ist diese Quote von 18,3 Prozent im Jahr 1960 auf 30,3 Prozent im Jahr 2019 gestiegen. In den OECD-Ländern insgesamt stiegen die Ausgaben für Sozialleistungen von 14,5 Prozent im Jahr 1980 auf 20 Prozent im Jahr 2017. Eine wichtige Rolle dürfte dabei die Alterung der Bevölkerung gespielt haben, die zu einem starken Anstieg der Altersabhängigkeitsquote und der Ausgaben der staatlichen Rentenversicherungen geführt hat (Grafik 3.1).

Grafik 3.1: OECD-Länder: Sozialausgaben und Alterung der Bevölkerung*

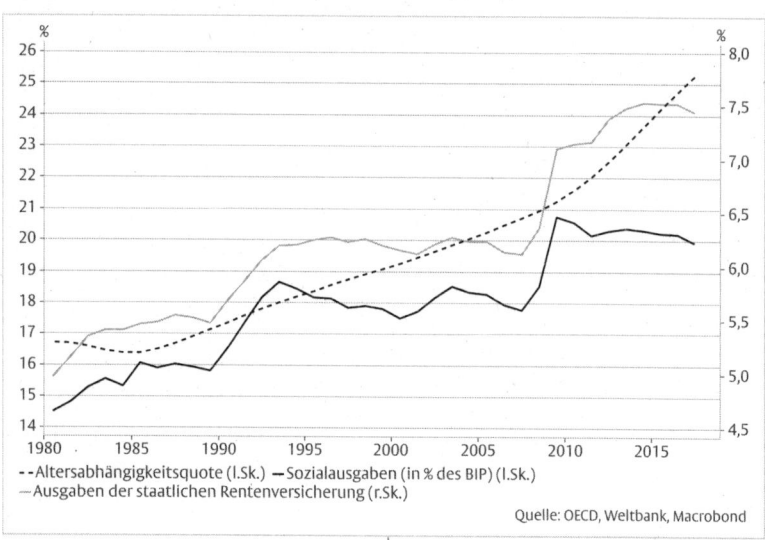

-- Altersabhängigkeitsquote (l.Sk.) — Sozialausgaben (in % des BIP) (l.Sk.)
— Ausgaben der staatlichen Rentenversicherung (r.Sk.)

Quelle: OECD, Weltbank, Macrobond

Obwohl der zunehmende gesellschaftliche Reichtum das Risiko absoluter Armut ständig verringert, nimmt mit zunehmendem Wohlstand die Aversion gegen das Risiko relativer Nachteile bei am Markt erzielten Einkommen zu. Das Ausmaß der Korrektur von am Markt erzielten Ergebnissen wächst ständig. Die lineare Fortschreibung dieses Trends führt nicht nur zum Absterben der Marktwirtschaft, sondern letztendlich in die totalitäre Gesellschaft, in der staatliche Sozialplaner

---

* l.Sk. = linke Skala, r.Sk. = rechte Skala

im Namen der »sozialen Gerechtigkeit« über das Geschick jedes Einzelnen bestimmen. Wer dagegen ist, muss im Namen des großen Ganzen zum Schweigen gebracht werden. Und was das große Ganze erfordert, weiß nur der Sozialplaner.

Manche Sozialphilosophen wollen daher das Konzept der »sozialen Gerechtigkeit« wegen seines totalitären Beigeschmacks in das der »Chancengerechtigkeit« überführen. Sollte man nicht schon aus Eigennutz ein Interesse daran haben, dass jeder Mensch die gleiche Chance auf Erfolg bekommt, wenn man sich vorstellt, man würde in eine Gesellschaft hineingeboren, ohne zu wissen in welche Einkommensschicht?* Das hört sich gut an, ist aber leider auch ein Luftschloss, weil »Chancengerechtigkeit« im wirklichen Leben nicht hergestellt werden kann. Der Mensch kommt so unfertig wie kein Tier auf die Welt. Dadurch wird er weit weniger von seinen Genen bestimmt und kann sich viel besser an sein Lebensumfeld anpassen als das Tier. Wegen dieser Unfertigkeit kann er von seinen Mitmenschen Verhaltensregeln erlernen, die ihm sein Leben in der Gesellschaft ermöglichen. Diese Regeln sind über die Zeit durch Überlieferung und Anpassung an veränderte Umstände entstanden und bestimmen die Gesellschaftsordnung.

Der unfertige Mensch wird nach seiner Geburt unmittelbar von Mutter und Vater, danach von Kindergarten, Schule, Berufsausbildung und seinem gesellschaftlichen Umfeld geprägt. Zusammen mit den ererbten Genen bestimmt diese Prägung seine Lebenschancen. Doch nehmen die Wirkungen der Prägung von außen mit fortschreitendem Entwicklungsstand ab. Die frühkindliche Prägung ist besonders wichtig, hängt aber wesentlich von der Art der Zuwendung in der Familie ab. Da diese von Familie zu Familie unterschiedlich ist, werden auch die durch Prägung bestimmten Lebenschancen unterschiedlich verteilt. Das Ideal der Chancengerechtigkeit wird folglich nicht nur durch Unterschiede in den ererbten Genen, sondern auch durch Unterschiede der Prägung in der frühen Lebenszeit ausgehebelt.

---

* Eine positive Antwort auf diese Frage gab Rawls (1971).

Insoweit waren der absoluten sozialen Gerechtigkeit verpflichtete totalitäre sozialistische Staaten durchaus konsequent, wenn sie Kleinkinder den Familien entrissen, um sie nach staatlichen Normen zu prägen. Dadurch hat man den Menschen aber nicht nur großes Leid zugefügt, sondern ihnen auch Lebenschancen genommen. Nur verblendete Sozialingenieure können auf diese unmenschliche Weise Chancengerechtigkeit herstellen wollen. Der liberale Rechtsstaat kann Familien Hilfe anbieten, aber nichts erzwingen.

Die Idee der Chancengerechtigkeit lässt sich besser gegen die Diskriminierung gesellschaftlicher Minderheiten verwenden. Sollte nicht jeder Mensch unabhängig von seiner Herkunft, Hautfarbe, seines Geschlechts oder sexuellen Orientierung die gleiche Möglichkeit zu seiner Entfaltung haben? Darüber sollte in einer aufgeklärten Gesellschaft leicht Einigkeit zu erzielen sein. Diversität lässt tausend Blumen blühen und belebt den Garten, solange die Blumen sich nicht untereinander bekämpfen. Doch erwächst aus der Bekämpfung des Risikos, benachteiligt zu werden, weil man in eine Minderheitengruppe hineingeboren wurde, ein neues Risiko, wenn Angehörige von Minderheiten wegen früherer Benachteiligungen die positive Diskriminierung fordern.

Die Aufgliederung der Gesellschaft in Gruppen setzt sich fort, nur der Spieß kehrt sich um: Wer früher benachteiligt war, soll nun bevorteilt werden. Der Emanzipation folgt die Identitätspolitik, die der Vorstellung des Primats des Individuums ebenso entgegengesetzt ist wie die voremanzipatorische Gesellschaft, in der die Mehrheit Minderheiten an den Rand drückte. Statt der liberalen Bürgergesellschaft, die jedem gleiche Rechte zur eigenen Entfaltung und gesellschaftlichen Mitwirkung einräumt, entsteht die identitäre Gruppengesellschaft in der Form einer hydraähnlichen Wiederkehr der multiplen Stammesgesellschaft. Auf der vergeblichen Suche nach Sicherheit im Meer der fundamentalen Unsicherheit zerstört die in der Zeit der Aufklärung entstandene freiheitliche Gesellschaft sich selbst.

Kapitel 4

Idiosynkratische gesellschaftliche Risiken: Klimawandel und Corona-Pandemie

Unser Thema ist die Transformation radikaler Unsicherheit in berechenbare Risiken. Das geht jedoch nur, wenn wir das Unbekannte benennen, kalkulieren und Techniken für das Risikomanagement entwickeln können. Ende Juni 2020 brachte das britische Wochenmagazin *The Economist* eine Titelgeschichte über »die nächste Katastrophe«. Die Autoren wiesen darauf hin, dass die Welt ähnlich unvorbereitet wie für Covid-19 von weiteren Katastrophen überrascht werden könnte, und sie spannten den Bogen der Überraschungen vom Einschlag eines Meteoriten bis zum Ausbruch einer viel garstigeren Pandemie als Covid-19. Hatte nicht der Einschlag eines Meteoriten von 10 Kilometern Durchmesser vor 66 Millionen Jahren vermutlich das Ende der Dinosaurier eingeleitet? Und könnte nicht ein Erreger mit der Verbreitungsgeschwindigkeit des Coronavirus und der Tödlichkeit des Pestbazillus ein Drittel der Menschheit ausrotten?

Obwohl sie sehr real sind, verdrängen wir diese Gefahren, weil uns sowohl ihre Eintrittswahrscheinlichkeit als auch ihre Folgen unberechenbar erscheinen. Wie sollte ein Politiker enorme Geldbeträge für Vorkehrungen gegen solche Ereignisse mobilisieren können, wenn wir keinen blassen Dunst haben, mit welcher Wahrscheinlichkeit sie uns treffen könnten? Vielleicht weil das unbekannte Unbekannte und das bekannte, aber unkalkulierbare Unbekannte so bedrohlich erscheinen, stützen wir uns mit besonderer Vehemenz auf scheinbar wissenschaftlich vermessbare und beherrschbare Risiken.*

Besonders geeignet sind dazu solche, die uns erst in der ferneren Zukunft drohen, dafür aber umso gewaltiger sind und wissenschaftlich erforscht werden können. Für diese Gefahren können »Experten« (darunter verstehe ich Menschen, denen von der Öffentlichkeit Kompetenz zugeschrieben wird) eine wissenschaftlich fundierte Erzählung entwickeln, die aufgrund der Tatsache, dass es sich um zukünftige Ereignisse handelt, auf absehbare Zeit nicht falsifizierbar ist, dafür jedoch die Möglichkeit beinhaltet, dass die Ereignisse von uns mit geeigneten Maßnahmen verhindert werden können. Ein Paradebeispiel dafür ist die erwartete Bedrohung durch den Klimawandel.

Vor Ausbruch der Corona-Krise war das Thema der Aufreger schlechthin. Aktivistinnen – Aktivisten scheint es deutlich weniger zu geben – und Klimaforscher – Forscherinnen scheinen hier in der Minderheit zu sein – stiegen zu Stars auf und wurden zum Teil wie Heilige verehrt. Sie trieben die Politik dazu, Unsummen auszugeben, um eine mögliche Bedrohung unserer Lebensumstände in der fernen Zukunft durch eine vermutlich von menschlichen Aktivitäten verursachte Erwärmung der Erdatmosphäre abzuwehren. Vorkehrungen gegen den »Klimatod« sind begründbar, denn die Bedrohung durch den Klimawandel erscheint im Gegensatz zu einem Meteoriteneinschlag oder einer die menschliche Existenz bedrohenden Pandemie mit entsprechenden Modellen berechenbar.

Wie wir schon wissen, ist die Transformation unberechenbarer, radikaler Unsicherheit in berechenbare Risiken ein Anliegen der Menschheit seit der Zeit der Aufklärung. Wenn wir nicht mehr an

---

* Während wir wenig greifbare Risiken gerne ignorieren, bewerten wir greifbare Chancen teils völlig über. Warum spielen Menschen Lotto, bei dem der Erwartungswert bei einem Einsatz von 1 Euro bei gerade einmal 0,33 Euro liegt? Andererseits werden Versicherungsprämien bezahlt, die weit über dem erwarteten Schaden liegen (was wohl auch dem Verkaufsgeschick der Versicherungsbranche zuzuschreiben ist).

die göttliche Fügung glauben, geben wir uns der Illusion hin, wir könnten die Zukunft vermessen. Dabei »verlängern (wir) die Erfahrungen der Vergangenheit in die Zukunft und verheddern uns deshalb in der scheinbar berechenbaren Zukunft in den Fallstricken der Vergangenheit«, so der Soziologe Ulrich Beck.[20] Da das Klima ein sehr komplexes System ist, kann seine Veränderung nur in Modellen untersucht werden, die dieses System stark vereinfacht abbilden. Diese Modelle werden aufgrund von Annahmen und »Erfahrungen der Vergangenheit« konstruiert und kalibriert. Wie alle Abstraktionen von einer komplexen Wirklichkeit können diese Modelle nicht frei von Irrtümern bei der Konstruktion und Kalibrierung sein. Vor allem aber gehen diese Modelle von der »Stationarität« des Systems aus: Was war, wird auch so bleiben.

Wesentliche Einflüsse auf die Entwicklung der Temperatur wie die über lange Zeiträume variierende Aktivität der Sonne, zyklische Temperaturschwankungen der Ozeane oder die Wolkenbildung sind bisher nur teilweise erforscht und werden daher in den Modellen nur ansatzweise abgebildet. Deshalb ist es nicht verwunderlich, dass die Modelle vergangene Entwicklungen nur ungenau nachvollziehen können und künftige Entwicklungen in der Regel zu dramatisch darstellen. So musste der Weltklimarat in einem Sonderbericht im Jahr 2018 das zum Ziel der Begrenzung der Erderwärmung auf 1,5 Grad verbleibende Kohlendioxid-(CO_2)-»Budget« (also den noch möglichen Ausstoß) so stark anheben, dass die Erreichung des CO_2-Grenzwertes um 10 Jahre verschoben wurde. Fritz Vahrenholt und Sebastian Lüning kommen zu dem Schluss: »Je nach ›Parametrisierung‹ spucken die verschiedenen Modelle drastisch unterschiedliche Klimaentwicklungen aus.«[21]

Seit Anfang 2020 hat sich der mediale Fokus zunehmend auf die Covid-19-Krise verschoben. Durch die Verhängung von Lockdowns, um die Ausbreitung des Coronavirus zu bekämpfen, wurde im zweiten Quartal 2020 (und erneut zu späteren Zeitpunkten) das Leben weltweit stark eingeschränkt. Die von Menschen verursachten CO_2-Emissionen gingen in den Monaten März bis April drastisch zurück (in Deutschland um bis zu 26 Prozent). Die CO_2-Konzentration in der Atmosphäre hat dies – obwohl sie saisonal schwankt – jedoch nicht berührt. Seit Jahrzehnten wird auf dem hawaiianischen Vulkan Mauna Loa die CO_2-Konzentration in der Luft gemessen. Und seit Jahrzehnten steigt diese Konzentration an, und zwar unabhängig von Schwankungen der globalen Industrieproduktion (Grafik 4.1). Daraus hätte man entweder den Schluss ziehen können, dass der von Menschen gemachte CO_2-Ausstoß von geringer Bedeutung ist oder dass die Wirtschaftsaktivität noch viel stärker eingeschränkt werden muss, um Ergebnisse zu erzielen. Weder die eine noch die andere Schlussfolgerung wurden in der Öffentlichkeit diskutiert.

Grafik 4.1: Globale Industrieproduktion und Kohlendioxidgehalt der Luft

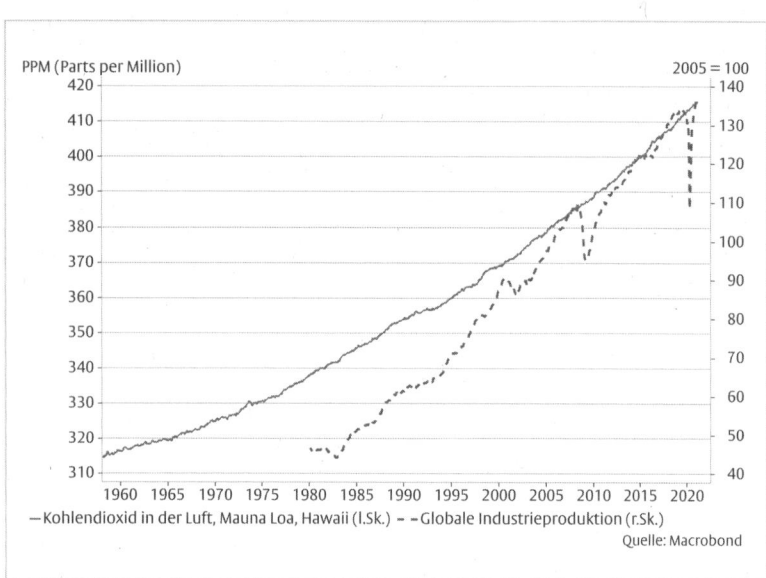

Der Weltklimarat (Intergovernmental Panel on Climate Change, IPCC) qualifiziert seine Aussagen in der Regel mit Wahrscheinlichkeiten für ihr Eintreffen. So heißt es zum Beispiel im fünften Sachstandsbericht:

> »Es ist **äußerst wahrscheinlich**, dass mehr als die Hälfte des beobachteten Anstiegs der mittleren globalen Oberflächentemperatur von 1951–2010 durch den anthropogenen Anstieg der THG (Treibhausgas)-Konzentrationen zusammen mit anderen anthropogenen Antrieben verursacht wurde …
>
> … über jeder kontinentalen Region, mit Ausnahme der Antarktis, haben anthropogene Antriebe **wahrscheinlich** wesentlich zum Anstieg der Oberflächentemperaturen seit Mitte des 20. Jahrhunderts beigetragen …
>
> … Anthropogene Einflüsse haben **sehr wahrscheinlich** zu einem Rückgang des arktischen Meereises seit 1979 beigetragen.«[22]

Wahrscheinlich, sehr wahrscheinlich, äußerst wahrscheinlich – aber eben nicht sicher.

Auch werden für die Prognosen des Temperaturanstiegs mehrere Szenarien und für die dort angegebenen Werte Intervalle genannt.[23] So soll im günstigsten Fall (Szenario »RCP2.6«) die mittlere Temperatur bis 2100 »wahrscheinlich« um 0,3 bis 1,7 Grad und im ungünstigsten Fall (Szenario »RCP8.5«) »wahrscheinlich« um 2,6 bis 4,8 Grad ansteigen. Die Szenarien reichen von »stringenten« Maßnahmen zur Minderung des CO_2-Ausstoßes bis zur Unterlassung aller Maßnahmen, die Intervalle ergeben sich aus der vermuteten Unschärfe der Modelle. Vahrenholt und Lüning rechnen vor, dass der für das ungünstigste Szenario angenommene CO_2-Ausstoß dazu führen würde, dass bis in die 2080er-Jahre sämtliche Kohle-, Öl- und Gasvorkommen der Welt aufgebraucht wären – was natürlich völlig unrealistisch ist.[24] Nimmt man dagegen den unteren Intervallwert eines realistischeren Szenarios ohne rigorose (also eher milde) Maßnahmen zur CO_2-Minderung an, beträgt der Temperaturanstieg bis 2100 nur 1,4 Grad und liegt damit unter der als akzeptabel angenommenen Erhöhung von 1,5 Grad.

Kapitel 4

Immer wieder haben sich Vorhersagen zum Klimawandel innerhalb einer bestimmten Zeit als Fehlprognosen erwiesen. So behauptete 1989 ein Direktor des Umweltprogramms der Vereinten Nationen, ganze Völker könnten durch den Anstieg des Meeresspiegels bis zum Jahr 2000 ausradiert sein.[25] Am 17. März 1995 sagte der Wissenschaftliche Umweltbeirat der Bundesregierung voraus, dass in 25 Jahren die Erderwärmung nicht mehr aufgehalten werden könne, wenn der Ausstoß der Treibhausgase nicht stark abgebremst würde. Klimaforscher der Universität East Anglia erwarteten im Jahr 1999 bis 2020 eine grassierende Malaria in Spanien. Drei Jahre später sagten Klimaforscher das Verschwinden des Gletschereises auf dem Kilimandscharo voraus.

Im Jahr 2004 mahnte das US-Verteidigungsministerium, der Klimawandel werde zu Atomkriegen, Aufständen, Megadürren und Hungersnöten führen. Großbritannien könnte bis 2020 ein sibirisches Klima drohen. Das UN-Umweltprogramm prophezeite im Jahr 2005 50 Millionen Klimaflüchtlinge bis 2010 und erweiterte den Prognosezeitraum auf 2020, als sich dies als Fehlprognose erwies. Bundeskanzlerin Angela Merkel prophezeite auf einem CDU-Parteitag im Jahr 2007, dass es im Jahr 2020 auf der Zugspitze keinen Gletscher mehr geben würde. Im selben Jahr sagte der UN-Klimarat voraus, dass bis zum Jahr 2020 75 bis 250 Millionen Menschen wegen des Klimawandels nur noch schwer Zugang zu Trinkwasser haben würden. Keine dieser Prognosen ist eingetroffen. Folglich erweitern viele Prognostiker nun ihre Vorhersagen für kommende Klimakatastrophen auf das Jahr 2030. Die Medien werden trotz der vergangenen Fehlprognosen nicht müde, die Beschwörungen der kurz bevorstehenden Klimakatastrophen weiterhin publikumswirksam zu verbreiten.

Insgesamt ist also die Unsicherheit über die künftige Temperaturentwicklung groß und die vom Weltklimarat (IPCC) angegebenen Wahrscheinlichkeiten fußen auf keiner mathematischen Begründung, da auch der Weltklimarat nicht alle möglichen, das

Klima bestimmenden Zusammenhänge kennen kann (siehe oben). Der Rat kann also nur die Mehrheitsmeinung seiner Mitglieder (von denen viele Umweltorganisationen angehören) in Zahlen ausdrücken und damit einen Schein von Präzision schaffen. In der öffentlichen Diskussion wird aber nicht einmal dieser schwache Hinweis auf mögliche Irrtümer wahrgenommen. »Hört auf die Wissenschaftler«, mahnt Greta Thunberg – und meint damit Protagonisten des Betriebs der Klimawissenschaften, die aller Wissenschaft notwendigerweise innewohnende Zweifel längst hinter sich gelassen haben.

Die Kampagnen der Klimaaktivisten erzeugen Gegenkampagnen. Die Gegenaktivisten streiten alle Einflüsse der Treibhausgase und des Menschen auf das Klima ab. Der Klimawissenschaftler Hans von Storch sieht in Alarmisten und Skeptikern Zwillinge.[26] Beide postulieren einen linearen und kausalen Zusammenhang zwischen Wissenschaft und Politik. Die Politik hat der Wissenschaft zu folgen, wie es Greta Thunberg fordert. Wenn aber die Politik abgelehnt wird, dann muss die Begründung für die Politik, nämlich die Wissenschaft, falsch sein, wie man von der anderen Seite oft hört.

In einer idealen Welt der Wissenschaft würden Hypothesen – in diesem Fall vom menschengemachten Klimawandel – so lange als gültig betrachtet, wie sie nicht falsifiziert werden können.[27] Ohne die Möglichkeit der Widerlegung wären sie keine wissenschaftlichen Hypothesen, sondern gehörten zur Kategorie religiöser Glaubensgewissheiten. Zweifel und die Einladung zu ihrer Widerlegung begleiten wissenschaftliche Hypothesen vom Zeitpunkt ihrer Formulierung an. Die Einsicht, dass menschlicher Erkenntnis letzte und endgültige Wahrheiten verschlossen bleiben, bildet den Kerngedanken der Aufklärung.

Die ideale Welt der Wissenschaft kennt keine Wissenschaftler, die nicht nur vom Drang zur Erkenntnis, sondern auch von profanen Begierden getrieben werden. In der menschlichen Welt der Wissenschaften jedoch wird die Entwicklung und Verteidigung von Hypothesen auch als Mittel zum Erwerb von Ruhm und materiellem Wohlstand verstanden. Besteht die Chance zu deren Erlangung, neigen Wissenschaftler zur Bildung von Dogmen, die sie quasireligiös mit Absolutheitsanspruch verfechten. Nach Ansicht des Wissenschaftsphilosophen Thomas S. Kuhn wird die Wissenschaft im Normalzustand von einem allgemein akzeptierten Paradigma (man könnte auch »Grundüberzeugung« sagen) geleitet.[28] Wissenschaftler beschäftigen sich in diesem Zustand mit Problemen, deren Lösung das geltende Paradigma nicht infrage stellt. Mit kleinen Veränderungen oder Erweiterungen rechtfertigen sie ihre Tätigkeit und werden dafür eher bescheiden mit Ruhm und Geld entschädigt.

Mit der Zeit verhärtet sich ein geltendes Paradigma zu einem starren Dogma und der Blick verengt sich. Wissenschaft wird für die Verteidigung des Dogmas gegen seine Kritiker entlohnt. Ein Mittel zur Verteidigung ist die Ausgrenzung der Kritiker. Die Debatte, die eigentlich dem wissenschaftlichen Fortschritt dienen soll, verkommt zu persönlichen Machtkämpfen. Vermehren sich die »Anomalien«, das heißt stolpert die Wissenschaft über immer mehr Fakten, die nicht zum herrschenden Paradigma passen, gerät dieses in eine Krise.

Während alte Anhänger des herrschenden Paradigmas, die damit ihre Lebensleistung verbinden, dieses noch vehementer verteidigen, lehnen sich junge Häretiker, die sich ihre wissenschaftlichen Lorbeeren noch erwerben müssen, dagegen auf. Es beginnt die Phase der »außerordentlichen Wissenschaft«, in der grundlegende Gewissheiten nicht mehr tabu sind. In der dadurch ausgelösten wissenschaftlichen Revolution entsteht ein neues Paradigma und das Weltbild ändert sich.

Kuhn vergleicht den Wandel mit einer religiösen Konversion, da es kein rationales Kriterium für die Entscheidung gibt, ob das neue Paradigma besser ist. Deshalb können auch die Anhänger eines neuen Paradigmas keinen Normalwissenschaftler argumentativ von diesem überzeugen, denn beide gehen von unterschiedlichen Weltanschauungen aus und darum erscheint keine Argumentation der einen Seite der anderen logisch. Am Ende wird das alte Paradigma durch das neue einfach verdrängt.*

Der Wissenschaftstheoretiker Imre Lakatos spricht von Forschungsprogrammen, die ein Paradigma als Kern haben.[29] Nach Lakatos vollzieht sich der Paradigmenwechsel jedoch nicht schlagartig, sondern in einem zähen Kampf zwischen den Verteidigern des alten Paradigmas in den alten Forschungsprogrammen und den Herausforderern, die dieses Paradigma infrage stellen. Setzen neue Fakten das alte Paradigma unter Druck, finden die Verteidiger stützende Hilfshypothesen, um es zu retten. Aber der ursprüngliche Kern des Paradigmas wird schwächer. Lakatos nennt dies »degenerative Problemverschiebung«. Dagegen finden die Herausforderer neue Erklärungen für die Fakten und entwickeln eine Theorie mit höherem Erklärungswert. Es kommt zur »progressiven Problemverschiebung«. Im Gegensatz zu Kuhn, der Paradigmenwechsel mit radikalen Brüchen verbindet, sieht Lakatos kontinuierliche Erkenntnisgewinne durch die Problemverschiebungen in den Forschungsprogrammen.

In Phasen von Paradigmenwechseln oder Problemverschiebungen kann es zu sehr unterschiedlichen, mit großer Überzeugung vorgetragenen Aussagen der Wissenschaftler kommen. Je sicherer das Bedrohungsszenario ausgemalt wird – und je kürzer die verbleibende Zeit zu seiner Abwendung veranschlagt wird, welche aber keinesfalls unmöglich sein darf –, desto leichter ist es, die Öffentlichkeit auf die eigene Seite zu ziehen und die Politiker zur Bereitstellung und gegebenenfalls Eintreibung großer Geldsummen zur Gefahrenabwehr zu bewegen. Andere Stimmen, die Zweifel an dem Bedrohungsszenario äußern, müssen durch Ausgrenzung zum Schweigen gebracht werden, denn sonst könnten ja Zweifel aufkommen, ob die vielen öf-

---

* Lange vor Thomas S. Kuhn schrieb der Physiker Max Planck dazu: »Eine neue wissenschaftliche Wahrheit pflegt sich nicht in der Weise durchzusetzen, dass ihre Gegner überzeugt werden und sich als belehrt erklären, sondern vielmehr dadurch, dass ihre Gegner allmählich aussterben und dass die heranwachsende Generation von vornherein mit der Wahrheit vertraut gemacht ist.« (Planck, 1948, S. 22).

fentlichen Gelder gut angelegt sind. Die Wissenschaftler sind dankbar für jeden naiven Unterstützer (oder neuerdings *Follower*), auch wenn dieser ihr Paradigma zur Glaubensgewissheit erhöht und damit den wissenschaftlichen Erkenntnisprozess sabotiert. Die Gegner zahlen es den Wissenschaftsaktivisten mit gleicher Münze heim und poltern umso stärker, je mehr sie ausgegrenzt werden. Die unentschiedene und durch die unterschiedlichen Aussagen zusehends verwirrte Mehrheit der Gesellschaft verfällt in angstvolles Schweigen.

Die Wahrheit dürfte zwischen den Extremen liegen. Wie Vahrenholt und Lüning zeigen, spricht viel dafür, dass ein Teil des Temperaturanstiegs natürliche Ursachen hat, der andere auf menschliche Aktivität zurückzuführen ist.[30] Wie die Verhältnisse genau liegen, kann nicht präzise bestimmt werden. Folglich kann nicht die Wissenschaft die Politik bestimmen. Denn »Politik wird ausgehandelt, wird bestimmt als ›akzeptabel für die wesentlichen Beteiligten‹ und als wirksam für eine intendierte Absicht. Sie ist nicht ›richtig‹ oder ›falsch‹, sondern ermöglicht sozialen Frieden.«[31] Wenn die Politik jedoch diese Funktion nicht mehr erfüllt, sondern in dem Bemühen, alle Lebensrisiken bedingungslos zu minimieren, Wissenschaftler ermächtigt, über die Geschicke der Gesellschaft zu bestimmen, herrscht Unfriede.

Bis wissenschaftliche Hypothesen zum Klimawandel falsifiziert sind oder nicht falsifiziert werden können, wird noch eine lange Zeit vergehen. Aktivisten, Gegenaktivisten und die verantwortlichen Politiker haben daher die Möglichkeit, sich noch tiefer in ihren jeweiligen Positionen einzugraben. Dies ist bei dem anderen großen idiosynkratischen Risiko unserer Zeit, der Corona-Pandemie, nicht der Fall. Bewegt sich das mit dem Klimawandel verbundene Risiko mit der Geschwindigkeit eines Gletschers, entwickelt sich das mit dem Coronavirus verbundene Risiko mit der Geschwindigkeit eines Schnellboots.

Wikipedia fasst die Ereignisse Anfang des Jahres 2020, die unser Leben veränderten, bündig zusammen:

Idiosynkratische gesellschaftliche Risiken: Klimawandel und Corona-Pandemie

»Die COVID-19-Pandemie (auch Corona-(Virus)-Pandemie oder Corona-(Virus)-Krise) ist der weltweite Ausbruch der Atemwegserkrankung COVID-19 (in deutschsprachigen Ländern umgangssprachlich auch nur ›Corona‹ genannt). ... Am 31. Dezember 2019 wurde der Ausbruch einer neuen Lungenentzündung mit noch unbekannter Ursache in Wuhan in China bestätigt. Am 11. Februar 2020 schlug die WHO den Namen *COVID-19* für die Infektionskrankheit vor. Im Januar 2020 entwickelte sich die Krankheit zur Epidemie in China und am 11. März 2020 erklärte die WHO die bisherige Epidemie offiziell zu einer weltweiten Pandemie. Verursacht wird die Erkrankung durch eine Infektion mit dem bis dahin unbekannten Coronavirus SARS-CoV-2. In zahlreichen Ländern der Welt gibt es im Verlauf der Pandemie massive Einschnitte in das Alltagsleben. Einige Historiker beurteilten die Pandemie als historische Zäsur. Zu den gesamtgesellschaftlichen Auswirkungen der COVID-19-Pandemie gehört auch die Wirtschaftskrise 2020/2021.«[32]

Das bis dahin »unbekannte Coronavirus SARS-CoV-2« ist jedoch kein völliger Neuling. Coronaviren sind schon länger bekannt, und SARS-CoV-1 war 2002/2003 für eine Pandemie verantwortlich, die aber vor allem Ostasien betraf und den Rest der Welt weitgehend unbehelligt ließ. Die damaligen Erfahrungen in Asien wurden ausgiebig studiert und hätten für durch Coronaviren ausgelöste Erkrankungen eine Lehre sein können (siehe die in der Einleitung erwähnte Risikoanalyse der Bundesregierung). SARS-CoV-2 trat wie der Vorgänger zuerst in China auf, sodass der Rest der Welt hätte gewarnt sein können. Am 28. Januar 2020 wurde eine durch SARS-CoV-2 verursachte Erkrankung bei Mitarbeitern einer deutschen Autozulieferungsfirma entdeckt, die Besuch von einer Kollegin aus Shanghai hatten. Die Infektionskette wurde schnell unterbrochen, aber man hätte daraus schließen können, dass das Virus auch Kontinente überwinden kann, sozusagen im Reisegepäck.

Am 22. Februar kamen Meldungen aus Italien, dass Menschen an Covid-19 gestorben waren. Als in den darauffolgenden Tagen und Wochen die Zahl der Infizierten und Toten stark stieg, erwiesen sich die Gesundheitsbehörden in Italien und allen anderen europäische Ländern als auf die Pandemie völlig unvorbereitet. Es fehlten die Kapazitäten zum Testen auf die Infektion, und die Krankenhäuser waren in einigen Ländern schnell völlig überlastet. Nicht einmal simple und billige Mund-Nasen-Masken zur Verringerung der Verbreitung des Virus gab es in auch nur annährend ausreichender Zahl. Trotz früheren Erfahrungen mit dem Coronavirus und erheblicher Vorwarnzeit aus China hatten die Europäer die Gefahr einer Corona-Pandemie ignoriert. Umso drastischer fiel die Reaktion aus: landesweite Lockdowns der Wirtschaft und des öffentlichen Lebens, einschließlich Ausgangssperren.

Wie in der Frage des Klimawandels spielte auch in der Corona-Pandemie die Wissenschaft sofort eine bestimmende Rolle für die Politik. Allerdings haben auf diesem Gebiet wissenschaftliche Hypothesen eine geringere Laufzeit bis zur möglichen Falsifizierung. Folglich tastete sich die Wissenschaft – was ihrem eigentlichen Charakter mehr entsprach – mittels Versuch und Irrtum voran. Die Entzifferung der DNA des Virus gelang (dank entsprechender Vorkenntnisse der Coronavirus-Familie) schnell, aber die Schwere der dadurch verursachten Krankheit (für die der Name »Covid-19« gekürt wurde) und die Maßnahmen zur Eindämmung seiner Verbreitung wurden zunächst ergebnisoffen diskutiert.

Wie gefährlich war Covid-19, und verursachte es über die unmittelbare Krankheit hinaus Langzeitschäden? Sollte man der Verbreitung des Virus weitgehend freien Lauf lassen und darauf hoffen, dass eine kritische Menge der Bevölkerung nach überstandener Krankheit immun sein würde, also eine sogenannte Herdenimmunität entstehen würde? Oder sollte man die Verbreitung durch Maßnahmen zur »sozialen Distanzierung« (vom zwischenmenschlichen Abstand über die Verringerung von Kontakten bis zur flächendeckenden häuslichen Quarantäne) verhindern oder zumindest verlangsamen? Wie verhielt sich das durch die Krankheit verursachte menschliche Leid zu den wirtschaftlichen Kosten der Verhinderung ihrer Verbreitung?

Auch Virologen, Epidemiologen und andere Wissenschaftler erlagen der Versuchung, risikoaverse und hinter der Wissenschaft

Schutz suchende Politiker zu vereinnahmen. Dabei spielte die ehrwürdige Akademie der Wissenschaften Leopoldina, die auch die Bundesregierung beriet, eine eher weniger ehrwürdige Rolle. Prominente Mitglieder der Akademie überschritten die Grenzen der Wissenschaftlichkeit und stellten die politische Forderung einer »No Covid«-Strategie zur Eindämmung von Infektionen auf. Außerdem verknüpfte die Akademie die Bekämpfung der Pandemie mit der Verhinderung der Erderwärmung und forderte die Errichtung einer »klimafreundlichen Wirtschaft«, eine »konsequente Mobilitäts- und Landwirtschaftswende« und eine »Neuregelung des Strommarkts«.[33]

Auch in der Corona-Pandemie neigten Wissenschaftler dazu, die ihnen von der Öffentlichkeit gewährte Kompetenzvermutung zu politischen Anliegen zu missbrauchen. Aber angesichts des Risikos der schnellen Falsifizierung ihrer Thesen im Fall der Pandemie betonten die Vorsichtigeren unter ihnen doch die Vorläufigkeit wissenschaftlicher Erkenntnis und räumten der Politik den Primat beim Aushandeln dessen, was als akzeptabel für die wesentlich Beteiligten und wirksam für die intendierte Absicht war, größeren Raum ein. Dennoch wurde der »soziale Friede« strapaziert, da ein breiter gesellschaftlicher Diskurs durch die Fragmentierung der Gesellschaft in mehr oder weniger voneinander abgeschlossene Identitäts- und Interessengruppen erschwert wurde.

In Parallelgesellschaften lebende neue und schlecht integrierte frühere Immigranten waren schwerer anzusprechen, junge Menschen schätzten das Kosten-Nutzen-Verhältnis der »sozialen Distanzierung« anders ein als ältere. Und wieder andere verabsolutierten ihnen genehme wissenschaftliche Thesen und erzeugten die aus der Debatte um den Klimawandel bekannte Spaltung zwischen »Corona-Aktivisten«, die dem Kampf gegen das Virus alles andere unterordnen wollten (wie die Befürworter einer »Zero Covid«-Strategie), und »Corona-Leugnern«, die sich jeder Maßnahme zur Behinderung der Verbreitung des Virus widersetzten (wie die sogenannten »Querdenker«).

Kapitel 4

Die mangelnde Fähigkeit zur offenen Diskussion in der Gesellschaft spiegelte sich wider im Versagen des Parlaments, die Diskussion seinem Auftrag entsprechend stellvertretend für die Gesellschaft zu führen. Verantwortlich dafür dürfte sein, dass Abgeordnete sich mehr als Unterstützer ihrer Anführer und Beschaffer von Wählerstimmen verstehen, als eigenem Wissen und Gewissen zu folgen, wie es die indirekte Demokratie vorsieht. Zumindest in dieser Hinsicht erwies sich der deutsche Bundestag als getreues Abbild seiner in Identitätsgruppen zerfasernden Wählerschaft.

Die private Wirtschaft glänzte mit einer Meisterleistung, als sie in Rekordzeit einen Impfstoff gegen Covid-19 entwickelte, und spielte damit der Politik den Ball zum Schuss direkt vors Tor. Doch die verstolperte die Vorlage und konnte weitere Wellen der Infektion im Winter 2020/2021 nicht verhindern. Hier war die Begrenztheit und Vorläufigkeit unseres Wissens über Gegenwart und unmittelbare Zukunft mit Händen zu greifen. Könnte sich daraus eine neue Einstellung der Gesellschaft zu »radikaler Unsicherheit«, zu fundamentaler Ungewissheit entwickeln? Es sieht nicht danach aus.

Kapitel 5

Warum die moderne Geldpolitik zum Scheitern verurteilt ist

»Warum hat das niemand kommen sehen«, fragte die britische Königin Elisabeth II. kurz nach dem Zusammenbruch der Weltwirtschaft im Jahr 2008. Die mächtigsten Zentralbanken der Industriestaaten hatten weder die Große Finanzkrise von 2007/2008 kommen sehen, noch ist es ihnen nach der Finanzkrise gelungen, die von ihnen selbst gesetzten Ziele für den jährlichen Anstieg des Konsumentenpreisindex zu erreichen. Hauptsächlich, weil sie davon ausgegangen sind, dass sich die komplexe Welt der Wirtschaft und Finanzen in einer einfachen Modellwelt abbilden ließe, in der die Zusammenhänge zwischen wichtigen Größen klar sind und Unsicherheit in messbare Risiken überführt werden kann. Das ist jedoch ein gravierender Irrtum. In der wirklichen Welt herrscht radikale Unsicherheit, die sich nicht vermessen lässt.

Im Allgemeinen kann man mithilfe der Wirtschaftswissenschaften »Wenn-dann«-Fragen zum wirtschaftlichen Handeln ganz gut beantworten. In der von ihm »Praxeologie« genannten ökonomischen Logik zeigt Ludwig von Mises, dass wirtschaftliches Handeln darin besteht, Ziele auf dem kürzesten dorthin führenden Weg zu erreichen.[34] Von der geometrischen Erkenntnis, dass die kürzeste Verbindung zwischen zwei Punkten eine Gerade ist, kann man zum Beispiel ableiten, dass Menschen zur Erreichung eines wirtschaftlichen Ziels nur dann einen Umweg machen, wenn sich das für sie lohnt. Ist das Ziel der Handlung Konsum, wird man also nur sparen, wenn man auf diese Weise letztendlich mehr konsumieren kann. Um ans Ziel zu kommen, nimmt man den Umweg der Investition seiner Ersparnisse. Aus der einfachen »Wenn-dann«-Frage kann man also ableiten, dass der Ertrag auf die Ersparnis, der Zins, natürlicherweise positiv sein muss. Gibt es keinen Mehrertrag, wird eben nicht gespart, um zu investieren, sondern wird Geld allenfalls gehortet.

Gegenwärtig versuchen aber viele Zentralbanker und einflussreiche Ökonomen die Öffentlichkeit davon zu überzeugen, dass der Zins negativ ist, obwohl er das nach obiger Logik nicht sein kann. Statt von einer plausiblen »Wenn-dann«-Überlegung leiten sie ihre Überzeugung aus einem komplexen gesamtwirtschaftlichen Modell ab, von dem sie meinen, es bilde die Welt ab, so wie sie wirklich ist. Die Welt der Wirtschaft beschreiben sie mit einem starren mathematischen Gleichungssystem. In dieses Prokrustesbett werden statistische Daten über wirtschaftliche Handlungen gezwängt und die in den Gleichungen enthaltenen Parameter mit mathematischen (ökonometrischen) Methoden geschätzt. Daraus leiten die Zentralbanken dann ihre Politik ab. So begründete Isabel Schnabel, die deutsche Exekutivdirektorin bei der Europäischen Zentralbank (EZB), die vom Bundesverfassungsgericht in Zweifel gezogene Politik der EZB: »EZB-Studien zeigen, dass wir den Leitzins auf circa -1,7 Prozent – von derzeit -0,5 Prozent – hätten senken müssen, um denselben geschätzten Effekt auf die Inflation zu erzielen wie mit den zusätzlichen Anleihekäufen.« Und sie versprach: »Laut EZB-Schätzungen erhöhen die Maßnahmen das Wachstum im Euroraum zwischen 2020 und 2022 um 1,3 Prozentpunkte und verleihen der Inflation spürbaren Auftrieb.«[35]

Aber wie es bei einem Prokrustesbett nun einmal ist: die Daten fügen sich so gut wie nie in die Modelle ein, sodass die Gleichungen die Beziehungen eigentlich immer nur unvollständig erklären können. Darüber könnte man vielleicht noch hinwegsehen, wenn es nicht zwei schwerwiegende Gründe dafür gäbe, warum die mathematische Modellwelt der Ökonomen insgesamt kein brauchbares Abbild für die wirkliche Welt bieten kann. Erstens ist die wirkliche Welt anders als die Modellwelt nicht »stationär«. Die in der Modellwelt als über die Zeit stabil angenommenen Beziehungen verändern sich in Wirklichkeit andauernd. Ein eindrucksvolles Beispiel dafür ist die in der Modellwelt so wichtige Beziehung zwischen Wirtschaftswachstum und Inflation.

Ende der 1950er-Jahre untersuchte der Ökonom Alban William Phillips den Zusammenhang zwischen Arbeitslosigkeit und Lohnwachstum in Großbritannien von 1861 bis 1957. Er fand eine negative Beziehung: Immer wenn die Arbeitslosigkeit hoch war, wuchsen die Löhne wenig, und umgekehrt. Wenig später, im Jahr 1962, beobachtete Arthur Okun, dass die Arbeitslosenrate fällt, wenn das Wachstum der Produktion über die langfristige, »normale« Rate hinausgeht, und im umgekehrten Fall steigt. Als Faustregel formulierte Okun, dass ein Anstieg der Produktion um 2 Prozent mit einem Rückgang der Arbeitslosenrate um 1 Prozentpunkt verbunden war. Seine Beobachtung wurde als *Okuns Gesetz* und seine Faustregel als *Okun-Koeffizient* bekannt.

Aus der Phillips-Kurve und Okuns Gesetz kann eine Beziehung zwischen der Auslastung der Wirtschaft und der Konsumentenpreisinflation abgeleitet werden. Ist der Okun-Koeffizient konstant und wird die Preisinflation wesentlich von der Lohninflation bestimmt, dann sollte eine höhere Kapazitätsauslastung der Wirtschaft zu mehr Inflation führen. Also sollte es möglich sein, über eine Steuerung der Kapazitätsauslastung die Inflation beeinflussen zu können. Die Entwicklung der gesamtwirtschaftlichen Kapazität, »potenzielles Bruttoinlandsprodukt« genannt, wird von Faktoren wie dem Wachstum der Erwerbsbevölkerung, des gesamtwirtschaftlichen Kapitalstocks und der Produktivität bestimmt, die kurzfristig kaum zu beeinflussen sind. Die gesamtwirtschaftliche Kapazitätsauslastung ist durch die Differenz zwischen potenziellem und tatsächlichem

Bruttoinlandsprodukt gegeben. Die von John Maynard Keynes im Jahr 1936 begründete makroökonomische Theorie besagt, dass die Investitionen vom Zins abhängen, den die Zentralbank über die Geldemission beeinflussen kann. Folglich meint die Zentralbank, die gesamtwirtschaftliche Kapazitätsauslastung steuern zu können, indem sie über die Beeinflussung der Investitionstätigkeit das tatsächliche Bruttoinlandsprodukt manipuliert.

So weit die Theorie, die das Denken und Handeln der Zentralbanken heute bestimmt, wie das Zitat von Frau Schnabel beispielhaft zeigt. Das Problem dabei ist, dass auf die darin vorausgesetzten Zusammenhänge in der wirklichen Welt kein Verlass ist. Die Umrisse von Okuns Gesetz kann man zwar auch heute noch gut erkennen, wenn man die Veränderungen der Arbeitslosenraten mit denen des Bruttoinlandsprodukts vergleicht. Das zeigen die Streudiagramme für die Zeit von 1949 bis 2020 für die USA und 1996 bis 2020 für die Eurozone (Grafiken 5.1 und 5.2). Legt man eine Regressionslinie durch die Punktewolken, ergeben sich statistisch signifikante Regressionskoeffizienten von -1,8 für die USA und -2,0 für die Eurozone, wie von Okun behauptet.

Doch der Okun-Koeffizient variiert über die Zeit.[36] Lässt man eine Reihe von konsekutiven Regressionen mit einem Schätzzeitraum von 20 Jahren ab 1949 für die USA und ab 1996 für die Eurozone über die Zeit laufen, sieht man, dass der absolute Wert des Koeffizienten unter Schwankungen oder mit Brüchen zurückgeht, der Zusammenhang also mit der Zeit schwächer geworden ist (Grafik 5.3 und 5.4).

Während Okuns Gesetz wenigstens noch die Zusammenhänge der ursprünglichen Idee nach richtig beschreibt (auch wenn die Zahlen nicht mehr stimmen), scheint sich die Phillips-Kurve vollständig in Luft aufgelöst zu haben. Schon früher war sie wackelig.

Ökonomen der monetaristischen Schule um Milton Friedman haben in den 1970er-Jahren darauf hingewiesen, dass die Gewerkschaften die Löhne nach oben treiben, sobald sie sehen, dass die Zentralbank eine höhere Inflation anstrebt.

Grafik 5.1: USA: Okuns »Gesetz« (1949–2020)*

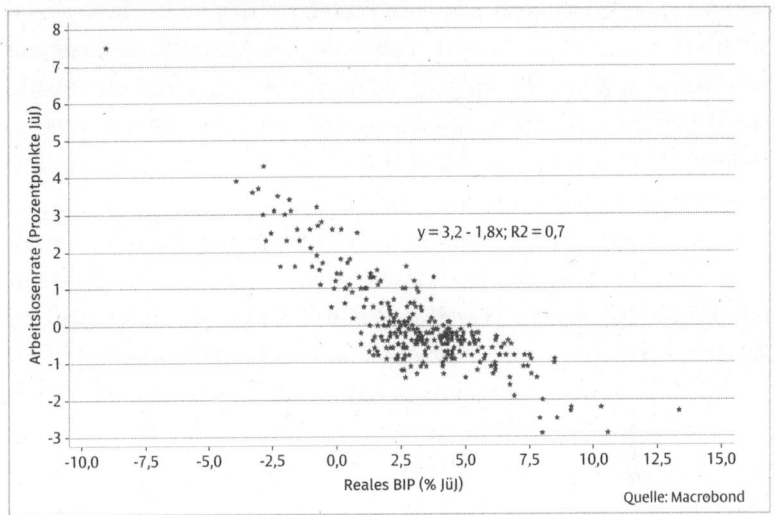

Grafik 5.2: Eurozone: Okuns »Gesetz« (1996–2020)

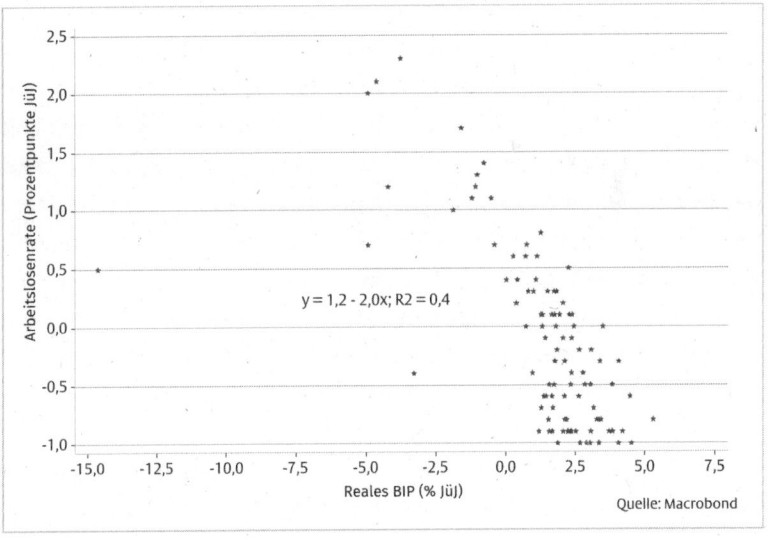

---

* JüJ = Jahr über Jahr

Hier wird die Reflexivität sozialer Systeme sichtbar, die sich dem Versuch der Steuerung entziehen, indem sie sich unter diesem Versuch verändern. Dies musste auch der gelernte Volkswirt Helmut Schmidt erfahren, der im Jahr 1972 meinte, dass die Deutschen 5 Prozent Inflation eher vertragen würden als 5 Prozent Arbeitslosigkeit. Als er zwei Jahre später Bundeskanzler war, musste er sich anhören, dass entgegen der von ihm unterstellten Wahlmöglichkeit die Deutschen nun sowohl mit 5 Prozent Inflation als auch mit 5 Prozent Arbeitslosigkeit leben müssten.

Während in den 1970er-Jahren hohe Inflation mit hoher Arbeitslosigkeit einherging, verhielt es sich bei dem Konjunkturaufschwung seit der Großen Finanzkrise von 2007/2008 spiegelbildlich: Niedrige Arbeitslosigkeit war gepaart mit niedriger Inflation. Das war für die Bürger natürlich weitaus besser als die Konstellation der 1970er-Jahre, aber nicht für die Phillips-Kurve, die sich wieder als unzuverlässig erwies. In den USA ist zwar noch ein leicht negativer Zusammenhang zwischen Inflation und Arbeitslosigkeit optisch sichtbar, aber er ist statistisch auch nicht im Ansatz verbürgt (Grafik 5.5). Im Euroraum geht der Zusammenhang optisch in die »falsche« Richtung, ist aber statistisch ebenso unverbürgt (Grafik 5.6). Dennoch spielt das Gespenst der Phillips-Kurve in den Modellen der Zentralbanken immer noch eine entscheidende Rolle und ist für die Geldpolitik in dem Maße wichtiger geworden, wie sich die Zentralbanker in ihren Entscheidungen an den Modellen orientierten.

Zweitens blenden die meisten von den Zentralbanken verwendeten keynesianischen Makromodelle den Bankensektor aus. Und zwar aus einem einfachen Grund: Eine elementare Annahme in der keynesianischen Makroökonomik ist das Gleichgewicht zwischen Ersparnis (S) und Investition (I). Die diese Annahme ausdrückende »IS-Kurve« ist das Rückgrat der Modelle. Tatsächlich können Investitionen von Banken aber nicht nur aus vorhandener Geldersparnis, sondern auch mit bei der Kreditvergabe neu geschaffenem Geld finanziert werden.

Grafik 5.3: USA: Okun-Koeffizient im Verlauf der Zeit

—»Rollende Regressionen« mit 20-Jahresfenster

Quelle: Macrobond

Grafik 5.4: Eurozone: Okun-Koeffizient im Verlauf der Zeit

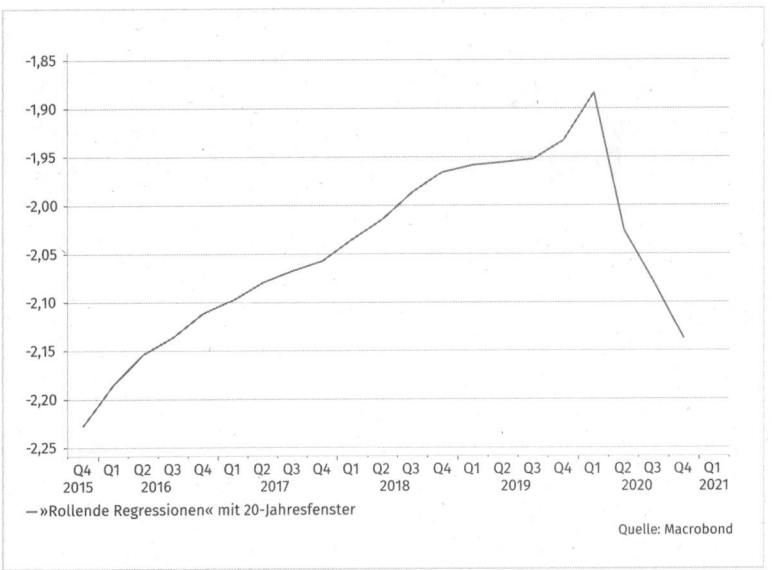

—»Rollende Regressionen« mit 20-Jahresfenster

Quelle: Macrobond

Für die Banken insgesamt führt die Kreditvergabe zu einer Bilanzausweitung: Vergeben die Banken neue Kredite, schreiben sie die Kreditsumme dem Kreditnehmer gut. Kreditvergabe führt also zur Geldschaffung. Ob gleichzeitig Sparer mehr Geld stilllegen, indem sie liquide Mittel langfristig in Termineinlagen binden, ist völlig offen. Folglich ergibt sich der Kreditzins nicht, wie von Keynes angenommen, aus der Gleichgewichtsbedingung von vorhandenen Ersparnissen und getätigten Investitionen, sondern aus vorhandener Geldersparnis plus der Kreditvergabe der Banken und der Nachfrage nach Investitionsmitteln. Die Bereitschaft der Banken zur Vergabe von Krediten wird tatkräftig von der Zentralbank gelenkt, die sich an den genannten Wirtschaftsmodellen orientiert, in denen die Kreditgeldschöpfung einfach ignoriert wird.

Außerdem betrachten die Modelle nur die Verwendung von Geld zum Kauf von Investitionsgütern zur Bildung von neuem Kapital und blenden aus, dass neu geschaffenes Geld auch zum Kauf von vorhandenem Kapital in Form von Vermögenswerten wie Immobilien oder Aktien verwendet wird und dort die Preise beeinflusst. Kein Wunder also, dass die Zentralbanken ihre Inflationsziele allenfalls durch Zufall erreichen. Ineffektivität allein wäre nicht einmal so schlimm. Doch die Zentralbanken erzeugen bei der meist vergeblichen Verfolgung ihrer Inflationsziele erhebliche Kollateralschäden in Form von Kreditzyklen, Vermögenspreisinflation und wiederkehrenden Finanzkrisen. Der Versuch, in der Unsicherheit die Zukunft planerisch zu gestalten, erzeugt neue Unsicherheit.

Drittens ist, wie erwähnt, die wirkliche Welt im Gegensatz zur Modellwelt reflexiv. Folgen die Zentralbanken den Handlungsanweisungen ihrer Modelle, verändern die Wirtschaftsakteure in Reaktion darauf ihr Verhalten und entziehen dadurch den Handlungsanweisungen den Boden. Reflexivität ließ in den 1970er-Jahren die Phillips-Kurve schon einmal zusammenbrechen, weil starke Gewerkschaften die bei sinkender Arbeitslosigkeit steigende Inflation antizipierten und in ihren Lohnforderungen vorwegnahmen.

Grafik 5.5: USA: Phillips-Kurve (2010/Q1–2020/Q4)

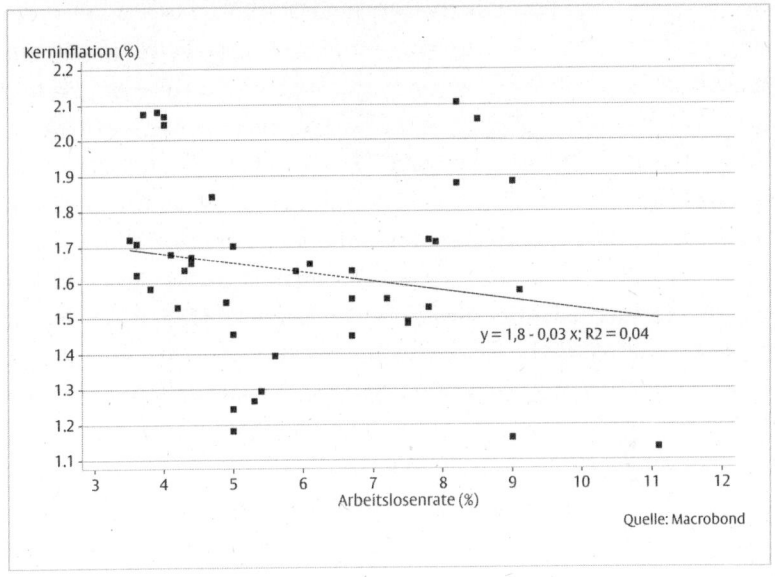

Quelle: Macrobond

Grafik 5.6: Eurozone: Phillips-Kurve (2010/Q1–2020/Q4)

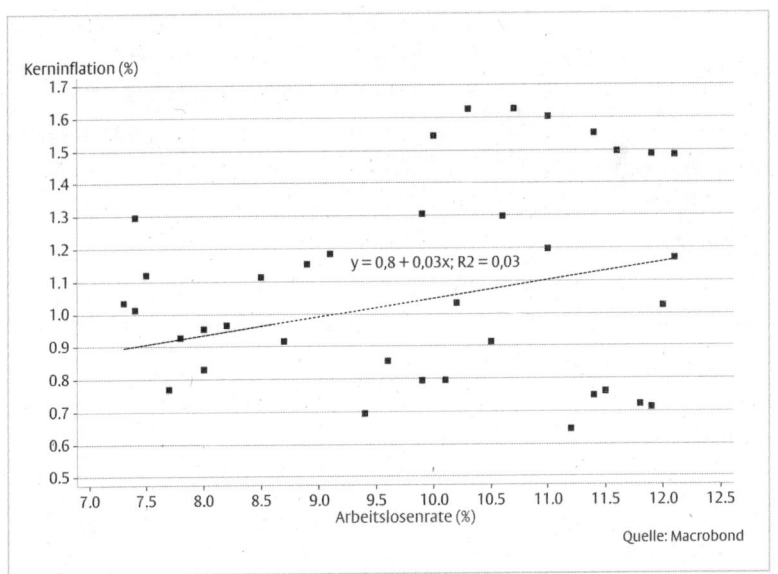

Quelle: Macrobond

Heute bewirken die von den Zentralbanken aus ihrer Modellwelt abgeleiteten Zinssenkungen einen weitgehenden Umbau der Wirtschaft: Unternehmen, private Haushalte und staatliche Akteure nutzen die niedrigen Zinsen zum Aufbau hoher Schulden. Insbesondere die Staaten haben ihre Verschuldung stark erhöht, seitdem die Zentralbanken dazu übergegangen sind, Staatsanleihen zu kaufen und zum Teil auf unabsehbare Zeit zu halten (statt nur vorübergehend zur Liquiditätssteuerung im Rahmen der sogenannten Offenmarktpolitik) (Grafik 5.7).* Weist die Modellwelt nun die Rückkehr zu höheren Zinsen an, würde die Umsetzung dieser Anweisung eine neue Schuldenkrise auslösen.

Seit Mitte der 1990er-Jahre ist die US-Notenbank (Federal Reserve) mit ihrer Zinspolitik immer wieder der Aktienpreisentwicklung hinterhergelaufen. Wenn die Aktienkurse fielen, senkte sie schnell die Zinsen, aus Furcht, fallende Aktienkurse könnten Konsum und Investitionen drücken. Dagegen ließ sie sich mit Zinserhöhungen immer wieder lange Zeit, weil sie die Beschäftigung stützen wollte (Grafik 5.8). Das geriet zu einem Selbstläufer, dessen Folgen waren, dass die Akteure an den Aktienmärkten darauf vertrauten, von der Notenbank nötigenfalls unterstützt zu werden, und die Zinsen im Trend fielen. Auch hier waltete die Reflexivität ihres Amtes. Unter Marktteilnehmern sprach man vom *Greenspan-Put*, also dem vom langjährigen Federal-Reserve-Chef bereitgestellten, unentgeltlich gewährten Versicherungsschutz für Aktienanlagen.

In der wirklichen Welt, in der die Zentralbanken die Inflation steuern wollen, ist Unsicherheit aber »radikal«, also nicht messbar. Die Aussagen der EZB-Exekutivdirektorin mögen zwar in der Modellwelt der Ökonomen gelten, sind aber für die wirkliche Welt nicht brauchbar. Folglich dürfte eine Zentralbankpolitik, die sich auf die Modellwelt stützt, für weitere Überraschungen sorgen.

---

* In den hier wiedergegebenen Prognosen der OECD ist die Neuverschuldung der Europäischen Union durch den EU-Wiederaufbaufonds noch nicht enthalten.

Grafik 5.7: G7-Länder: Staatsschuldenquoten (1995–2022)

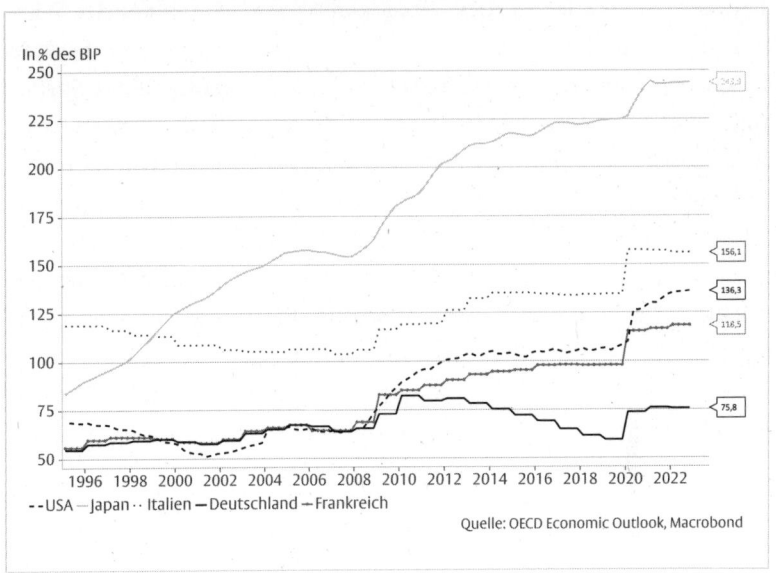

Quelle: OECD Economic Outlook, Macrobond

Grafik 5.8: USA: S&P 500-Aktienindex und Federal Funds Rate

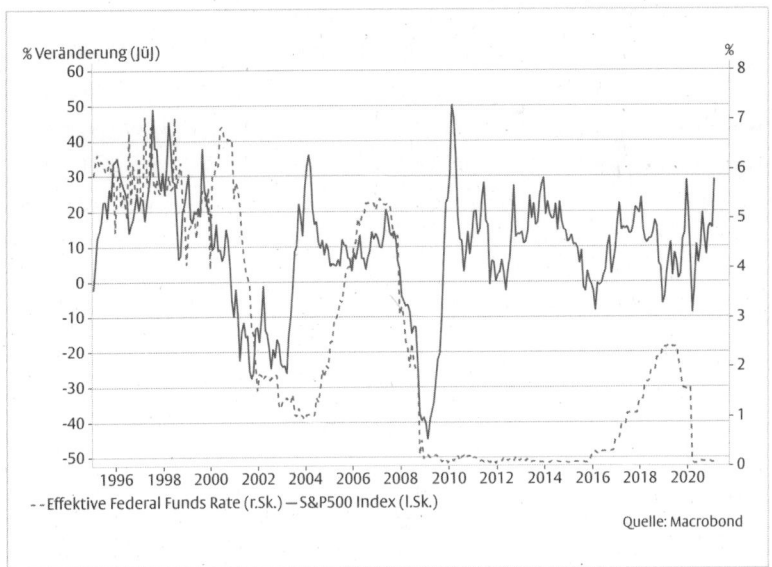

Quelle: Macrobond

Ende des letzten Jahrzehnts kam die Überraschung in Form der Großen Finanzkrise. Welche Überraschungen uns die gegenwärtige Zentralbankpolitik bringen wird, ist schwer zu sagen. Eines dürfte jedoch sicher sein: Je mehr Irrtümer die Zentralbanken begehen und je klarer sichtbar diese werden, desto mehr wird ihre Glaubwürdigkeit als Hüterinnen des Geldwerts schwinden. Die scheingenaue Planung der Zukunft zerstört schließlich den Planer.

Kapitel 6

Warum die moderne Finanztheorie zum Scheitern verurteilt ist

Über Jahrtausende bestimmte kaufmännisches Denken die Finanzgeschäfte. Der Zins – und der Ärger darüber – spielte schon bei den alten Griechen eine Rolle. Papst Innozenz III. verbot im Jahr 1215 den Christen, Zins zu nehmen. Da auch die mittelalterliche Wirtschaft Europas nicht ohne das Verleihen von Geld auskommen konnte, wurden Geldgeschäfte im Wesentlichen dem jüdischen Teil der Bevölkerung übertragen. Von Seiten der Juden, die ihren Lebensunterhalt per Gesetz ohnehin nur über Handel und Geldgeschäfte verdienen durften, wurde das alttestamentliche Zinsverbot in der Weise interpretiert, dass es sich ausschließlich auf Leute ihres »Volkes«, nicht aber auf »Ausländer« bezog. Das »Volk« war in diesem Sinne die jüdische Glaubensgemeinschaft, die »Ausländer« alle, die nicht jüdischen Glaubens waren. Im Jahr 1822 schaffte die katholische Kirche das Zinsverbot wieder ab.

Die doppelte Buchführung entstand im Mittelalter in Norditalien. Der Franziskanermönch Luca Pacioli (1445–1514/1517) lehrte an verschiedenen italienischen Universitäten Mathematik. Durch die Anstellung als Hauslehrer bei einem venezianischen Kaufmann erhielt er Kenntnis von der doppelten Buchführung, die in Venedig seit zwei Jahrhunderten üblich war. Im Jahre 1494 veröffentlichte er ein Handbuch der Mathematik, in dem er sich auch ausführlich mit den Prinzipien dieser Buchhaltungsmethode beschäftigte. Pacioli hat zwar die doppelte Buchführung nicht erfunden, er hat sie jedoch systematisiert und wesentlich zu ihrer Verbreitung unter den europäischen Kaufleuten beigetragen. Wie Hammer und Kelle für die Maurer waren Zinsrechnung und doppelte Buchführung die wichtigsten Werkzeuge für die Geschäftsleute im Finanzbereich. Im Übrigen brauchte man gesunden Menschenverstand, um mit der in diesem Bereich alles durchdringenden Unsicherheit umgehen zu können.

Ein wesentliches Ergebnis der Anwendung von gesundem Menschenverstand bei der Geldanlage war, dass man durch Unsicherheit bedingtes Risiko von Verlusten durch die Differenzierung von Anlagen verringern sollte. »Lege nicht alle Eier in einen Korb«, lautete die Warnung, »sonst sind alle kaputt, wenn der Korb zu Boden fällt.« Und zur Abfederung gänzlich unvorhergesehener Ereignisse sollte man Reserven in Form von möglichst sicheren Anlagen halten. Diese Einsicht schuf in der jüdischen Überlieferung die »Drei-Speichen-Regel«. Jedes Portfolio sollte aus drei Teilen bestehen: Grund und Boden, Edelmetalle und Bargeld. Mit dieser Mischung könne man nicht nur Krisenzeiten gut überstehen, sondern auch Verluste vermeiden und oft sogar erträgliche Gewinne einfahren.

Die kaufmännische Vorgehensweise bei Finanzgeschäften änderte sich erst, als die ökonomische Wissenschaft diesen Bereich für sich entdeckte. Anfang der 1950er-Jahre reichte der Doktorand Harry Markowitz an der Universität von Chicago eine Arbeit ein, in der er ein mathematisches Verfahren vorstellte, mit dem durch geschickte Differenzierung einzelner Anlagen die Schwankungsbreite eines aus diesen Anlagen bestehenden Portfolios minimiert werden konnte.[37]

Markowitz nutzte dazu die an den französischen Spieltischen des 17. Jahrhunderts entstandene Wahrscheinlichkeitsrechnung (siehe Kapitel 2). Sein wesentlicher Beitrag, der von der Universität zunächst nur zögerlich als wirtschaftswissenschaftliche Arbeit anerkannt wurde, bestand darin, den kaufmännischen Umgang mit Unsicherheit mit gesundem Menschenverstand durch einen wissenschaftlichen Umgang zu ersetzen, der den Anspruch erhob, Unsicherheit in messbare Risiken überführen zu können. Dazu definierte Markowitz die hergebrachte Vorstellung von Risiko als möglichen Verlust in eine neue Vorstellung von Risiko als Schwankungsbreite des Wertes eines Portfolios um.

Für den Laien ist das kaum nachvollziehbar. Dass fallende Aktienkurse einem Aktienportfolio möglicherweise einen Verlust bescheren, liegt auf der Hand. Aber dass steigende Aktienkurse ebenso riskant sein sollen, erschließt sich nicht auf Anhieb. Allenfalls kann man das noch mit der eher simplen Ansicht begründen, dass tief fallen kann, was hoch steigt. Doch dürfte diese Alltagsweisheit kaum für Markowitz' Definition von Risiko Pate gestanden haben. Viel wichtiger war, dass seine Definition die Tür zur Berechenbarkeit des Risikos öffnete. Aus Streuungen können Häufigkeitsverteilungen berechnet werden, und wenn die Streuung um einen Mittelwert symmetrisch ist – also mit der Gaußschen Normalverteilung beschrieben werden kann –, dann kann man Wahrscheinlichkeiten für die Punkte in der Streuung berechnen.

Markowitz nahm also an, dass Finanzpreise normal verteilt sind und schlug vor, Anlagen so zu mischen, dass für einen erwarteten mittleren Ertrag auf das Portfolio die Schwankungsbreite des Portfoliowerts minimiert würde.* Statt ein Portfolio zur Risikominderung mit gesundem Menschenverstand (also zum Beispiel nach der Drei-Speichen-Regel) zu diversifizieren, sollte es nach mittlerem Ertrag und Varianz optimiert werden. Markowitz' Verfahren hieß demnach Mean-Variance Portfolio Optimisation.

Markowitz eröffnete den Wirtschaftswissenschaften nicht nur einen neuen Forschungsbereich (*Modern Finance*), sondern revolutionierte

---

* Dazu ein einfaches Beispiel: Zwei Wertpapiere haben eine mittlere Rendite von jeweils 5 Prozent mit einer Schwankungsbreite von 4 Prozent um diesen Wert. Und wenn die Rendite des einen um 2 Prozent nach oben geht, geht die Rendite des anderen um 2 Prozent nach unten. Ein Portfolio, das beide Wertpapiere enthält, hat also ebenfalls eine mittlere Rendite von 5 Prozent, aber eine Schwankungsbreite von 0 Prozent.

auch die Finanzwelt.* In den 1960er-Jahren folgte das *Capital Asset Pricing Model* (CAPM) von Sharpe, Lintner und Mossin für die Bewertung einzelner Anlagen auf der Grundlage des gesamten Marktes. Die Idee dieses Modells ist, dass die Rendite auf Wertpapiere umso höher sein sollte, je stärker ihre Kurse im Vergleich zum gesamten Markt schwanken. Entspricht die Schwankung, die als Standardabweichung um einen über einen bestimmten Zeitraum gemessenen Mittelwert ermittelt wird, der des Marktes, sollten Wertpapier und Markt gleich rentieren. Schwanken die Kurse des Wertpapiers mehr als die Marktkurse, sollte die Rendite höher liegen, schwanken sie weniger, sollte es weniger Rendite abwerfen. Im Fachjargon wird der Parameter, der diese Beziehung misst, »beta« genannt.**

Das CAPM prägte Denken und Sprache der Finanzmarktakteure. Zwar wurde schnell klar, dass das Modell für die Bestimmung von Renditeerwartungen für einzelne Wertpapiere ungeeignet war. Denn diese hingen in Wirklichkeit von weit mehr als nur der Kursschwankung relativ zum Markt ab. Trotzdem nutzte man das Modell, um die Renditen von Portfolios zu analysieren. Rentiert ein Portfolio mehr als der gesamte Markt und weist auch entsprechend höhere Wertschwankungen auf, rechnet man die Zusatzrendite einem mit diesem Portfolio verbundenem höheren Risiko zu. Rentiert es bei gleichen oder geringeren Wertschwankungen mehr als der Markt, schreibt man den Unterschied, genannt »alpha«, der geschickten Konstruktion des Managers zu.

Um die Ergebnisse von Portfoliomanagern vergleichen zu können, setzt man die Differenzen der Renditen der Portfolios zu einem angeblich »risikofreien« Zins in Beziehung zur Schwankungsbreite der Portfoliorenditen (üblicherweise gemessen als Standardabweichung der Renditen vom jährlichen Mittelwert). Das Verhältnis von

---

* Eine Übersicht über Modern Finance gibt das Lehrbuch von Reilly und Brown, 2000.

** Die Rendite eines Wertpapiers mit einem beta von 1 hat die gleiche Schwankungsbreite wie die Marktrendite. Liegt das beta bei 2, ist die Schwankungsbreite doppelt so groß, liegt es bei 0,5, ist sie nur halb so groß.

Überrendite und Schwankungsbreite wird nach dem Erfinder dieser Methode *Sharpe-Quotient* genannt. Ein höherer Wert für diesen Quotienten soll ein besseres Portfolio anzeigen. Kaum jemandem fällt auf, dass es widersinnig ist, ein Verfahren, das für die Ermittlung der erwarteten Rendite von Wertpapieren als untauglich gilt, für die Ermittlung des Erfolgs bei der Konstruktion von Portfolios zu verwenden.

Anfang der 1970er-Jahre wurde *Modern Finance* ergänzt von der Hypothese effizienter Finanzmärkte. Ihr Schöpfer Eugene Fama behauptete, dass die Kurse auf den Wertpapiermärkten alle (zumindest legal) erhältlichen Informationen widerspiegeln würden. Aus dieser Hypothese folgen zwei wichtige Schlüsse: Erstens ist es unmöglich, Wertpapierkurse zu prognostizieren, da neue Informationen nicht vorhersehbar sind, sondern zufällig ans Licht kommen. Folglich ist die bestmögliche Erwartung für den zukünftigen Kurs der heutige. Alle Abweichungen davon sind zufällig – und am besten entsprechend der Gaußschen Normalverteilung gestreut, denn dann werden die Abweichungen mit der Wahrscheinlichkeitsrechnung vermessbar.

Zweitens rundet die Effizienzmarkthypothese die Optimierung von Portfolios und Bewertung von Wertpapieren nach erwarteter Rendite und Schwankungen ab. Denn wenn der heutige Kurs alle verfügbaren Informationen schon enthält, erübrigen sich Analysen und Prognosen und das CAPM reicht für die Erwartungsbildung über künftige Renditen. Die erwartete Rendite hängt dann allein vom Risiko ab, das bequemerweise als Renditeschwankungen definiert wird. Und Portfolios können nach Eingabe von Renditeerwartungen, Schwankungen und paarweisen Korrelationen für Wertpapiere mathematisch statt archaisch (zum Beispiel nach der Drei-Speichen-Regel) konstruiert werden. Wenn alle dies wissen, werden alle das gleiche optimale Portfolio konstruieren, sodass sich der Einzelne keine Mühe mehr machen muss – er kann einfach den »gesamten Markt« kaufen. Die Effizienzmarkthypothese bildet damit die theoretische Grundlage für »passives Investieren« mit Indexfonds oder den immer beliebteren *Exchange Traded Funds* (ETFs).

Abgerundet wurde die moderne Finanztheorie ungefähr zur gleichen Zeit mit der Optionspreistheorie von Fischer Black, Myron Scholes und Robert C. Merton. Optionen geben dem Besitzer das Recht (aber nicht die Pflicht), Objekte (insbesondere Wertpapiere) zu einem fest vereinbarten Preis zu kaufen oder zu verkaufen. Grundsätzlich nachvollziehbar ist, dass eine Option für den Besitzer umso wertvoller wird, je günstiger und je früher er das entsprechende Objekt kaufen oder verkaufen kann. Gewinn winkt, wenn die Option einem erlaubt, ein Objekt jetzt unter dem herrschenden Marktpreis zu kaufen oder über diesem zu verkaufen. Verlust in Form ihres Anschaffungspreises entsteht, wenn die Option ausläuft, ohne Gewinn ermöglicht zu haben. Wie aber soll der Wert einer Option berechnet werden?

In London wurde schon im 17. Jahrhundert intensiv mit Optionen gehandelt. Historische Analysen zeigen, dass Käufer und Verkäufer ein gutes Verständnis für den Einfluss der Differenz zwischen Ausübungspreis und Marktpreis sowie der Laufzeit der Option auf deren Preis hatten.[38] Preisschwankungen des der Option unterliegenden Objekts – *Volatilität* in heutiger Diktion – spielten keine besondere Rolle. Dagegen hatte die Wahrnehmung unterschiedlicher Grade an Unsicherheit über die Zukunft einen deutlichen Einfluss. Risiko bedeutete also die Möglichkeit von Verlust aufgrund von Unsicherheit und hatte wenig mit der modernen Umdefinition als Preisschwankungen zu tun.

Schließlich bildete sich der Optionspreis nach den unter diesen Gesichtspunkten gebildeten Einschätzungen von Käufern und Verkäufern. Die historische Untersuchung legt nahe, dass die Verkäufer die besseren Verhandler waren, denn sie erzielten über die Zeit Gewinne aus den Geschäften. Auch damals wurden Optionen von der Öffentlichkeit skeptisch betrachtet, da ihnen der Ruf der Spekulation anhing. Der Markt wurde reguliert, zeitweise waren Transaktionen sogar verboten. Aber offensichtlich war der Optionshandel nützlich, denn trotz immer wiederkehrender Anfeindungen blieb er uns bis heute erhalten.

So schnell wie kaum ein anderer Bereich der Wirtschaftswissenschaften wurde *Modern Finance* in die Praxis umgesetzt. Ein halbes Jahr nach Veröffentlichung der Optionspreistheorie bot Texas Instruments einen mit der Formel programmierten Taschenrechner an. Markowitz' Portfoliotheorie stand Pate für die Entwicklung des *Junk Bond*-Marktes Anfang der 1980er-Jahre, des *Value-at-Risk*- (VaR) Modells zum Risikomanagement (und zur Finanzregulierung) und der berüchtigten *Collateralized Mortgage Obligations* (CMOs), die mit *Sub-Prime*-Hypotheken gefüllt waren. Sehen wir uns das genauer an.

Diversifizierung nach Markowitz sollte es möglich machen, aus hochverzinslichen, aber riskanten Unternehmensanleihen (*Junk Bonds*, wörtlich: Schrottanleihen) ein ebenfalls hochverzinsliches, aber weniger riskantes Anleiheportfolio zu konstruieren. Voraussetzung dafür war, dass die Ausfälle einzelner Anleihen nicht mit dem gesamten Portfolio korreliert waren. Michael Milken setzte die Idee Anfang der 1980er-Jahre um und stieg zum »*Junk Bond*-König« der Wall Street auf, bis er Anfang der 1990er-Jahre wegen Regelverletzungen und Steuerhinterziehung verurteilt wurde.

Auf der gleichen Idee wie Milkens *Junk Bonds* fußten die in den frühen 2000er-Jahren entwickelten strukturierten Hypothekenanleihen. Von den Banken vergebene Hypotheken wurden in handelbare Anleihen umgewandelt und zu Anleiheportfolios gebündelt. Mittels Diversifizierung sollten hochriskante Kredite an wenig kreditwürdige Schuldner in ein weniger riskantes Anleiheportfolio transformiert werden. Durch die Unterteilung des Portfolios in verschiedene Tranchen, die nach einer festgelegten Hierarchie Verluste aus einzelnen Anleihen übernehmen sollten, konnten Portfolios von unterschiedlichen Risikograden, die von »bombensicher« (mit AAA-Rating) bis so wenig sicher wie Eigenkapital, gebildet werden. Wie bei den *Junk Bonds* setzte die Konstruktion voraus, dass der Ausfall einzelner Hypothekenanleihen nicht mit dem gesamten Portfolio korreliert war. Aber das sollte man ja messen können. Das Anfang der 1990er-Jahre von der Bank J.P. Morgan verbreitete *Value-at-Risk*-Modell zum Risikomanagement in der Finanzbranche setzt voraus, dass Finanzpreise nach Gauß »normal« verteilt sind. Nimmt man zusätzlich an, dass die Verteilung »stationär« ist, sich also über die Zeit nicht ändert, dann lässt sich anhand der in der Vergangenheit gemessenen Schwankungsbreite der Preise eines einzelnen Wertpapiers oder eines Portfolios die künftige Verteilung der Preise berechnen. Bei der Normalverteilung liegen rund 95 Prozent aller Preise innerhalb einer Schwankungsbreite von zwei Standardabweichungen. Nehmen wir an, die Standardabweichung sei 3 Prozent, zwei Standardabweichungen also 6 Prozent. Bei einem Portfolio im Wert von 1 Million US-Dollar führt das zu Schwankungen von plus/minus 60.000 US-Dollar. Die Wahrscheinlichkeit, dass der Verlust bei einem Preisrückgang darüber hinausgeht, beträgt also 5 Prozent. Oder, anders gesagt und für den Halter des Portfolios auf den ersten Blick beruhigender, die Wahrscheinlichkeit, dass der Verlust 60.000 US-Dollar nicht überschreitet, ist 95 Prozent. Das hört sich sicher an, oder etwa nicht?

Doch das riesige Gedankengebäude von *Modern Finance*, das »Über-Ich« der Finanzindustrie, steht auf Sand. Es ist auf die Illusion gebaut, die in der großen, komplexen Welt herrschende radikale Unsicherheit ließe sich mit den berechenbaren Risiken der kleinen, minder-komplexen Modellwelt erschließen. Der auch hier begangene Kategoriefehler ist, die in den Naturwissenschaften geltende Stationarität der Beziehungen auf die Sozialwissenschaften – in diesem Fall auf die Finanzwissenschaft – übertragen zu haben. In der Wirklichkeit der Finanzmärkte sind aber weder die in den Modellen spezifizierten quantitativen und kausalen Beziehungen noch die Verteilung zufälliger Ereignisse stationär.

Modellparameter verändern sich über die Zeit, Kausalitäten können sich umdrehen oder auflösen und die Modelle können unvollständig sein, das heißt, wichtige Variablen werden nicht berücksichtigt. Ebenso können sich Zufallsverteilungen ändern, sodass aus vergangenen Beziehungen nicht auf die Zukunft geschlossen werden kann. Darüber hinaus leidet die Effizienzmarkthypothese an einem inneren Widerspruch: Wenn sich der Mehraufwand zur Beschaffung und Auswertung von Informationen nicht mehr lohnt, wird sich der Einzelne keine Mühe mehr machen, Informationen zu sammeln und auszuwerten. Folglich können dann nicht mehr alle verfügbaren Informationen im Preis enthalten sein.

Diese Aussagen mögen sehr abstrakt und allgemein klingen. Dahinter steckt jedoch die über mehrere Jahrzehnte gemachte persönliche Erfahrung, dass sich theoretisch einwandfrei spezifizierte und mit hohem Erklärungswert über historische Perioden ökonometrisch quantifizierte Modelle für die Prognose immer als ungeeignet erwiesen. Auf diesem Feld ist das Scheitern unausweichlich und seine Bestätigung nur eine Frage der Zeit. Ich habe leider lange gebraucht, um das vollständig zu begreifen.

Halten wir als Ergebnis der vorangegangenen Diskussion fest: Die moderne Finanztheorie lässt sich nur deshalb zu einem eleganten, mathematischen Gebäude zusammenfügen, weil ein wesentlicher Teil ihrer Bausteine auf der Annahme beruht, die Preise auf den Finanzmärkten würden sich zufällig ergeben und die Verteilung dieser Zufallsereignisse sei »normal« im Sinne von Gauß (und natürlich stationär, also über die Zeit stabil) verteilt. Dann lässt sich die Verteilung mit Varianz und Mittelwert vollständig beschreiben, leicht berechnen und einfach in die Modelle einfügen. Gute Beispiele für diese Teile sind die schon vorgestellte *Mean-Variance*-Optimierung von Portfolios nach Markowitz, das *Capital Asset Pricing Model* für einzelne Anlagen oder das *Value-at-Risk*-Modell zur Risikosteuerung.

Aber die wirkliche Welt ist, wie gesagt, anders als die Modellwelt. Statt wie die Körpergrößen von Menschen symmetrisch um einen Mittelwert herum verteilt zu sein und nach oben und unten in der Häufigkeit schnell abzunehmen und schließlich ganz zu verschwinden, sind Änderungen von Finanzmarktpreisen meist sehr asymmetrisch verteilt. Häufig sind die Änderungen klein, selten groß, wobei aber die großen den Anlageerfolg ausmachen. Der Mathematiker Benoît Mandelbrot hat diese Art der Verteilung *fraktalgeometrisch* genannt und gezeigt, dass auch die Bewegungen auf den Finanzmärkten den Regeln seiner *Fraktalgeometrie* folgen.[39]

Grafik 6.1: USA: Zinsen 1990–1996

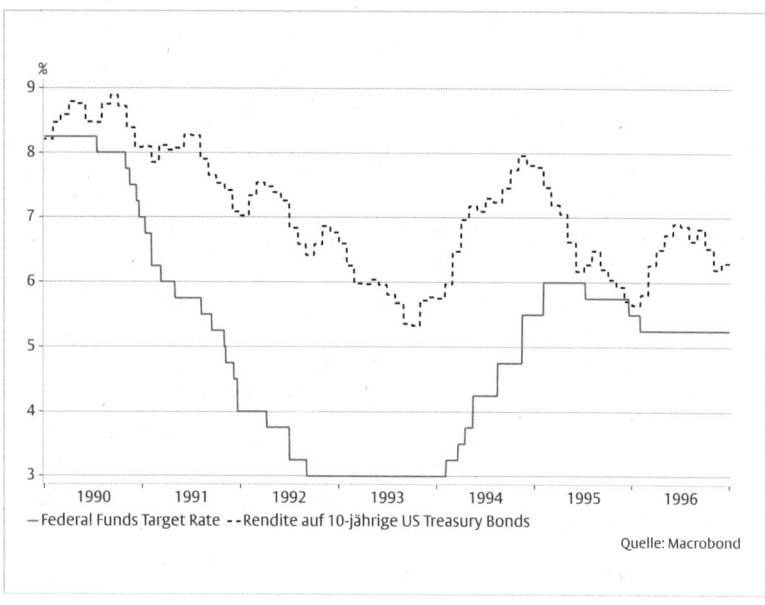

— Federal Funds Target Rate - - Rendite auf 10-jährige US Treasury Bonds

Quelle: Macrobond

Es sollte eigentlich niemanden überraschen, dass die nach *Modern Finance* getaktete Finanzindustrie – im Zusammenspiel mit der neukeynesianisch inspirierten Geldpolitik – regelmäßig größere und kleinere Finanzkrisen erzeugt hat. So sprengte schon der Rentenmarktcrash von 1994 die kurz zuvor eingeführten VaR-Modelle zum Risikomanagement im Anleihehandel. Als die US-Wirtschaft Anfang der 1990er-Jahre in eine leichte Rezession fiel, senkte die US Federal Reserve unter der Leitung von Alan Greenspan ihren Leitzins (die *Federal Funds Target Rate*) von 8,25 Prozent im Jahr 1990 auf 3,0 Prozent im Jahr 1992. Die Rendite auf 10-jährige US-Staatsanleihen (*Treasury Bonds*) fiel von knapp 9 Prozent auf 5,3 Prozent im Jahr 1993 (Grafik 6.1).

Bei einer *Duration* (Faktor zur Umrechnung von Zins- auf Kursveränderungen) der 10-jährigen Staatsanleihe von ungefähr 7 betrug der Kursanstieg der Anleihe bei einem Zinsrückgang von 3,7 Prozentpunkten 26 Prozent. Kein Wunder also, dass sich Anleger – und darunter auch die Handelsabteilungen der Banken – während der Periode sinkender Zinsen mit Anleihen aller Art vollsogen. Je mehr die Anleger auf den Anstieg der Kurse setzten, desto stabiler wurde die Entwicklung um den Trend und desto geringere Risiken maßen die VaR-Modelle, was wiederum den Weg für noch größere Positionen im Markt ebnete.

Anfang 1994 befand die Federal Reserve schließlich, dass die Rezession überwunden war und der Zins wieder angehoben werden könnte. Im Verlauf des Jahres 1994 stieg die Anleiherendite von 5,3 auf 8,0 Prozent und der Kurs der Anleihe brach um beinahe 19 Prozent ein. Wer sich Anfang 1994 an den Schwankungen täglicher Renditen des vergangenen Jahres orientiert hatte, rechnete mit einer Standardabweichung von 0,7 Prozentpunkten.

Das VaR-Modell taxierte die Wahrscheinlichkeit eines Verlusts, der bei einem Anstieg der Renditen um zwei Standardabweichungen, also 1,4 Prozentpunkte eintreten würde, auf weniger als 5 Prozent. Im Verlauf von 1994 stieg die Rendite jedoch um bis zu 2,2 Prozentpunkte (also mehr als drei Standardabweichungen um den Mittelwert von 1993), wofür die Wahrscheinlichkeit mit weniger als 0,0027 Prozent angegeben wurde (Grafik 6.2).

Grafik 6.2: Rendite und Schwankungen von 10-jährigen US-Staatsanleihen

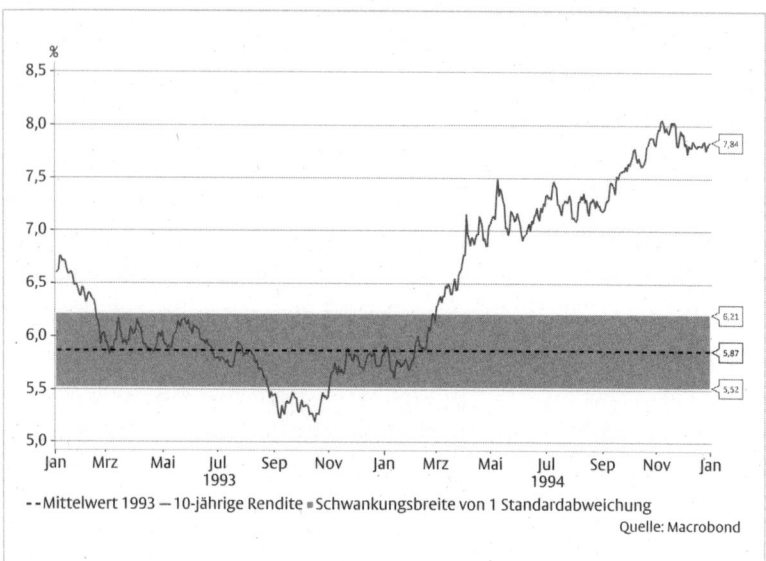

Viele Anleger hielten eine solche Entwicklung für unmöglich und wurden folglich auf dem falschen Fuß erwischt. Die Gewinne der Handelsabteilungen verwandelten sich in beängstigende Verluste. Bei der US-Investmentbank Goldman Sachs verließen die vollumfänglich haftenden Partner scharenweise die Bank, um ihr Scherflein vor einer möglich erscheinenden Pleite zu retten. Die kalifornische Gemeinde Orange County, deren Schatzmeister in hohem Umfang mit Derivaten auf anhaltend niedrige Zinsen gewettet hatte, musste ihren Bankrott erklären. Zumindest für einige Zeit sank das Vertrauen in das Risikomanagement mit VaR-Modellen.

Doch neigen die Akteure auf den Finanzmärkten dazu, schnell zu vergessen, oder sie bilden sich ein, dass sich die Finanzmärkte den Modellen anpassen, wenn alle danach handeln. Aber nicht alle Marktteilnehmer denken in den Modellgerüsten und handeln daher anders als dort beschrieben. So kam es, dass sich die Fehleinschätzungen sogar in weit größerem Maße wiederholten. Nach dem Platzen der Dot.com-Blase im Jahr 2000 senkten die Zentralbanken die Zinsen auf Rekordtiefs, um eine größere Weltrezession abzuwehren. Die niedrigen Zinsen nährten einen Kreditboom, vor allem in den USA im Bereich der Hypothekenkredite. Durch die Diversifizierung verbriefter Immobilienkredite nach den Regeln der *Mean-Variance*-Optimierung sollten Renditen maximiert und Risiken minimiert werden. Dazu wurden in der Vergangenheit beobachtete Entwicklungen als über die Zeit konstant angenommen. Doch die in der Vergangenheit bestehende Unabhängigkeit der Hauspreisentwicklung unter US-Bundesstaaten und daher auch regionale Unabhängigkeit von Hypothekenausfällen hatte keinen Bestand.

Nachdem die Federal Reserve die Zinsen angehoben hatte, fielen mit einiger Zeitverzögerung die Immobilienpreise, und die Hypothekenausfälle stiegen überall an. Banken gerieten in Schieflage und die Kreditzinsen stiegen auf schwindelerregende Höhen. Wer auf Grundlage von Daten aus dem Jahr 2007 mit einem VaR-Modell das Verlustrisiko von Anlagen in mit dem BBB-Rating klassifizierte 10-jährige US-Unternehmensanleihen berechnete, ging von einer mittleren Rendite von 6,3 Prozent und einer Standardabweichung von 0,4 Prozentpunkten aus. Laut VaR-Modell lag die Wahrscheinlichkeit für einen Verlust durch einen Anstieg der Rendite um 1,2 Prozentpunkte auf 7,5 Prozent bei weniger als 0,0027 Prozent. Im Verlauf von 2008 stieg die Rendite jedoch auf bis zu 10,3 Prozent, also um 10 Standardabweichungen. Dafür gibt das VaR eine Wahrscheinlichkeit von faktisch null an.

Auch an den Aktienmärkten hat das VaR als Risikosteuerungsobjekt immer wieder versagt, und zwar aus dem einfachen Grund, weil die Veränderung von Aktienpreisen nicht normalverteilt ist. Zur Illustration genügt ein einfaches Experiment. Die Grafik 6.3 zeigt die monatlichen prozentualen Veränderungen des US-Aktienpreisindex S&P 500 von 1975 bis Herbst 2020. Nehmen wir an, ein Investor hätte in jedem Monat die Wahrscheinlichkeit eines Verlusts aus der Erfahrung der letzten fünf Jahre berechnet und sich dabei darauf verlassen, dass die Preisveränderungen normalverteilt sind. Grafik 6.3 zeigt, dass die Veränderungen in einem laufenden Monat oft bis zu drei Standardabweichungen der Änderungen der letzten fünf Jahre betragen haben und zu drei Zeitpunkten wesentlich darunter lagen.

Grafik 6.3: S&P 500: Monatliche Veränderung und Standardabweichungen

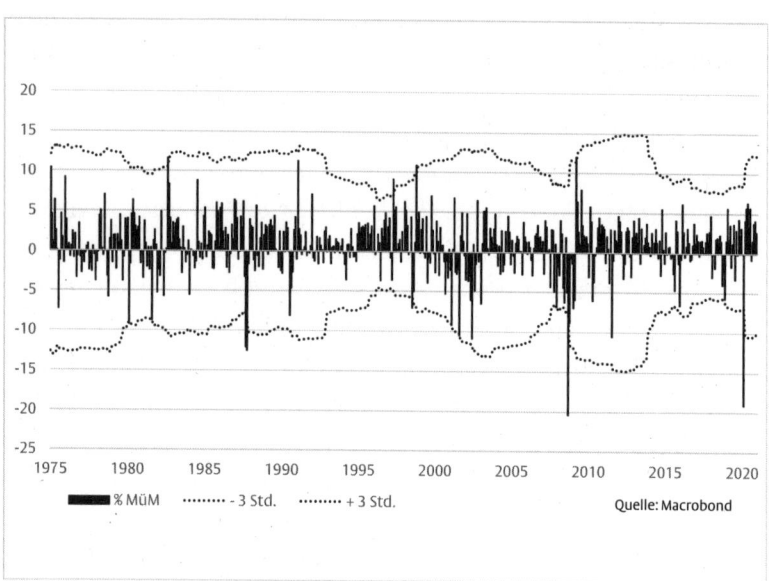

So betrug die Wahrscheinlichkeit des im Oktober 1987 verzeichneten Preiseinbruchs, die auf der Grundlage der fünfjährigen Erfahrung bis zum September 1987 berechnet wurde, $8{,}8 * 10^{-6}$, das heißt 0,0000088. Noch weniger zu erwarten waren die Preiseinbrüche vom Oktober 2008 und März 2020 mit einer nach Normalverteilung ausgewiesenen Wahrscheinlichkeit von $1{,}1 * 10^{-14}$ beziehungsweise $2{,}3 * 10^{-16}$. Nimmt man eine nahezu unendliche Zeitspanne, dann würde man erwarten, dass ein Preiseinbruch wie im März 2020 unter den in diesem Experiment aufgestellten Bedingungen alle

19 Billionen Jahre zu erwarten wäre. Das zeigt, wie absurd die Annahme der Normalverteilung der monatlichen Preisänderungen ist.

An der in den Modellen der modernen Finanztheorie getroffenen Annahme stationärer Verhältnisse und der Anwendung auf die Optionspreistheorie scheiterte 1998 der legendäre Hedgefonds Long-Term Capital Management (LTCM). Sein Gründer John Meriwether war der Star im Rentenhandel der ebenfalls legendären New Yorker Investmentbank Salomon Brothers und stellvertretender Firmenchef. Im Jahr 1991 stolperte er zusammen mit der gesamten Führungsmannschaft der Firma über eine illegale Handelstransaktion eines Mitarbeiters und musste, wie die meisten anderen Vorstände, die Firma verlassen (was mich als damals frischgebackenen Mitarbeiter von Salomon Brothers ziemlich schockierte). Drei Jahre später, 1994, gründete Meriwether LTCM. Meriwether gelang es, als Partner für seinen Fonds namhafte Händler aus seinem früheren Umfeld sowie zwei Universitätsprofessoren zu gewinnen, die für ihre Arbeiten zur modernen Finanztheorie 1997 den Nobelpreis gewannen: Myron Scholes und Robert C. Merton, die mit dem verstorbenen Fischer Black die Optionspreistheorie begründet hatten.

Die Anlagestrategie des Fonds bestand im Wesentlichen aus Preisarbitrage. Die Portfoliomanager identifizierten Marktpreise, die von aus der modernen Finanztheorie abgeleiteten »fundamentalen« Werten abwichen, und setzten darauf, dass die Abweichungen verschwinden würden. Oder sie identifizierten Preispaare, die weiter auseinanderlagen, als dies ökonomisch gerechtfertigt erschien, und setzten darauf, dass sich der Abstand verringern würde. Besonders beliebt waren *convergence trades*, bei denen erwartet wird, dass sich die Zinsabstände zweier Zinspapiere verengen werden.

Um die Konvergenz auszunutzen, erwirbt man das Papier mit dem höheren Zins und verkauft das mit dem niedrigeren Zins auf Termin leer. Für den Leerverkauf borgt man sich ein entsprechendes Papier und bezahlt dafür dem Verleiher den Zinsausfall und eine Leihgebühr. Solange der *Spread* (Zinsabstand) gleich bleibt, erzielt man Einnahmen aus der Differenz zwischen dem Zins für das höherverzinsliche Papier und den Kosten für das geliehene niedrigverzinsliche Papier. Fällt der Zins des höherverzinslichen Papiers oder steigt der Zins des niedrigverzinslichen Papiers, steigt der Preis des erworbenen Papiers oder es fällt der Preis des leerverkauften Papiers. Im einen oder anderen Fall erzielt man bei Verkauf der Positionen Kapitalgewinne, die zu den Zinseinnahmen während der Laufzeit des Handelsgeschäfts dazukommen.

Dumm nur, wenn sich der *Spread* ausweitet. Dann fällt der Preis des Papiers, das man besitzt, und es steigt der des anderen, mit dem man sich eindecken muss, wenn die Frist des Leerverkaufs ausgelaufen ist. Sehr schnell kann der Kapitalverlust den Zinsgewinn aufzehren und das Handelsgeschäft zu einem Verlustgeschäft machen. Im Prinzip sollte man den Verlust begrenzen können. Sobald ein bestimmter Betrag überschritten ist, sollte man die Positionen »glatt« stellen, das heißt den Vertrag über den Leerverkauf zurückkaufen und die gehaltenen Wertpapiere verkaufen. Im Prinzip. Was aber, wenn der Markt eingefroren ist?

Auf dem Gebiet der festverzinslichen Wertpapiere ging LTCM Handelsgeschäfte in den Märkten für amerikanische, japanische, britische, italienische und lateinamerikanische Staatsanleihen und dänische Hypothekenanleihen ein. So kaufte der Hedgefonds beispielsweise eine höherverzinsliche US-Staatsanleihe, die gerade in ihrer Funktion als Benchmark und Unterlage für Termingeschäfte von einer Neuemission abgelöst worden war, und verkaufte dagegen die niedrigverzinsliche Neuemission leer. Da diese bald selbst wieder von einer anderen Neuemission abgelöst werden würde, sollte sich über die Zeit der Zinsabstand zwischen beiden Anleihen verringern. Die Portfoliomanager wetteten aber auch auf eine Verringerung der Renditedifferenzen zwischen anderen Wertpapieren, von dem *Spread* zwischen Renditen auf US-Staatsanleihen und Zinsen in *Swap*-Geschäften der Banken (bei denen zum Beispiel variable gegen feste Zinsen getauscht werden) bis zu Renditedifferenzen einander ähnlicher Aktien (zum Beispiel Volkswagen Stamm- und Vorzugsaktien). Sehr beliebt war auch der Verkauf von Aktienoptionen, in der Annahme, dass die Käufer der Optionen einen im Vergleich zu seinem theoretischen Wert zu hohen Marktpreis für die Volatilität von Aktien bezahlten. Der Verkäufer bekommt nun eine schöne Prämie, muss aber dafür stillhalten und gerüstet sein, falls der Käufer die Option ausübt.

Da sich die Zinsen in der Regel nur wenig bewegen, setzten die Portfoliomanager sehr hohe Summen ein, um von diesen Bewegungen profitieren zu können. Zum Jahresanfang 1998 hatte LTCM ein eigenes Fondsvermögen von 4,72 Milliarden US-Dollar. Dazu hatte der Fonds 124,5 Milliarden US-Dollar geborgt. Die Eigen- und Fremdmittel setzte er ein, um Derivate im Nennwert von 1,25 Billionen US-Dollar zu erwerben. Das Verhältnis von Fremd- zu Eigenmitteln betrug also 26 zu 1 und war mit dem einer Bank vergleichbar. Theoretisch sollte der Nominalwert der Derivative die Verschuldungsquote und damit das Risiko nicht weiter erhöhen, wenn jedem Kauf- ein Verkaufsgeschäft zugeordnet werden konnte. Der Gewinn aus der einen Position sollte den Verlust aus der anderen ausgleichen. Es sei denn, die *Spreads* liefen auseinander, so dass sich Verluste aus Kauf- und Verkaufsgeschäften kumulierten.

In seinen ersten vier Jahren durchlief LTCM eine phänomenale Entwicklung. Aus 1 US-Dollar, der im Jahr 1994 investiert wurde, waren bis zum Frühjahr 1998 4 US-Dollar geworden. Mit der Asienkrise von 1997 zogen jedoch Gewitterwolken am Himmel der Finanzmärkte auf, die sich im August 1998 in einem perfekten Sturm entluden. Wie oben beschrieben sanken in der ersten Hälfte der 1990er-Jahre die Zinsen in den USA und anderen Industrieländern. Gleichzeitig liberalisierten einige hoffnungsvolle asiatische Länder ihre Finanzmärkte. Internationales Kapital floss diesen Ländern zu und drückte deren Wechselkurse nach oben. Um dem Aufwertungsdruck zu widerstehen und ihre Währungen gegenüber dem US-Dollar stabil zu halten, setzten die dortigen Zentralbanken ihre Zinsen herunter und entfachten einen Kreditboom.

Doch der Spieß drehte sich um, als die Federal Reserve 1994 begann, die Zinsen anzuheben. Der US-Dollar wurde stärker und zog die an ihn gekoppelten asiatischen Währungen mit nach oben. Die höheren Wechselkurse trübten die Wirtschaftsaussichten ein und stellten die Profitabilität vieler mit billigem Kredit zu niedrigeren Wechselkursen finanzierten Investitionen infrage. Kapital floss ab, Aktienmärkte, Banken und Währungen gerieten unter Druck. Schließlich brachen im Sommer 1997 die Wechselkurse einiger wichtiger asiatischer Länder ein (Grafik 6.4).

In den folgenden zwölf Monaten versuchten die Regierungen, die Lage zu stabilisieren, unter anderem mit Hilfsprogrammen des Internationalen Währungsfonds. Während die asiatischen Länder um die Rückkehr zu stabilen Verhältnissen rangen, fand sich Russland im Fokus der globalen Finanzmärkte wieder. Auch die russische Regierung unter Boris Jelzin hatte sich im In- und Ausland hoch verschuldet und Mühe, den bei steigenden Zinsen wachsenden Schuldendienst zu leisten. Der Aktienmarkt brach ein und Kapital floss ab. Schließlich war der feste Wechselkurs zum US-Dollar nicht mehr zu halten und der Rubel stürzte ab.[40] Am 17. August 1998 stellte Moskau Zahlungen auf fällige Verpflichtungen ein. Der russische Staatsbankrott ließ die Finanzmarktteilnehmer jäh erschrecken. Sie verkauften in ihren Augen risikoreiche Papiere und flohen in Scharen zu sicheren Häfen. Folglich fielen die Preise der Papiere, die LTCM im Portfolio hatte, und es stiegen die Preise der Papiere, die LTCM leerverkauft hatte. Die Volatilität im Aktienmarkt und mit ihr der Preis der Optionen, auf deren Preisrückgang LTCM gewettet hatte, stieg ebenfalls (Grafiken 6.5 und 6.6).

Für LTCM war diese Entwicklung eine Katastrophe. Bis Ende August hatte der Fonds 1,85 Milliarden US-Dollar an Eigenmitteln verloren. Doch die Verluste gingen rasend weiter, bis die New Yorker Federal Reserve Bank am 23. September 1998 eine Konferenz der Chefs der großen Wall-Street-Banken einberief und eine Übernahme des Fonds durch die Banken organisierte.

Grafik 6.4: Asien- und Russlandkrise 1997–1998: Wechselkurse

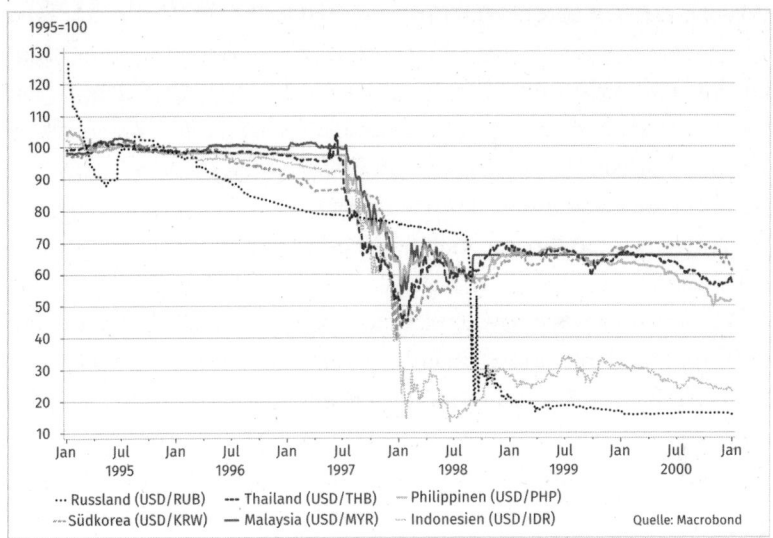

Grafik 6.5: Zinsdifferenzen für 10-jährige Staatsanleihen

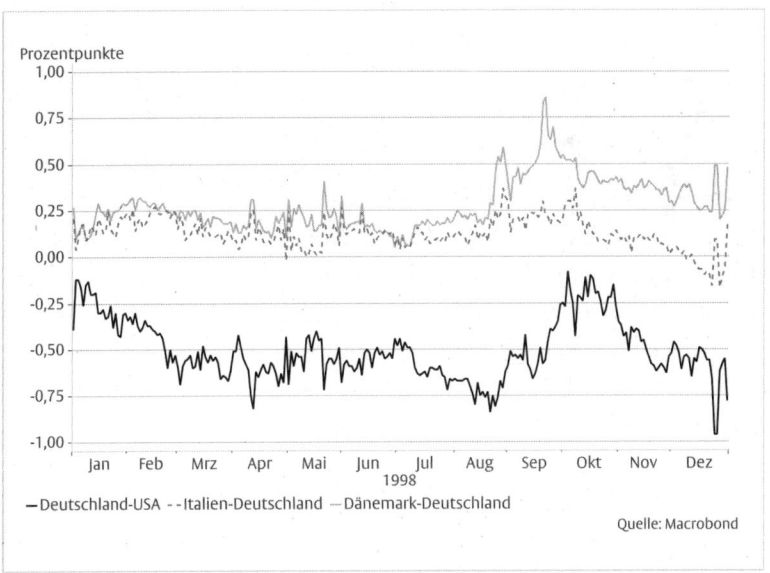

Am Ende beliefen sich die Verluste auf 4,5 Milliarden US-Dollar. Davon entfielen allein 1,6 Milliarden US-Dollar auf Wetten auf eine Verringerung der oben beschriebenen *Swap Spreads* und 1,3 Milliarden US-Dollar auf eine Wette auf den Fall der Volatilität im Aktienmarkt. Die restlichen 1,6 Milliarden US-Dollar fielen durch Verluste auf verschiedene Arbitragegeschäfte an, die von Wetten auf russische Staatsanleihen bis zu Volkswagenaktien reichten.[41] Roger Lowenstein, der Chronist der Geschichte von LTCM, zog aus seiner Analyse des Geschehens den folgenden Schluss: »The next time a Merton proposes an elegant model to manage risks and foretell odds, the next time a computer with a perfect memory of the past is said to quantify risks in the future, investors should run—and quickly—the other way.«*

Robert C. Merton kehrte in die akademische Welt zurück und wurde 1999, ein Jahr nach der LTCM-Pleite, dort für seine lebenslangen Verdienste um die mathematische Finanztheorie geehrt (kein Witz). Scholes wurde 2005 wegen 40 Millionen US-Dollar Steuerhinterziehung durch ungerechtfertigte Abschreibungen von LTCM-Verlusten verurteilt. Danach zog er in den Vorstand eines Hedgefonds ein, der 2008 ein Drittel seines Wertes verlor, und wechselte 2014 als Chefinvestor zu Janus Capital Group, einer der größten US-Investmentfondsgesellschaften (ebenfalls kein Witz). Meriwether öffnete 1999 einen neuen Hedgefonds, der in der Finanzkrise 44 Prozent seines Wertes verlor und 2009 geschlossen wurde. Seit 2010 betreibt Meriwether seinen dritten, allerdings nun nur noch sehr kleinen Hedgefonds (und auch das ist kein Witz).

Während des Aktienmarktcrashs von 2000 bis 2003, in dem der S&P 500 44 Prozent verlor, senkte die Federal Reserve die *Fed Funds Rate* von 6,5 Prozent im Jahr 2000 auf 1,0 Prozent im Jahr 2003.

---

* Lowenstein, 2002, S. 235. (»Das nächste Mal, wenn ein Merton ein elegantes Modell vorschlägt, um Risiken zu managen und Chancen vorherzusagen, das nächste Mal, wenn ein Computer mit einem perfekten Gedächtnis für die Vergangenheit Risiken in der Zukunft berechnen können soll, sollten Investoren in die andere Richtung rennen – und zwar schnell.«)

Grafik 6.6: USA: Optionspreisvolatilität

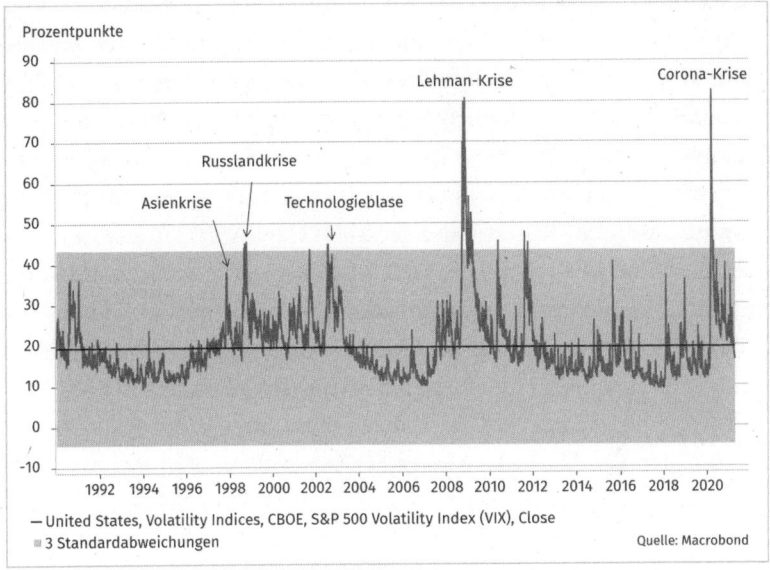

— United States, Volatility Indices, CBOE, S&P 500 Volatility Index (VIX), Close
■ 3 Standardabweichungen

Quelle: Macrobond

Entgegen den Erwartungen ging die US-Wirtschaft nach dem Crash nur durch eine sehr milde und kurze Rezession im Jahr 2001, während der die Jahresrate des BIP-Wachstums nicht unter die Nulllinie fiel. Dennoch zögerte die Federal Reserve lange, die Zinsen wieder anzuheben, und als sie sich dazu entschloss, bewegte sie die Zinsen in kleinen Schritten. Es dauerte bis zum Jahr 2005, bis die *Fed Funds Rate* wieder 4,0 Prozent erreicht hatte, den Wert unmittelbar vor Beginn der Rezession.

Die vergangenen Feuerwehraktionen der US-Notenbank zur raschen Beruhigung von Turbulenzen an den Finanzmärkten und die Verabreichung der Erhöhung der Leitzinsen nach ihrem historischen Tiefstand von 2003 in kleinen Dosen stimulierten den Risikoappetit der Finanzmarktakteure und verführten sie zum Aufbau gigantischer Schuldentürme. Da die Kapazität der Banken zur Vergabe von Krediten trotz extremer Ausweitung ihres Verschuldungshebels begrenzt war, wurde die Schuldenaufnahme zunehmend in den Kapitalmarkt verlagert. Die moderne Finanztheorie lieferte die dazu nötigen Werkzeuge.

Im Maschinenraum der Schuldenproduktion fand die *Sekuritisierung* (Verbriefung) von Bankkrediten statt. Verbriefung heißt, dass Bankkredite in handelbare Wertpapiere umgewandelt werden. Dies erlaubte den Banken, die von ihnen angebahnten Kredite weiterzuverkaufen und dadurch auf ihrer Bilanz Raum für neue Kredite zu schaffen. Bestand früher das klassische Bankgeschäft aus der Vergabe von Krediten, die bis zur Rückzahlung auf der Bilanz standen, kam nun die Kreditvermittlung dazu.

Im klassischen Geschäft stellt die Bank auf der Aktivseite der Bilanz den vergebenen Kredit und auf der Passivseite das damit geschaffene Giralgeld (Buchgeld) ein. Die Bilanz verlängert sich. Wandelt sie nun den Kredit in ein Wertpapier um und verkauft ihn, wird die aus Giralgeld bestehende Verpflichtung durch eine aus Giralgeld bestehende Forderung gedeckt. Wenn nun Giralgeld an andere Banken abfließt, kann die Bank den Abfluss mit ihren eigenen Giralgeld-Guthaben bei anderen Banken finanzieren. Für das Bankensystem insgesamt bedeutet die Verbriefung von Krediten eine Bilanzverkürzung: Sowohl die Kreditforderungen als auch die Verpflichtungen aus der Giralgeldschöpfung fallen. Die entsprechenden Kreditforderungen und Kreditverpflichtungen liegen nun im Kapitalmarkt.

Allerdings kann eine einzelne Bank die aus der Verbriefung folgende Bilanzverkürzung nicht selbst steuern. Sie muss darauf warten, bis Giralgeld abfließt. Sitzt das Geld lange auf ihrer Bilanz, muss sie möglicherweise warten, bis sie wieder Luft in der Bilanz hat, um neue Kredite zu vergeben. Dadurch könnte ihr lukratives Neugeschäft entgehen. Doch die Banken fanden einen Ausweg. Sie lagerten die verbrieften Kredite einfach in eine außerbilanzielle Tochterfirma aus. Die Tochterfirmen wurden unter dem Namen *Structured Investment Vehicles* (SIVs) – oder allgemeiner als *Special Purpose Vehicles* (SPVs oder Zweckgesellschaften) – bekannt und berüchtigt.*

Buchungstechnisch kann man sich das so vorstellen: Die Bank verwandelt den Kredit in ein Wertpapier und überträgt dieses an ihr SIV (Grafik 6.7). Das SIV emittiert Anleihen mit verschiedenen Laufzeiten und unterschiedlicher Bonität. Die Anleihen werden an Investmentfonds verkauft, die dafür Giralgeld hergeben, das sie von ihren Einlegern gegen die Ausgabe von Fondsanteilen bekommen haben. Das Giralgeld wandert vom SIV zur Bank, die damit neue Kredite vergibt. Der Prozess beginnt von neuem. Da die SIVs von beinahe allen Regulierungsbehörden (mit der Ausnahme der Bank von Spanien) als Einheit außerhalb der Bilanz der Mutterbank betrachtet wurden, konnten die Banken durch Kreditvergabe mit Kreditverbriefung die Bilanzen der SIVs ausweiten, ohne dass ihre eigene Bilanz davon berührt wurde. Die regulatorische Beschränkung übermäßiger Verschuldung durch feste Eigenkapitalquoten ließ sich dadurch aushebeln.

Grafik 6.7: Auslagerung von Bankkrediten durch Verbriefung

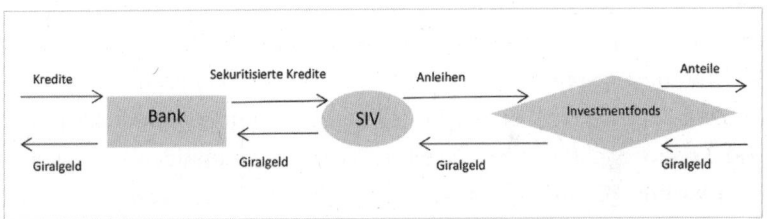

Bei der Vergabe von Bankkrediten achtet natürlich der Kreditsachbearbeiter auf die Bonität des Kreditnehmers. Je geringer die Möglichkeit der Bank ist, das Risiko in ihrem Kreditportfolio durch Diversifizierung über verschiedene Regionen, Branchen, Einkommensklassen und so weiter zu diversifizieren, desto wichtiger ist die Risikobeurteilung eines jeden einzelnen Kredits. Wandelt die Bank

---

* SPV ist der übergeordnete Begriff für außerbilanzielle Finanzierungsvehikel, SIV bezeichnet ein SPV zur Finanzierung von Collateralized Debt Obligations (CDOs, siehe unten).

den Kredit jedoch in ein Wertpapier zum Verkauf, sollte der Verkäufer davon ausgehen, dass die Bonitätsprüfung eher lasch ausfällt. Das könnte einen Verkauf verhindern, muss es aber nicht, wenn der Verkäufer den Käufer überzeugt, dass die Kreditrisiken durch fachgerechte Diversifizierung bis auf eine vernachlässigbare Größe verringert worden sind. An diesem Punkt kommt die moderne Finanztheorie ins Spiel.

Laut moderner Finanztheorie wählt ein Anleger die seinen Präferenzen entsprechende Kombination von Ertrag und Risiko, wobei Risiko als Renditevolatilität definiert ist. Das Portfoliorisiko kann durch die Auswahl von Wertpapieren, deren Preise wenig oder negativ korreliert sind, vermindert werden. Diese beiden von der modernen Finanztheorie hervorgebrachten Techniken wurden verwendet, um eine besondere Art von kreditgedeckten Anleihen (*Asset-Backed Securities*) zu konstruieren. Kreditgedeckte Anleihen gab es schon im Preußen Friedrichs des Großen in Form von Pfandbriefen, die noch heute eine große Rolle spielen. Mit der modernen Finanztheorie konnte diese Technik jedoch erheblich erweitert werden, sodass aus wenig sicheren Krediten vermeintlich sehr sichere Wertpapiere wurden.

Dazu wurden in einem ersten Schritt verschiedene Kredite in ein Portfolio gepackt, deren Ausfallwahrscheinlichkeiten möglichst wenig korreliert waren. Durch Diversifizierung sollte das Risiko des gesamten Kreditportfolios verringert werden. Im nächsten Schritt wurden die zur Finanzierung des Portfolios ausgegebenen Anleihen in verschiedene Tranchen aufgeteilt. Diese Aufteilung hatte den Sinn, aus dem Kreditportfolio kommende Verluste ungleich zu verteilen. So wurden alle Verluste zunächst der ersten Tranche zugeteilt. Überstiegen die Verluste den Wert dieser Tranche, kam die nächste dran, dann wieder die nächste, und so weiter. Das gesamte Kreditportfolio wurde *Collateralized Debt Obligation* (CDO) genannt. Die erste Tranche hieß »Aktientranche«, da die Investoren wie Aktionäre als erste von anfallenden Verlusten getroffen wurden. Danach kamen die weiteren Tranchen mit unterschiedlicher Bonität, die sich nach der Hierarchie ihrer Verlustbeteiligung richtete.

Nach der Aufteilung wurden die Tranchen von den Ratingagenturen benotet. Die Noten richteten sich nach der Wahrscheinlichkeit, von einem möglicherweise auftretenden Verlust betroffen zu sein. Dazu musste das Verlustpotenzial des gesamten Kreditportfolios aufgrund der Ausfallwahrscheinlichkeit der einzelnen Kredite und der Korrelation der Ausfallwahrscheinlichkeit unter den Krediten ermittelt und auf die einzelnen Tranchen entsprechend ihrer Verlustbeteiligung umgelegt werden. Ratingagenturen und Verbriefungsagenturen arbeiteten Hand in Hand, um die CDOs so zu gestalten, dass immer höchstbewertete (AAA) Anleihen in der Familie der Tranchen vertreten waren. Die verschiedenen Tranchen der CDOs konnten nun direkt an Endinvestoren verkauft oder in Teilen oder ganz von den SIVs übernommen werden.

Zur Finanzierung ihres Bestands an CDO-Tranchen emittierten die SIVs verschiedene Arten von Wertpapieren. Für die Geldmarktfonds hatten die SIVs ein besonderes Bonbon parat. Diese Fonds gaben Anteile gegen Giralgeld aus, die sie den Anlegern schmackhaft machten, indem sie die Anteile als so sicher wie Giralgeld, aber mit höherer Verzinsung darstellten. Um die höhere Verzinsung zu erzielen, suchten die Geldmarktfonds hochbewertete, kurzlaufende Papiere mit ansehnlicher Rendite. Die SIVs befriedigten diese Nachfrage, indem sie einen Teil der höchstbewerteten (AAA) Tranche ihres Kreditportfolios als kurzlaufende, *Commercial Paper* genannte Papiere emittierten.

Ohne sich dessen bewusst zu sein und es in Betracht zu ziehen, gingen die Geldmarktfonds beim Kauf dieser scheinbar »bombensicheren« Papiere gleich zwei Risiken ein: Erstens konnten die Verluste aus den Kreditportfolios bis zu den angeblich sichersten Tranchen durchschlagen, und zweitens war es möglich, dass die SIVs aufgrund mangelnder Nachfrage die auslaufenden kurzfristigen Papiere nicht durch neu emittierte ersetzen (»vorwärtsrollen«) konnten und pleitegingen. Aber anscheinend waren der Hunger der Geldmarktfonds nach Rendite und ihr Vertrauen in die Techniken der modernen Finanztheorie so groß, dass sie diese Risiken ignorierten.

Die Verbriefung von Krediten war so populär, dass viele unterschiedliche Kreditarten in kreditgedeckte Anleihen verwandelt wurden. Das Spektrum reichte von Krediten zum Autokauf über Kreditkartenverpflichtungen und Ausbildungskredite bis zu Immobilienhypotheken. Letztere spielten eine besonders wichtige Rolle in der Finanzkrise.

Durch die Niedrigzinspolitik der Federal Reserve und den Zinsrückgang in Mitgliedsländern der Europäischen Währungsunion stiegen die Immobilienpreise in den USA und vielen Ländern Europas. Dies führte zu einer höheren Nachfrage nach Hypothekenkrediten, die insbesondere in den USA weitgehend auf die beschriebene Art verbrieft wurden. Allgemein wurden verbriefte Hypothekenkredite *Mortgage Backed Securities* genannt. Die wie CDOs verbrieften Kredite nannte man *Collateralized Mortgage Obligations* (CMOs). Bei der Zusammenstellung der Portfolios für die CMOs ging man davon aus, dass die US-Immobilienpreise landesweit nicht fallen würden, da sie dies noch nie vorher getan hatten. Fielen also die Preise in einer Region, so die Theorie, sollten die Preise in anderen Regionen steigen. Eine gut über verschiedene Regionen diversifizierte CMO schien also eine recht sichere Anlage zu sein.

Man ging sogar so weit, zu glauben, einzelne Hypotheken von schlechter Qualität könnten durch Diversifizierung zu einem Portfolio hoher Qualität veredelt werden. Die vermeintlich sichere Veredelungstechnik kam den Politikern in den USA sehr gelegen, versuchten sie doch Wähler auch mit geringen Einkommen mit dem Versprechen anzulocken, jeder US-Bürger dürfe sich Hoffnungen auf die eigenen vier Wände machen.[42] Ein besonderes Segment entstand im amerikanischen Hypothekenmarkt, *Sub-Prime* genannt. Diese Bezeichnungen hatten die Banken früher benutzt, um unsichere Nachfrager nach Hypothekenkrediten auszusortieren.

Nun stand die Bezeichnung für ein politisch gewolltes Programm zur Versorgung von nicht kreditwürdigen Personen mit Hypothekendarlehen. Die moderne Finanztheorie machte es möglich.

Vielleicht wären die Bank- und Investmentfondsmanager vor der durch die Kreditverbriefung ermöglichten Schuldenpyramide zurückgeschreckt, wenn die moderne Finanztheorie nicht auch noch Instrumente zum Risikomanagement für ihre Institutionen im Köcher gehabt hätte. Verbleibende Kreditrisiken konnten mit *Credit Default Swaps* (CDS), einer Art Kreditausfallversicherung, abgesichert werden. CDS stellen einen Vertrag zwischen Versicherungsnehmer und Versicherungsgeber dar, in dem sich der Versicherungsgeber verpflichtet, dem Versicherungsnehmer Verluste bei einem Ausfall des versicherten Kredits zu ersetzen. Dafür zahlt der Versicherungsnehmer dem Versicherungsgeber eine laufende Prämie.

Im Gegensatz zu einer normalen Versicherung sind CDS handelbar, weil bei CDS Zahlungen anfallen können, ohne dass dem Versicherungsnehmer ein Schaden entstanden sein muss. Man kann sich also einen CDS kaufen, ohne den Kredit, der diesem unterliegt, vergeben zu haben. Fällt nun der Kreditnehmer aus, bekommt man die Versicherungssumme, obwohl den Schaden ein anderer trägt. Die moderne Finanztheorie lieferte die Grundlage für die Preisberechnung von CDS, die Ähnlichkeit mit der Optionspreisbestimmung hat.

Grundsätzlich ist die Aufnahme von Schulden riskant, denn Bankrott droht, wenn Zins- und Rückzahlungen ausfallen. Spiegelbildlich dazu ist die Kreditvergabe mit Risiko behaftet. Wenn es jedoch gelingt, das individuelle Risiko durch *Risiko-Pooling* zu verringern, können für sich genommen riskante Schulden mit Krediten finanziert werden, die für den Kreditgeber deutlich weniger riskant aussehen. Je raffinierter das *Risiko-Pooling* gestaltet wird, desto größer wird der Abstand zwischen dem individuellen Risiko auf der Seite des Kreditnehmers und dem Risiko, das der Kreditgeber in den *Pool* eingeht. Mit Risikomanagement nach den Rezepten der modernen Finanztheorie sollte dieser Abstand maximiert werden. Dies bereitete den Weg für einen enormen Anstieg der Verschuldung.

Während in der Dekade von 1973 bis 1983 die Immobilienkredite in den USA um rund 1 Prozent des Bruttoinlandsprodukts (BIP) stiegen, weitete sich der Anstieg in der folgenden Dekade auf rund 4 Prozent des BIP aus. Danach verdoppelte sich der zehnjährige Anstieg auf 8 Prozent des BIP, bis das Verhältnis von Immobilienkrediten zum BIP schließlich einen Spitzenwert von 26 Prozent erreichte (Grafik 6.8).

Nach einer langen Phase sehr niedriger Zinsen begann die US-Notenbank im Juli 2004, ihren Leitzins anzuheben (Grafik 6.9). Anders als zehn Jahre zuvor stieg der langfristige Zins nicht, sondern er fiel. Betrug der Zins auf Hypotheken mit 30-jähriger Laufzeit im Juli 2004, dem Monat der Leitzinserhöhung, noch 5,7 Prozent, war er ein Jahr später auf 5,1 Prozent zurückgegangen. Alan Greenspan, der damalige Vorsitzende der Federal Reserve, sprach von einem *Konundrum* (Rätsel). In einer Stellungnahme anlässlich der üblichen Anhörung vor dem Finanzkomitee des US-Kongresses erläuterte Greenspan das Problem:

»... long-term interest rates have trended lower in recent months even as the Federal Reserve has raised the level of the target federal funds rate by 150 basis points. This development contrasts with most experience, which suggests that, other things being equal, increasing short-term interest rates are normally accompanied by a rise in longer-term yields ...«, und er folgerte: »For the moment, the broadly unanticipated behavior of world bond markets remains a conundrum.«*

---

* Siehe »Testimony of Chairman Alan Greenspan, Federal Reserve Board's semiannual Monetary Policy Report to the Congress Before the Committee on Banking, Housing, and Urban Affairs«, US-Senat, 16. Februar 2005. (»... die langfristigen Zinssätze sind in den letzten Monaten tendenziell gesunken, obwohl die Federal Reserve das Niveau des Zielsatzes für die Federal Funds Rate um 150 Basispunkte angehoben hat. Diese Entwicklung steht im Gegensatz zu den meisten Erfahrungen, die darauf hindeuten, dass steigende Kurzfristzinsen bei sonst gleichen Bedingungen normalerweise mit einem Anstieg der längerfristigen Renditen einhergehen ... Für den Moment bleibt das weitgehend unerwartete Verhalten der weltweiten Anleihemärkte ein Rätsel.«)

Grafik 6.8: USA: Immobilienkredite (in % des BIP)

— Bestand an Immobilienkrediten inländischer Banken

Quelle: Macrobond

Grafik 6.9: USA: Politikzins und Hypothekenzins

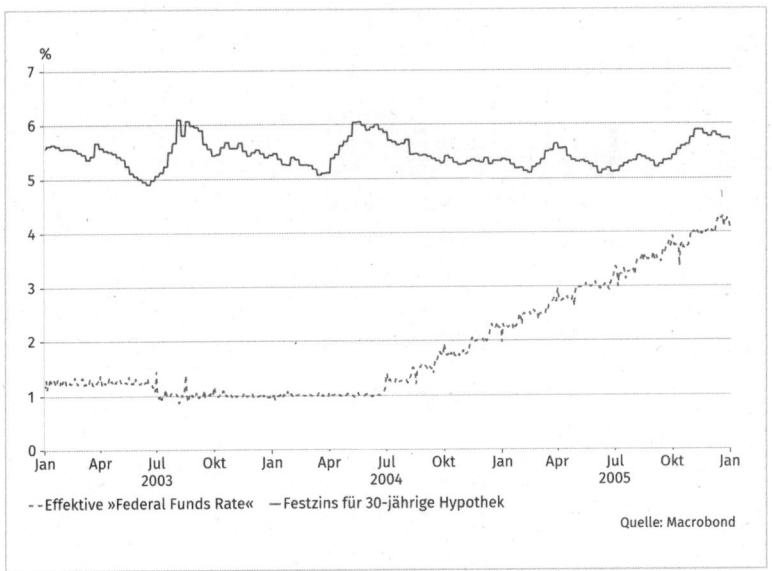

- - Effektive »Federal Funds Rate«   — Festzins für 30-jährige Hypothek

Quelle: Macrobond

Kapitel 6

Wie war es möglich, dass die Banken kein Interesse mehr daran hatten, die Kreditzinsen zu erhöhen, als die Zentralbank die Geldmarktsätze höherschraubte? Eine plausible Antwort ist, dass die Banken statt »Fristentransformationen« »Ratingtransformationen« betrieben.

Sie vergaben Hypothekenkredite von oft zweifelhafter Qualität, verbrieften diese, brachten sie in *Collaterized Mortgage Obligations* ein und verkauften die von den Ratingagenturen als sicher bewerteten Tranchen an eher risikoscheue institutionelle Investoren wie beispielsweise deutsche Landesbanken oder Versicherungen. Die *Equity*-Tranchen gingen an Hedgefonds und ähnliche Investoren mit größerem Risikoappetit. Die von den Ratingagenturen begleitete Veredelung riskanter Hypothekenkredite durch ihre Einbringung in CMOs erwies sich lukrativer als die »Fristentransformation« (die eigentlich die *Seigniorage* der Banken bei der Giralgeldschöpfung darstellt). Es lohnte sich, die Kreditzinsen niedrig zu halten und auf Gewinne aus der »Fristentransformation« zu verzichten, wenn dadurch die Kreditnachfrage angekurbelt wurde, sodass hohe Mengen von Rohmaterial zur Kreditveredelung zusammenkamen.

Was Alan Greenspan jedoch nicht berücksichtigt hatte, war, dass viele Hypotheken den Kreditnehmern mit sogenannten *Teaser Rates* schmackhaft gemacht worden waren. Der Zins wurde für die ersten Jahre auf einem niedrigen Niveau festgeschrieben, sprang danach aber auf den Leitzins zuzüglich einer Marge. Trotz der Zinsanhebung nahm die Kreditvergabe noch bis zum Februar 2007 zu (Grafik 6.10). Mit dem Auslaufen des Festzinses wurden viele Hypothekenschuldner von dem *Reset* auf dem falschen Fuß erwischt und dadurch zahlungsunfähig. Entgegen der Annahme, dass die Ausfälle nicht systematisch korreliert wären, fielen Zins- und Rückzahlungen auf breiter Front aus. Der *Pool* bot nicht den versprochenen Schutz, Banken und andere Gläubiger kamen durch die Ausfälle selbst in Schieflage, das Banken- und Finanzsystem drohte zu kollabieren.

Grafik 6.10: Leitzins und Vergabe von Hypothekenkrediten

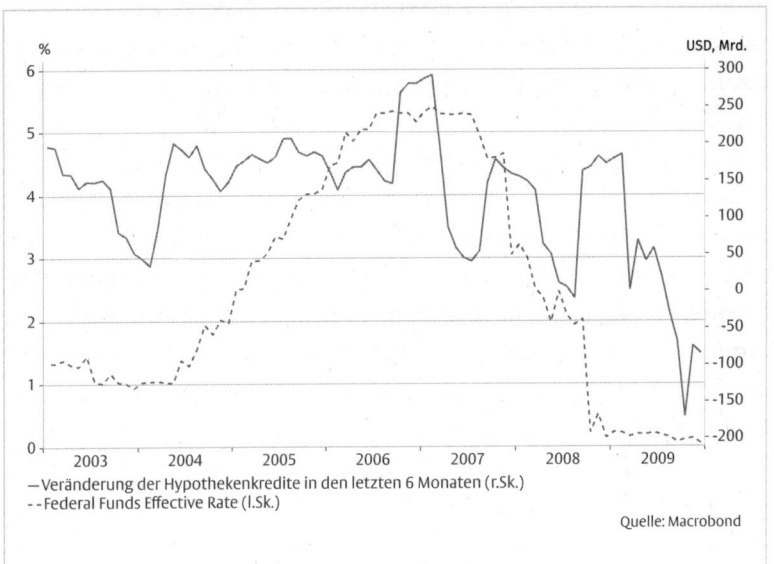

Quelle: Macrobond

Zur Abwehr des Kollapses pumpten Zentralbanken weltweit Geld in das Banken- und Finanzsystem, staatliche Instanzen stützten Banken und wickelten andere ab. Mit der »Großen Finanzkrise« von 2007/2008 ging eine zeitgeschichtliche Ära zu Ende, die durch großes Vertrauen in die Beherrschung wirtschaftlicher und finanzieller Risiken gekennzeichnet war. Das Risiko von Rezessionen in der Wirtschaft war angeblich durch wissenschaftsbasierte Geldpolitik eliminiert worden, während freie Märkte und wissenschaftsbasiertes Risikomanagement im Finanzsektor allen den Weg zu wachsendem Wohlstand bereiten sollten. Die Finanzkrise zerstörte dieses Vertrauen, allerdings nicht in das wissenschaftsbasierte Risikomanagement im Finanzsektor und die wissenschaftsbasierte Geldpolitik, die versagt und die Krise heraufbeschworen hatten, sondern in die freien Märkte.

Nur eine kleine Minderheit verstand die Zusammenhänge, die zur Krise geführt hatten. Der großen Mehrheit aber war das Narrativ eines ausbeuterischen Kapitalismus und *vermachteter Märkte* nur allzu geläufig. So kam es, dass nicht das irrige Management von Risiken im Finanzsektor und die Entkopplung von Risikoübernahme und Haftung durch das irrige Management von Wirtschaftsrisiken durch die Zentralbanken beendet, sondern die Märkte zunehmend staatlich reglementiert, manipuliert oder suspendiert wurden.

Value-at-Risk-Modelle werde heute noch zur Risikosteuerung im Portfoliomanagement angewendet. Ein aufstrebendes deutsches Unternehmen bewarb seinen Ansatz zur Vermögensverwaltung zum Beispiel so:

> »Der von Scalable Capital verwendete VaR beziffert den Jahresverlust, der mit einer Wahrscheinlichkeit von 95 % nicht überschritten werden sollte (VaR mit Jahreshorizont und 95 % Konfidenzniveau). Ein angegebener VaR von 12 % bedeutet beispielsweise, dass das Portfolio in einem Jahr mit einer Wahrscheinlichkeit von 95 % nicht mehr als 12 % an Wert verlieren sollte. Anders ausgedrückt: ein Jahresverlust von mehr als 12 % kann im Mittel in einem von 20 Jahren (1/20, also 5 % Wahrscheinlichkeit) auftreten. Bei einem Anlagebetrag von beispielsweise 50.000 Euro bedeutet dies, dass im Mittel alle 20 Jahre der Wertverlust 6.000 Euro überschreiten könnte ... Unser Algorithmus achtet dabei darauf, dass der Anleger gemäß seiner Risikovorgabe investiert ist. Der Algorithmus passt das Portfolio an, wenn das ermittelte Risiko von der Vorgabe abweicht. Führt etwa ein nachhaltiger Anstieg der Verlustrisiken dazu, dass eine Überschreitung der Vorgabe droht, werden die Gewichte der betreffenden Anlagen unter Berücksichtigung von Diversifikationseffekten angepasst.«[43]

Damit setzt das Unternehmen für das Portfoliomanagement gültige Regulierung nahezu eins zu eins um. So ermächtigt das Kapitalanlagegesetzbuch (§ 197) das Bundesministerium der Finanzen, die »Beschaffenheit von zulässigen Risikomesssystemen für Derivate einschließlich der Bemessungsmethode des Marktrisikopotenzials« festzulegen. Die dem Finanzministerium unterstellte Bundesanstalt für Finanzdienstleistungsaufsicht (BaFin) verlangt in ihrer Derivateverordnung (DVO) ein geeignetes Risikomodell (§ 10), klassifiziert in ihren Erläuterungen die *Value-at-Risk*-Technik als »qualifizierten Ansatz« (Abschnitt 2, zu § 5 der DVO) und führt dazu für den Gesetzesleser hilfreich aus:

»Risikomodelle haben die Aufgabe, Verlustpotentiale eines Portfolios von Finanzinstrumenten (sowohl klassische Finanzinstrumente wie Aktien und Anleihen als auch derivative Instrumente) durch Abschätzung monetär zu quantifizieren. Während das klassische Konzept der Risikomessung (Markowitz-Theorie) auf die Varianz oder Schwankungsbreite der Wertveränderungen eines Portfolios zurückgreift, beruht ein Value-at-Risk-Risikomodell auf der Verwendung eines Quantils, indem der Value-at-Risk eine Schranke für potenzielle Verluste eines Portfolios zwischen zwei vorgegebenen Zeitpunkten angibt, die mit einer vorgegebenen Wahrscheinlichkeit nicht überschritten wird. Basis eines Risikomodells ist somit die Quantifizierung der Wertveränderungen eines Portfolios im Zeitverlauf ... Da eine vollkommene Sicherheit nicht erreichbar ist, kann nur gefordert werden, daß die Abschätzung des potenziellen Risikobetrags mit einer genügend großen Wahrscheinlichkeit P (dem sog. Sicherheitsniveau, z.B. 99%) gilt (formal ausgedrückt: $P(W \leq VaR) = 0{,}99$). Dieses Quantil bezieht sich dabei auf eine Prognoseverteilung der Portfoliowertänderungen zum Zeitpunkt t_1.«[44]

Die *Value-at-Risk*-Technik hat nicht nur beim Portfoliomanagement, sondern auch bei der Bankenregulierung nach der Basel-III-Übereinkunft weiterhin einen festen Platz im Vorschriftenkanon für die Finanzindustrie. Und die großen Zentralbanken versuchen, mit ihren unzuverlässigen Modellen über den *Portfolio-Rebalancing-Effect* à la Markowitz die Wirtschaft auf Trab und die Inflation an ihre Zielmarke zu bringen. Markowitz zufolge minimieren die Anleger die Varianz der Rendite ihres Portfolios bei der von ihnen angestrebten Gesamtrendite. Drückt die Zentralbank nun die Rendite des Portfolios, müssen die Anleger eine höhere Varianz der Renditen in Kauf nehmen, wenn sie ihre Renditeerwartungen beibehalten wollen. Dadurch, so die Theorie, würde das Angebot an Risikokapital steigen, riskantere Investitionen ließen sich leichter finanzieren und das Wirtschaftswachstum würde sich beschleunigen.

Auch die Strukturierung von Anleihen als *Collateralized Debt Obligations* erlebte ihr Comeback. Brunnermeier und Co-Autoren schlugen *European Safe Bonds* (ESBies) vor.[45] ESBies sind die vorrangige Tranche eines diversifizierten Portfolios von Staatsanleihen des Euroraums, das wie folgt konstruiert ist: Eine öffentliche oder private Institution kauft ein diversifiziertes Portfolio von Staatsanleihen der Eurozone, dessen Zusammensetzung nach einer Regel, wie etwa dem relativen Bruttoinlandsprodukt der Länder der Eurozone oder Beiträge zum Kapital der EZB, bestimmt wird. Zur Finanzierung dieses Kaufes gibt die Institution zwei Arten von Wertpapieren aus: Europäische sichere Anleihen (ESBies) und Europäische Junior-Anleihen (EJBies). ESBies haben vor EJBies Vorrang. Die Aufteilung in vorrangige und nachrangige (ESBies und EJBies) Anleihen wird zum Beispiel im Verhältnis von 70 Prozent zu 30 Prozent festgelegt. Dadurch wären ESBies und EJBies vollständig mit den Wertpapieren des ihnen zugrunde liegenden Portfolios besichert und die Summe der Nennwerte von ESBies und EJBies würde der des Portfolios entsprechen. Verluste aufgrund der Zahlungsunfähigkeit eines Staates würden aber zunächst von den Inhabern der nachrangigen Anleihe getragen werden. Nur wenn sie die Nachrangigkeitsgrenze überschreiten, sodass die EJBies vollständig ausgelöscht worden wären, würden die ESBies beginnen, Verluste zu erleiden.

Dieser Vorschlag entsprach genau der Strukturierung der CDOs und CMOs im amerikanischen Hypothekenmarkt und leidet an der gleichen Schwäche: Die Tranchierung in vorrangige und nachrangige Anleihen muss aufgrund vergangener Erfahrung so festgelegt werden, dass der Umfang der nachrangigen Anleihen groß genug ist, Verluste aus Ausfällen von Staatsanleihen in jedem Fall vollständig aufzufangen. Wenn aber die vergangene Erfahrung nur ungenügende Anhaltspunkte für die Zukunft liefern kann – weil die Entwicklung eben nicht einem stationären Prozess folgt –, dann kann die Sicherheit der ESBies nicht vollständig gewährleistet sein. Auch aus spekulativen Szenarien für Ausfälle von Staatsanleihen und angenommene Ansteckungseffekte auf die Anleihen anderer Staaten lassen sich keine wirklich sicheren Anweisungen für die Tranchierung des Portfolios ableiten. Dennoch wurde der Vorschlag von der Europäischen Kommission aufgegriffen und in ein Konzept für *Sovereign Bond-Backed Securities* (SBBS) gefasst.[46]

Über Jahrzehnte hat das Risikomanagement mit der *Value-at-Risk*-Technik immer wieder versagt, hat die Strukturierung von Anleihen in sichere und nachrangige Tranchen nur die Illusion von Sicherheit erzeugt. Seit der Großen Finanzkrise vor mehr als einem Jahrzehnt ist es den Zentralbanken nicht gelungen, Investitionen und Wachstum zu stimulieren. Dennoch halten viele Akteure an den irreführenden Handlungsanweisungen der modernen Finanztheorie fest. Es ist, als ob die amerikanische Weltraumbehörde NASA nichts aus der Explosion der Raumfähre Challenger im Jahr 1986 gelernt hätte und mit derselben Technik immer neue Weltraumflüge unternehmen würde. Jeder Ingenieur würde dies für verrückt halten.

Dagegen beruhigten die Behörden nach der Finanzkrise das Publikum, indem die staatliche Regulierung des Finanz- und Bankensektors enorm ausgeweitet wurde. Doch waren sich die Regulierer oft der Konsequenzen ihrer Eingriffe nicht bewusst. So wurde den Banken der Eigenhandel mit Wertpapieren weitgehend verboten, um sie sicherer zu machen. Die unbeabsichtigte Nebenwirkung davon ist jedoch, dass die Banken als Ausgleicher vorübergehender Marktungleichgewichte ausfallen. Dadurch sinkt die Liquidität und steigt die Volatilität der Märkte. Akteure, die Positionen mit Fremdmitteln hebeln, können dadurch schneller in größere Schwierigkeiten kommen. Die Gefahr einer neuen LTCM-Krise steigt. Doch dann fallen die Banken als Krisenmanager aus, da man ihnen den Eigenhandel verboten hat. Der Versicherungsstaat muss seinen Aufgabenbereich also noch weiter ausweiten.

Im Finanzsektor und vor allem in den Banken, Zentralbanken und staatlichen Behörden konnte sich eine Kultur entwickeln, in der die maßgeblichen Akteure für die von ihnen begangenen Fehler keine persönliche Haftung übernehmen. Im Zweifelsfall kann man sich auf »die Wissenschaft« berufen, deren Protagonisten für in der praktischen Anwendung gefährliche Theorien Nobelpreise verliehen bekommen, aber kaum je für die Konsequenzen einstehen. Am Ende dieser Entwicklung steht der Verlust an Glaubwürdigkeit und Vertrauen in den gesamten Geld- und Finanzbereich.

Kapitel 7

Expertenherrschaft in der Risikogesellschaft

Der Soziologe Ulrich Beck hat für die von Karl Popper beschriebene »Offene Gesellschaft« den Begriff »Risikogesellschaft« geprägt. Risiko ist für ihn die Antizipation mehr oder weniger großer Katastrophen (bei John Kay und Mervyn King heißt dies nüchterner »Abweichung vom Referenz-Narrativ«). Mit der Verwandlung radikaler Unsicherheit in kalkulierbare Risiken will sich die moderne Gesellschaft die Zukunft sichern, oder in ihren eigenen Worten gesagt: »Nachhaltigkeit« schaffen. Aber die Handlungen der Risikogesellschaft sind »reflexiv«, das heißt, dass durch die Risikovermeidungstechniken immer neue Risiken erschaffen werden. Statt »Nachhaltigkeit« schafft die Risikogesellschaft »Fragilität«. Was dem 2015 verstorbenen Beck zu seiner Lebenszeit noch unscharf blieb: Die Risikogesellschaft zerstört sich schließlich selbst.

Die moderne Risikogesellschaft hat vier wichtige Eigenschaften. Sie ist global, medial, reflexiv und lässt sich von »Experten« beherrschen. Lokale Katastrophen werden durch die globale Verbreitung und Aufbauschung der Medien überall als Risiken erlebt und bewirken Veränderungen in Gesellschaft und Politik am anderen Ende der Welt, wodurch (über »Reflexivität«) neue Risiken entstehen. »Das Weltrisiko ist die Realitätsinszenierung des Weltrisikos«, resümiert Beck.[47] Selten wurde dies deutlicher als nach dem Tohoku-Erdbeben in Japan im Jahr 2011, das zu dem größten Tsunami in Japans Geschichte und der Explosion von Reaktorblöcken im Kernkraftwerk Fukushima-Daiichi und Problemen in anderen Kernkraftwerken führte. Die japanische Atomaufsichtsbehörde stufte die Reaktorunfälle in der höchsten Stufe als »katastrophaler Unfall« wie im sowjetrussischen Tschernobyl im Jahr 1986 ein. 22.199 Menschen starben durch den Tsunami. Durch Strahleneinwirkungen infolge der Reaktorunfälle ist bisher ein an Krebs verstorbenes Opfer zu beklagen.

Dennoch hatten die Reaktorunfälle die größte Fernwirkung. Am anderen Ende der Welt, im hochseefernen Deutschland, entschloss sich Bundeskanzlerin Merkel zu einer Kehrtwende in ihrer Energiepolitik. Obwohl ein ähnlicher Unfall wie in Japan in Deutschland unmöglich ist, verkürzte sie die Laufzeiten der deutschen Kernkraftwerke, nachdem sie diese zunächst verlängert hatte. Dazu beigetragen haben dürfte der Wahlsieg der Grünen am 27. März 2011 in Baden-Württemberg, die damit zum ersten Mal in ihrer Geschichte einen Ministerpräsidenten stellen konnten. Bestärkt wurden die politischen Wirkungen der japanischen Reaktorunfälle durch eine Umfrage von Gallup International vom 29. März 2011. Danach ging der Anteil der Kernkraftbefürworter in Deutschland von 34 auf 26 Prozent zurück, während der Anteil der Kernkraftgegner von 64 auf 72 Prozent anstieg.[48] Die Inszenierung des Risikos von Kernkraftwerksunfällen schuf das Risiko, das es in dieser Form in Wirklichkeit gar nicht gab.

Mit dem eiligen Ausstieg aus der Atomenergie begründete die Bundeskanzlerin ein neues Risiko für die Sicherheit des Landes in der Energieversorgung. Da Deutschland parallel zur Eliminierung des gefühlten Risikos durch Kernenergie eine Vorreiterrolle bei der Verringerung des Risikos durch den Klimawandel spielen wollte, leitete die deutsche Regierung im Jahr 2019 die Abschaltung der Braunkohlekraftwerke ein. Weil aber die Versorgung mit erneuerbarer Energie vom wechselhaften Verhalten von Sonne und Wind abhängig ist und deshalb eine Absicherung durch fossile Energieerzeugung braucht, machte die Abschaltung von Kern- und Kohlekraftwerken die zusätzliche Versorgung durch Gaskraftwerke notwendig. Diese stoßen zwar weniger Kohlendioxid aus, müssen aber mit importiertem Gas betrieben werden. Und das kommt zu einem großen Teil aus Russland. Die Risikovermeidung gebärt neue Risiken, nämlich in Form eines geopolitischen Risikos durch die Abhängigkeit von Moskau, das eine zunehmend aggressivere Außenpolitik verfolgt. Auf diese Weise entstand durch die Verringerung eines gefühlten Risikos eine Spirale tatsächlicher Risiken, deren Bekämpfung weitere Risiken gebären dürfte.

Auf globaler Ebene kommt es in der von Beck beschriebenen Weltrisikogesellschaft zum »Clash der Risikokulturen«. In Gesellschaften mit deterministischem Weltbild, wie zum Beispiel dem theokratischen Iran, ist die Katastrophe Teil des göttlichen Plans, vor allem, wenn sie Ungläubige trifft. »Im Glauben an Gott ist das Risiko kein Risiko, da es auch oder wesentlich der Transzendenz Gottes (oder des Teufels) zugerechnet wird und nicht (nur) dem Handeln der Menschen entspringt.«[49] In zentral organisierten Gesellschaften wie in China ist die Staatsspitze unangefochtener oberster Risikomanager. Da sie es sich nicht erlauben kann, eigene Irrtümer zuzugeben, verstärkt die eingetretene Katastrophe die politische Repression. »(Max Weber) sah und formulierte ..., dass die Synthese von Wissenschaft, Bürokratie und Kapitalismus die Moderne in eine Art ›Gefängnis‹ verwandelt. Diese Bedrohung entsteht nicht als Randphänomen, sondern als die logische Konsequenz erfolgreicher Risikorationalisierung: Wenn alles gut geht, wird es schlimmer.«[50] Dabei verschafft erfolgreiches Risikomanagement, wie es in China im Umgang mit der Corona-Epidemie im Verlauf von 2020 zu sehen war, dem rigorosen Vorgehen in breiten Kreisen der Bevölkerung Legitimation, nicht nur in China. Der Totalitarismus kann tiefere Wurzeln schlagen – es wird schlimmer.

In den westlichen Gesellschaften kommt es zu unterschiedlichen Kombinationen von privat und staatlich organisiertem Risikomanagement. Europa erwärmt sich für das Modell des alten schwedischen Volksheims, während es in den USA rauer zugeht. »Europa glaubt eher an das Prinzip der Vorsorge: Nichts ist sicher, solange es nicht als ungefährlich nachgewiesen ist.«[51] Das Vorsichtsprinzip bereitete den Boden für den Ausstieg aus der Kernkraft und die Herausstellung besonders pessimistischer Szenarien zum Klimawandel in der deutschen Öffentlichkeit. Aus Vorsicht sind die meisten Deutschen gegen die Gentechnik bei der Nahrungsmittelerzeugung. Das Vorsichtsprinzip beeinflusste auch das Handeln der politischen Akteure während der Corona-Epidemie. Insbesondere Bundeskanzlerin Merkel erwies sich als Befürworterin allerhöchster Vorsicht im Umgang mit dem Virus. Das Volk dankte es ihr mit einem Höhenflug ihrer Zustimmungswerte in den Umfragen – bis der verpatzte Beginn der Impfungen Ernüchterung einkehren ließ.

In den USA gilt dagegen, dass »etwas ... sicher (ist), solange es sich nicht als gefährlich erwiesen hat«.[52] Man könnte die Haltung der Amerikaner so beschreiben: »Ich wage, also bin ich.«[53] Die Tolerierung höherer Risiken hat viele Folgen. Die Amerikaner sind eher bereit, genetisch veränderte Nahrungsmittel zu essen oder in vermeintlich riskante Aktien zu investieren. Sie schätzen die Freiheit, Schusswaffen zu besitzen, höher als das damit verbundene Risiko, selbst erschossen zu werden. Deutlich weniger Amerikaner als Europäer sind bereit, an den Klimawandel als das größte Risiko für die Menschheit zu glauben und einschneidende Beschränkungen ihrer Freiheiten zur Verringerung der Ansteckungen mit dem Coronavirus hinzunehmen, auch wenn dadurch das Sterberisiko steigt.

Die medial inszenierte Pandemiekatastrophe vertieft die sich schön länger ausweitende Kluft zwischen Europa und den USA und befördert bei uns das Ansehen des asiatischen Modells des zentralen Risikomanagers. Im Zweifel geht bei uns Sicherheit vor Freiheit. Beiden Gesellschaften, der europäischen wie der amerikanischen, gemeinsam ist jedoch der Versuch, die wirtschaftlichen Schäden der Pandemie in einer Geldflut zu ertränken. Das führt zu dem weiteren von Beck beschriebenen Phänomen der Überwälzung der Kosten der Katastrophe. »Diejenigen, die die Vorteile der Risiken genießen, sind nicht dieselben, die die Nachteile ausbaden müssen.«[54]

Zur Überwindung der Unsicherheit hält sich die Risikogesellschaft Experten, die sich anmaßen, mit mathematischen Modellen die Risiken vermessen zu können. »In den vergangenen zwei Jahrhunderten ist in den westlichen Gesellschaften an Stelle der Tradition das Urteil der Wissenschaftler getreten.«[55] Da aber nur wenige Risiken in der Lebenswirklichkeit so genau zu kalkulieren sind wie die am Roulettetisch, wird die Risikogesellschaft immer wieder überrascht. Überraschung schafft immerhin die Möglichkeit, dass die Risikogesellschaft im Sinne Karl Poppers offen bleiben könnte. Aber, wie noch zu zeigen ist, sie verpasst diese Chance.

In der Risikogesellschaft bilden sich Machtstrukturen heraus, die es mächtigeren Gruppen der Gesellschaft erlauben, die Kosten von Katastrophen auf weniger mächtige zu verlagern. Beck unterscheidet dabei zwischen »›Definitionsmittelbesitzer‹, das sind Wissenschaftler und Richter, und ›definitionsmittellose‹ Bürger, die im Abhängigkeitsstatus des ›Laien‹ der Definitions- und Entscheidungsmacht von Experten und Richtern unterworfen sind, die stellvertretend für alle entscheiden, welche miteinander ringenden ›Risikodefinitionen‹ und daraus ableitbare Haftungs- und Kompensationsansprüche anerkannt werden und welche nicht«.[56]

Klimaexperten kaperten die Politik und trieben sie zu einer »Energiewende« hin zur Erzeugung mit schnell nachkommenden Rohstoffen (Wind, Sonne, Biomasse), von der ein neu gewachsener, grün-industrieller Komplex profitiert. Die ausufernden Subventionen für den Komplex werden über einen Strompreisaufschlag namens »EEG-Umlage« eingetrieben. Diese Steuer wird nicht vom Parlament, sondern von den Betreibern der Übertragungsnetze jeweils bis zum 15. Oktober eines Kalenderjahres für das folgende Kalenderjahr zentral und einheitlich festgelegt. Seit dem Jahr 2011 hat sich die EEG-Umlage von

2,05 Euro auf 6,77 Euro im Jahr 2020 mehr als verdreifacht. Obwohl die mit dem EEG verbundenen Klimaziele nicht erreicht wurden, hält die von Klimaaktivisten und einer ausufernden Klimaschutzbürokratie gekaperte Politik eisern daran fest. Dies kommentierte die US-Wirtschaftszeitung *Wall Street Journal* am 30. Januar 2019 in einem Leitartikel mit der Überschrift »Die weltweit dümmste Energiepolitik«.

Würde Beck heute noch leben, würde er wohl auch den Umgang mit der Corona-Pandemie als eine eindrucksvolle Illustration seiner Theorie ansehen. Obwohl das Virus genetisch schnell bestimmt war, stritten sich die Experten über seine Fähigkeit zur Ausbreitung, Tödlichkeit seiner Wirkung und die Methoden zu seiner Bekämpfung. Die Wechselwirkungen zwischen tatsächlicher und gefühlter Bedrohung, politischen Maßnahmen zur Katastrophenbekämpfung und dem Verhalten der Menschen entzogen sich den mathematischen Modellrechnungen der Epidemiologen.

Dennoch stiegen auch im Zuge der Corona-Pandemie Gesundheitsexperten zu Taktgebern für politische Beschlüsse auf, die zum Teil wesentliche Einschränkungen der Grundrechte mit sich brachten. Dabei beriefen sich die Behörden auf das im Jahr 2001 erlassene Infektionsschutzgesetz, in dem »die Landesregierungen ermächtigt (werden), unter den Voraussetzungen, die für Maßnahmen nach den §§ 28 bis 31 maßgebend sind, auch durch Rechtsverordnungen entsprechende Gebote und Verbote zur Bekämpfung übertragbarer Krankheiten zu erlassen. Die Landesregierungen können die Ermächtigung durch Rechtsverordnung auf andere Stellen übertragen. Die Grundrechte der Freiheit der Person (Artikel 2 Abs. 2 Satz 2 Grundgesetz), der Freizügigkeit (Artikel 11 Abs. 1 Grundgesetz), der Versammlungsfreiheit (Artikel 8 Grundgesetz), der Unverletzlichkeit der Wohnung (Artikel 13 Abs. 1 Grundgesetz) und des Brief- und Postgeheimnisses (Artikel 10 Grundgesetz) können insoweit eingeschränkt werden.«[57]

Es bildete sich ein Kreis aus den Ministerpräsidenten der Bundesländer und einigen Angehörigen der Bundesregierung, angeführt von der Bundeskanzlerin, die auf Grundlage der Ratschläge, die von zuvor von ihnen ausgewählten Experten stammten, Maßnahmen zur Bekämpfung der Pandemie erließen, die die Freiheit der Person, die Freizügigkeit und die Versammlungsfreiheit erheblich einschränkten. Die politischen Akteure erkoren bevorzugt von ihnen geschätzte Virologen und Epidemiologen mit engem Fachwissen zu ihren Ratgebern. Unternehmer aus der Pharmaindustrie und dem Medizinsektor, die praktisches Wissen hätten beitragen können, waren wenig gefragt. Eine parlamentarische Kontrolle der oft stümperhaften Handlungen der Exekutive fehlte über längere Zeit. Mit ihrer Zurückhaltung nahmen die Parlamente den Bürgern die Definitionsmacht über das Risiko und überließen sie den die Politik treibenden Experten und schließlich den Gerichten, die im Verlauf der Epidemie als Korrektoren der Risikodefinition der Exekutive auf den Plan traten.

Wissenschaft wird in der Risikogesellschaft politisch instrumentalisiert, denn »vor allem die erfolgreiche Missionierung der Menschen zur Übernahme einer bestimmten, immer auch von Ungewissheiten gekennzeichneten Expertenauffassung« erzeugt die Erfahrbarkeit und Wirklichkeit eines globalen Risikos.[58] Das bevorzugte Mittel zur Missionierung ist der »politische Moralismus« (Hermann Lübbe),[59] mit dem eine wirkmächtige Minderheit abseits demokratischer Verfahren durch verbale Gewalt (die heute »Shitstorm« heißt) einer eingeschüchterten Mehrheit ihre Moralvorstellungen aufdrücken will. Fehlbare wissenschaftliche Thesen werden dabei zu profanen Glaubenslehren umgemünzt. Zu deren Durchsetzung werden »Ungläubige« abgewertet und ausgegrenzt.

»Der Fortschritt der Wissenschaften besteht nun darin, die Rolle der Experten zu untergraben.«[60] Denn Wissenschaft besteht in der Widerlegung bestehender und Aufstellung neuer Hypothesen, die sich der Widerlegung stellen müssen. Das schafft ein Dilemma. Einerseits müssen Experten die Zumutung der Fehlbarkeit ertragen, wenn sie für sich Wissenschaftlichkeit in Anspruch nehmen wollen. Andererseits verlieren sie durch das Eingeständnis der Fehlbarkeit ihre Definitions- und Entscheidungsmacht über das Risiko. Schutz bietet ihnen die Erhöhung zu medialen Göttern einer neuartigen Religion in der eigentlich gottlosen Gesellschaft.

In der Klima- wie auch in der Pandemiepolitik bestimmt die von Experten verbreitete Angst das Lebensgefühl der Bürger und schafft der Politik, die sich ihrer bedient, neue Machtoptionen. Dazu Beck im Kontext des Umgangs mit dem durch Terrorismus geschaffenen Risiken: »Der misstrauische und beargwöhnte Bürger wird dankbar sein müssen, wenn er zu ›seiner‹ Sicherheit gescannt, abgelichtet, durchsucht und ausgefragt wird. Sicherheit wird wie Wasser und Strom zu einem öffentlichen und privatwirtschaftlich organisierten gewinnträchtigen Verbrauchsgut.«[61] Das erzeugt Widerstand gegen die Expertenherrschaft von denen, die sich vom Diskurs zwischen Experten und Entscheidern abgehängt fühlen. Gegeneliten, deren Eliteaspirationen von den etablierten Eliten zurückgewiesen wurden, machen sich zum Fürsprecher der Abgehängten.

Der Widerstand richtet sich gegen »die Eliten« und »das System«, dem diese ihre Macht verdanken. Er richtet sich aber auch gegen die Inhalte, die »Experten« bestimmen und mit denen die »Eliten« ihren Machtanspruch begründen. Und er schafft mediale Gegengötter, die die Politik herausfordern und unter Druck setzen. Donald Trump verdankte seine unerwartete Nominierung zum republikanischen Präsidentschaftskandidaten und seine Wahl zum Präsidenten jener, den Demoskopen schwer zugänglichen Wählerschicht, die sich von der Expertenherrschaft unterdrückt fühlt und sie um jeden Preis stürzen will.

Wer das nicht verstand, wunderte sich jahrelang, wie Trump alle Grenzen des Anstands, guten Geschmacks und der Rationalität überschreiten konnte, ohne in der amerikanischen Gesellschaft zum Aussätzigen zu werden. Und wer das nicht verstand, wunderte sich, dass Donald Trump seinem Herausforderer Joe Biden bei der Präsidentschaftswahl 2020 nur knapp unterlag. Beobachter führten seine dauerhaft hohen Zustimmungswerte unter den Wählern zunächst auf die gute Entwicklung der Wirtschaft zurück, die unter seiner Präsidentschaft auch die wirtschaftlich Schwächeren nicht wie zuvor zurückließ. Doch im Umgang mit der Corona-Epidemie bewies Trump seine Unfähigkeit zur Führung, und die Wirtschaft litt. Dass er in der Wahl dennoch nur knapp verlor, weist auf den wahren Grund seines Erfolgs hin.

Trump duldete keine »Experten« in seiner Regierung und kultivierte den Widerstand gegen die Expertenherrschaft bis zur Leugnung von Fakten, auf die nicht nur Experten verwiesen. *Fake Facts* und *Fake News* waren die Kampfparolen, mit denen er die Expertenherrschaft zerstören wollte. Twitter lieferte ihm für diesen Kampf das Medium, über das er seine Botschaften roh und ungefiltert aussenden konnte. Man hätte vermuten können, dass ein US-Präsident zu beschäftigt sein dürfte, um am laufenden Band Twitter-Botschaften zu verschicken. Doch hätte man dann übersehen, dass es gerade die Versendung dieser Botschaften war, die ihn in den Augen seiner Anhänger als Kämpfer gegen die Expertenherrschaft bestätigte. Genau dafür hatten sie ihn ins Weise Haus gewählt. Dass alle seine Anhänger jede noch so unsinnige Botschaft für bare Münze nahmen, ist unwahrscheinlich. Aber darauf kam es auch nicht an. Sinn und Zweck war die Zerstörung der Expertenherrschaft.

Bei uns spielt die Alternative für Deutschland (AfD) und die während der Corona-Pandemie entstandene Bewegung der »Querdenker«, die sich zu einem außerparlamentarischen Pendant der AfD entwickelt hat, diese Rolle. Ihre Vertreter rennen gegen die Klimapolitik der Regierung an, nicht weil es ihnen um die Sache geht, sondern weil sie wie Trump – den sie verehren – die von der Regierung und ihren Experten gebildete »Expertokratie« zerstören wollen. Aus dem gleichen Grund bekämpfen sie die von Experten getriebene Politik der Regierung zum Umgang mit der Corona-Epidemie. Ohne Rücksicht auf die Tatsachen – und vielleicht auch wider besseres Wissen – spielen sie die Krankheit Covid-19 als leichte Grippe herunter. Der Umgang Donald Trumps mit seiner (leichten)

Erkrankung war Wasser auf ihre Mühlen. Trump verstieß gegen die (von Experten vorgeschriebenen) üblichen Vorsichtsmaßnahmen und schien von der Krankheit kaum beeinträchtigt.

Die AfD wurde seinerzeit von Ökonomen gegründet, die gegen die ökonomisch nicht zu haltende Aussage von Bundeskanzlerin Merkel, ihre Politik zur Rettung des Euro sei »alternativlos«, Einspruch erhoben. Sie formierten eine Gegenelite, nachdem sie von der etablierten Elite abgewiesen worden waren. Die Ironie der Geschichte dieser von Experten als Gegenspieler gegen andere, regierungsnahe Experten gegründeten Partei liegt darin, dass sie durch die Unterwanderung von Außenseitern zum Kampfmittel gegen die Expertenherrschaft umfunktioniert wurde. Auch innerhalb der Gegeneliten herrscht Zwietracht. Wie Donald Trump dürfte auch die AfD weiterhin eine wichtige Rolle in Politik und Gesellschaft spielen, weil beide keine politischen Kräfte im engeren Sinn, sondern den politischen Ausdruck von Phänomenen der Risikogesellschaft verkörpern.

Eine Gesellschaft wird instabil, wenn (1) die Masse von der wirtschaftlichen Entwicklung abgehängt wird, (2) der Drang in die Elite zu starkem Wettbewerb und Konflikten innerhalb der Elite führt und (3) der Staat in eine Finanzkrise gerät.[62] Machen wir die Probe: In Deutschland ist das reale Bruttoinlandsprodukt pro Kopf seit 1991 doppelt so stark gestiegen wie das Realeinkommen der Beschäftigten pro Kopf. Im Jahr 2020 verdiente ein frischgebackener Mediziner rund 63 Prozent mehr als ein Absolvent eines geisteswissenschaftlichen Hochstuhlstudiums. Die Anzahl der Abgeordneten des deutschen Bundestags ist vom Zeitpunkt vor der Wiedervereinigung bis heute um 43 Prozent von 497 auf 709 und die Zahl der im Bundestag vertretenen Parteien um 50 Prozent von 4 auf 6 gestiegen, während die Bevölkerung im gleichen Zeitraum nur um 32 Prozent stieg. Die finanziellen Verpflichtungen des Staates wuchsen laut OECD von 37 Prozent des Bruttoinlandsprodukts im Jahr 1991 auf schätzungsweise 82 Prozent des BIP im Jahr 2020. Die wahrscheinlichen Voraussetzungen für gesellschaftliche und politische Instabilität scheinen in Deutschland erfüllt zu sein.

In den USA wurden die Beschäftigten hart von den Folgen der regionalen Lockdowns zur Bekämpfung der Epidemie getroffen (die allerdings durch großzügige staatliche Transfers gemildert wurden – auch in den USA waltet der Versicherungsstaat seines Amtes). Die Arbeitslosenrate stieg von 3,5 Prozent im Februar auf bis zu 14,7 Prozent im April 2020. Zwar sank sie im weiteren Verlauf des Jahres wieder, blieb aber Anfang 2021 deutlich über dem Stand von 2019. Den Aktionären ging es besser. Zwar brach der Aktienindex S&P 500 im März heftig ein. Danach erholte er sich jedoch wieder dank der massiven fiskal- und geldpolitischen Stützungsmaßnahmen und lag (inklusive Dividenden) am Anfang des Jahres 2021 deutlich über dem Niveau von 2019 (Grafik 7.1).

Eine besondere Rolle spielt beim staatlichen Risikomanagement der monetäre Sektor. Im Versicherungsstaat der modernen Risikogesellschaft soll dieser Sektor nicht nur einzelwirtschaftliche, sondern auch gesamtwirtschaftliche Risiken absichern. Während sich klar definierte, einzelwirtschaftliche Risiken durch *Risiko-Pooling* von privaten Versicherungsunternehmen (nach dem Prinzip der Diversifizierung) neutralisieren lassen, ist dies für gesamtwirtschaftliche Risiken nicht möglich. »Je größer die Gefahr, desto geringer der Versicherungsschutz.«[63] Es ist über die letzten drei Jahrzehnte Usus geworden, dass gesamtwirtschaftliche Risiken von der Geldpolitik abgesichert werden.

In den USA hat die Notenbank über die letzten Jahrzehnte regelmäßig größere Rücksetzer am Aktienmarkt zum Anlass genommen, die Zinsen zu senken (Grafik 7.2). Dies begann 1987 kurz nach dem Amtsantritt von Alan Greenspan als Fed-Chef und wurde gängige Praxis über dessen Amtszeit hinaus, sodass sich für dieses Notenbankverhalten an den Finanzmärkten zunächst die Bezeichnung *Greenspan-Put* und später dann, als es zur allgemein gültigen Praxis geworden war, *Zentralbank-Put* eingebürgert hat. Gemeint ist dabei die Übernahme des Versicherungsschutzes gegen Markteinbrüche durch die kostenlose Bereitstellung einer Verkaufsoption. Doch erzeugt der Einsatz der Zentralbank zum Manager gesamtwirtschaftlicher Risiken neue, nicht intendierte Risiken. Zinssenkungen und direkte Geldinjektionen zur Stabilisierung der Wirtschaft und Beschleunigung des Wachstums blähen die Finanzmärkte auf und erhöhen das Risiko von Finanzkrisen. Werden die Finanzkrisen mit den gleichen Mitteln der Zinssenkung und Geldinjektion bekämpft, entstehen davon abgeleitete neue Risiken in Form einer sozial anstößigen Verschiebung der Einkommens- und Vermögensverteilung und eines Vertrauensverlustes ins Geld.

»Mathematische Risikobewertung auf Finanzmärkten ist mit dem Problem der Reflexivität konfrontiert. Modelle des Marktes schließen nicht die Anwendung dieser Modelle im Markt ein. Je mehr diese Modelle zur allgemeinen Praxis werden, desto wahrscheinlicher werden die Grundlagen ihrer Anwendung aufgehoben und damit ihre Effekte unkontrollierbar und unvorhersehbar … In diesem Sinne sind die Risiken des Risikomanagements paradoxe Konsequenzen der gesteigerten Versuche, durch Verfeinerung und Quantifizierung Finanzrisiken kontrollierbar zu machen.«[64]

Das zur Vermeidung von Einkommensausfällen im Lockdown und zur Wiederbelebung der Wirtschaft geschaffene Geld hilft zwar der Wirtschaft kurzfristig über die Krise hinweg, treibt aber weit stärker und längerfristig die Vermögenspreise. Nach einem scharfen Einbruch im März 2020 stiegen zunächst der US-Aktienindex S&P 500 und dann auch der deutsche DAX sehr schnell wieder an. Zweifel an den Wirtschaftsaussichten und Gewinnmitnahmen führten vorübergehend mehrmals zu erhöhter Volatilität. Doch die Geldflut geht verlässlich weiter. Sie kann aufgrund von (realen) Negativzinsen nicht dauerhaft in der Geldhortung landen, sodass die Geldwelle immer wieder zurück in die Märkte für reale Vermögenswerte schwappt.

Grafik 7.1: USA: Aktienmarkt und Arbeitslosigkeit

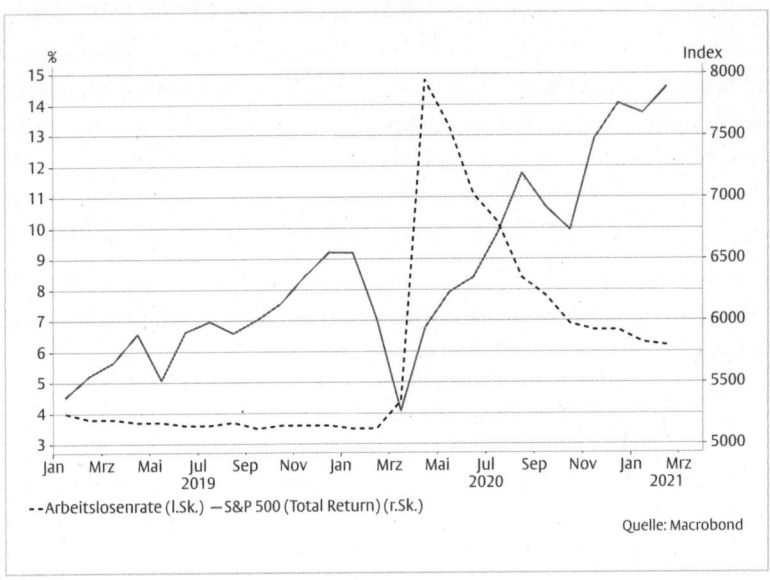

Quelle: Macrobond

Grafik 7.2: USA: Aktienmarkt und Politikzins

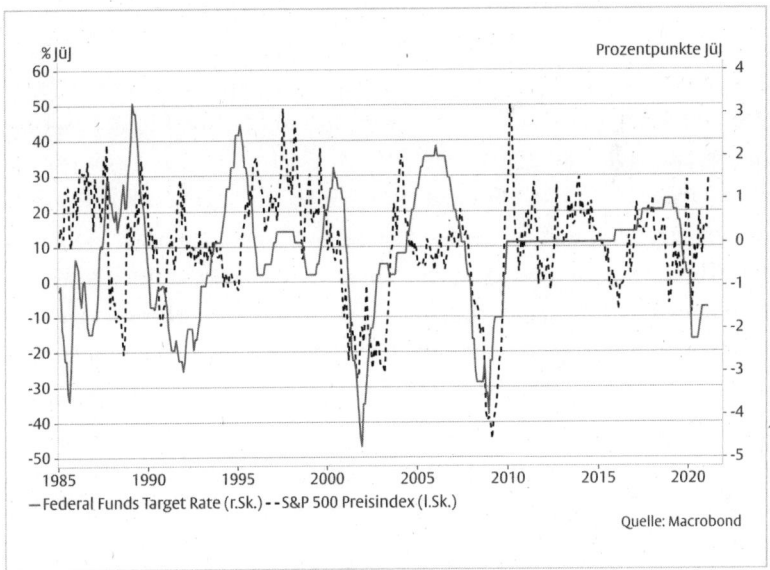

Quelle: Macrobond

Dagegen dürfte es noch länger dauern, bis die Wirtschaft die Produktionsverluste wieder aufgeholt hat. Wer Aktien besitzt, kann durch ihren Verkauf aber schon frühzeitig einen größeren Teil an der verfügbaren Produktion beanspruchen. Damit sind die Vermögenden wie nach der Finanzkrise erneut die Profiteure der Risikogesellschaft.

Gleichzeitig steigt das Risiko, dass die Verlierer bei der Strategie zur Konjunkturstimulierung und Wachstumsbeschleunigung eine Veränderung der Machtstruktur in der Risikogesellschaft erzwingen. Sie dürften Politiker an die Regierung wählen, die Vermögende mit Abgaben teilenteignen. Beck erwartete schlussendlich das Scheitern des »neoliberalen« Staates: »Die Handlungsstrategien, die das globale Risiko eröffnet, werfen die Ordnung, die die neoliberale Koalition von Kapital und Staat hervorgebracht hat, über den Haufen: Globale Risiken ermächtigen Staaten und zivilgesellschaftliche Bewegungen, dass sie neue Legitimationsquellen und Handlungsoptionen für diese Akteursgruppen zum Vorschein kommen lassen; sie entmächtigen andererseits das globalisierte Kapital, da die Konsequenzen von Investitionsentscheidungen globale Risiken schaffen, Märkte destabilisieren und die Macht des Konsumenten, dieses schlafenden Riesen, aktivieren. Umgekehrt ist es das Ziel einer globalen Zivilgesellschaft und ihrer Akteure, eine Verbindung zwischen Zivilgesellschaft und dem Staat herzustellen, und das heißt, das hervorzubringen, was ich eine kosmopolitische Form der Staatlichkeit nenne.«[65]

Merkwürdig an Becks Schlussfolgerung ist, dass er die Risiken, die mit dem Aufstieg des Staates auf die – womöglich noch globale – Kommandobrücke von Wirtschaft und Gesellschaft verbunden sind, nicht mehr in Betracht zieht und so seiner eigenen Theorie der »Reflexivität« der Risikogesellschaft, die in der Risikovermeidung immer neue Risiken gebärt, widerspricht. Das erinnert an das von Francis Fukuyama nach dem Sturz des Sowjetimperiums ausgerufenen »Ende der Geschichte«. Auch diese Proklamation übersah die Reflexivität – was allerdings Fukuyama eher nachgesehen werden kann als Beck, der ja genau davon sprach.

Teil II

Der Versicherungsstaat

Kapitel 8

Die staatlich geschaffene Fragilität

Im ersten Teil dieses Essays habe ich nachgezeichnet, wie wir seit der Zeit der Aufklärung durch das, was ich die »Vermessung der Zukunft« genannt habe, fundamentale Ungewissheit zu bändigen versuchen. Wenn wir den Göttern die Macht absprechen, unser Schicksal zu bestimmen, müssen wir es selbst in die Hand nehmen und wollen es berechenbar machen, auch wenn sich dieses Unterfangen immer wieder als Illusion erweist. Haben wir die in fundamentaler Ungewissheit verschachtelte radikale Unsicherheit in berechenbare Risiken überführt, wollen wir diese versichern. Weil die private Versicherung an Grenzen stößt, haben wir den Versicherungsstaat geschaffen, der keine Grenzen kennt.

Aristoteles zufolge führt die bedingungslose Demokratie in die Willkürherrschaft, in der »Demagogen« den Ton angeben und die Mehrheit der Armen die Reichen ausbeutet. Diese Demokratie zerstört sich selbst. In gleicher Weise hat der Rechtsphilosoph Ernst-Wolfgang Böckenförde gemahnt, dass mit dem Rückzug der Religion seit dem Zeitalter der Aufklärung der freiheitliche, säkularisierte Staat von Voraussetzungen lebt, die er selbst nicht garantieren kann.

> »Das ist das große Wagnis, das er, um der Freiheit willen, eingegangen ist. Als freiheitlicher Staat kann er einerseits nur bestehen, wenn sich die Freiheit, die er seinen Bürgern gewährt, von innen her, aus der moralischen Substanz des einzelnen und der Homogenität der Gesellschaft, reguliert. Anderseits kann er diese inneren Regulierungskräfte nicht von

sich aus, das heißt mit den Mitteln des Rechtszwanges und autoritativen Gebots zu garantieren suchen, ohne seine Freiheitlichkeit aufzugeben und – auf säkularisierter Ebene – in jenen Totalitätsanspruch zurückzufallen, aus dem er in den konfessionellen Bürgerkriegen herausgeführt hat.«[66]

Angesichts dieses Dilemmas neigt der demokratische Staat dazu, sich Legitimation zu verschaffen, indem er sich als Schutzpatron für seine Bürger aufstellt:

»Das Feld, das sich damit öffnet, ist allerdings grenzenlos. Denn es handelt sich dann nicht mehr darum, dass der Staat vorsorgende, sozialgestaltende Politik betreibt, die das Dasein seiner Bürger sichern soll – diese Aufgabe ist für ihn unverzichtbar –, sondern dass er sein ›Um-willen‹, seinen ihn legitimierenden Grund eben darin zu finden sucht. Der Staat, auf die inneren Bindungskräfte nicht mehr vertrauend oder ihrer beraubt, wird dann auf den Weg gedrängt, die Verwirklichung der sozialen Utopie zu erheben.«[67]

Schon in den 1830er-Jahren beschrieb Alexis de Tocqueville äußerst hellsichtig, wie der fürsorgende zum paternalistischen Staat wird:

»Über diesen Bürgern erhebt sich eine gewaltige Vormundschaftsgewalt, die es allein übernimmt, ihr Behagen sicherzustellen und über ihr Schicksal zu wachen. Sie ist absolut, ins Einzelne gehend, pünktlich, vorausschauend und milde. Sie würde der väterlichen Gewalt gleichen, hätte sie – wie diese – die Vorbereitung der Menschen auf das Mannesalter zum Ziel; sie sucht aber, im Gegenteil, die Menschen unwiderruflich in der Kindheit festzuhalten; sie freut sich, wenn es den Bürgern gut geht, vorausgesetzt, dass diese ausschließlich an ihr Wohlergehen denken. Sie arbeitet gern für ihr Glück; aber sie will allein daran arbeiten und allein darüber entscheiden; sie sorgt für ihre Sicherheit, sieht und sichert ihren Bedarf, erleichtert ihre Vergnügungen, führt ihre wichtigsten Geschäfte, leitet ihre gewerblichen Unternehmungen, regelt ihre Erfolge und teilt ihren Nachlass; könnte sie ihnen nicht vollends die Sorge, zu denken, abnehmen und die Mühe, zu leben?«[68]

Die Vorlage für den weltweiten Einstieg in die moderne Version des patriarchalischen Staates, den Versicherungsstaat, lieferte Ende des

19. Jahrhunderts Otto von Bismarck. Der Reichskanzler führte 1883 die Krankenversicherung, im Folgejahr die Unfallversicherung ein. Zwischen 1889 und 1891 kam die gesetzliche Rentenversicherung dazu. Einige Zeit später wurde die staatliche Arbeitslosenversicherung eingeführt, zunächst 1911 in Großbritannien, dann 1919 in Italien, 1927 in Deutschland und 1935 auf Bundesebene in den USA.

Doch erwies sich eine staatliche Arbeitslosenversicherung als nicht ausreichend zur Absicherung der Bürger gegen Wirtschaftskrisen. Die Erfahrungen während der Großen Depression in den frühen 1930er-Jahren bereiteten daher den Boden für die von John Maynard Keynes 1936 vorgeschlagene Konjunktursteuerung durch staatliche Fiskalpolitik. Vom Versicherer von Einzelrisiken wandelte sich der Staat zum Versicherer von Allgemeinrisiken. Die praktische Anwendung Keynes'scher Konjunkturpolitik in den von Ölkrisen gekennzeichneten 1970er-Jahren enttäuschte jedoch. Sie führte in die Stagflation, in der hohe Inflation mit niedrigem, als »stagnierend« empfundenem Wirtschaftswachstum einherging. Während des folgenden Jahrzehnts sorgte diese Erfahrung für den vorübergehenden Rückzug des Staates von der Steuerung der Wirtschaft.

Doch Ende der 1980er-Jahre schien der Vorsitzende der US Federal Reserve, Alan Greenspan, den Stein der Weisen zur Konjunktursteuerung durch die Geldpolitik gefunden zu haben. Das Zeitalter des »Greenspanismus« begann, in dem die Zentralbanken weltweit zu mächtigen Versicherern gegen Konjunkturabschwünge und Finanzkrisen aufstiegen. Allerdings brauchten sie während der Großen Finanzkrise von 2007/2008 wieder staatliche Budgethilfe, um ihr Projekt der Bankenrettung umsetzen zu können. Und nachdem sie ihr Pulver in Form von Zinssenkungen bei Ausbruch der Corona-Pandemie weitgehend verschossen hatten, übernahm der gesamte Staat als mächtiger Rundumversicherer wieder das Kommando über die Wirtschaft.

Das vorrangige Ziel des »Allversicherungsstaats« – wie ihn Ludger Schuknecht, der ehemalige Chefvolkswirt des Bundesfinanzministeriums nennt –[69] ist es, in unruhigen Zeiten für Ruhe in der Gesellschaft zu sorgen, indem er alle Lebensrisiken seiner Bürger, soweit machbar, minimiert und den verbleibenden Rest finanziell absichert. Anders als ein Versicherungsunternehmen bildet er jedoch nicht in guten Zeiten Finanzreserven, auf die er in schlechten Zeiten zurückgreifen könnte, sondern er verschuldet sich in schlechten Zeiten mit dem Versprechen, die Schulden in guten Zeiten zu tilgen. Diese Methode krankt jedoch an drei Stellen.

Erstens erscheinen die Zeiten fast nie so gut, dass der Staat die eingegangenen Schulden vollständig tilgen könnte. Immer findet man Gründe, den Zeitpunkt, zu dem man den Gürtel enger schnallen müsste, um die Schulden zu tilgen, in die Zukunft zu verlagern. Die Folge ist in der Regel ein weit über das Wachstum des Bruttoinlandsprodukts hinausgehender treppenförmiger Anstieg der Staatsverschuldung, mit Sprüngen in schlechten und Seitwärtsbewegungen in guten Zeiten. Das verdeutlichen die Entwicklungen von Wirtschaft und Staatsverschuldung in den USA, der Eurozone und Japan seit Beginn dieses Jahrhunderts (Grafik 8.1).*

Deutliche Auswirkungen auf die Höhe der Staatsverschuldung hat die Bekämpfung der wirtschaftlichen Folgen der Corona-Pandemie; der so bedingte Anstieg wurde in der Vergangenheit nur in Kriegszeiten übertroffen. Nach Prognosen der Ratingagentur Standard & Poor's wird die Schuldenquote der von ihr bewerteten Staaten von 58,8 Prozent des Bruttoinlandsprodukts (BIP) im Jahr 2019 auf 75,1 Prozent im Jahr 2021 steigen.[70] Von diesem Anstieg sind 13,3 Prozent des BIP allein der Pandemiebekämpfung zuzurechnen. Dabei erweist sich die Gruppe der G7-Länder (USA, Japan, Deutschland, Großbritannien, Frankreich, Italien, Kanada) und China als be-

---

* Es gibt auch Ausnahmen von dieser Regel. So gelang es dem deutschen Staat, die in der Großen Finanzkrise von 2007/2008 aufgenommenen Schulden im Verlauf des anschließenden Jahrzehnts immerhin wieder so weit zu verringern, dass die Staatsschuldenquote auf ihren Stand vor der Krise fiel. Allerdings mussten sich die in dieser Zeit amtierenden Finanzminister gegen starke politische Anfeindungen und Vorwürfe von Ökonomen, sie hätten keine Ahnung von moderner Fiskalpolitik, durchsetzen.

sonders spendierfreudig. Schon 2020 für mehr als 85 Prozent des pandemiebedingten Schuldenanstiegs verantwortlich, dürfte diese Gruppe dem auch 2021 nicht nachstehen.

Grafik 8.1: Staatsverschuldung und Bruttoinlandsprodukt in den USA, der Eurozone und Japan

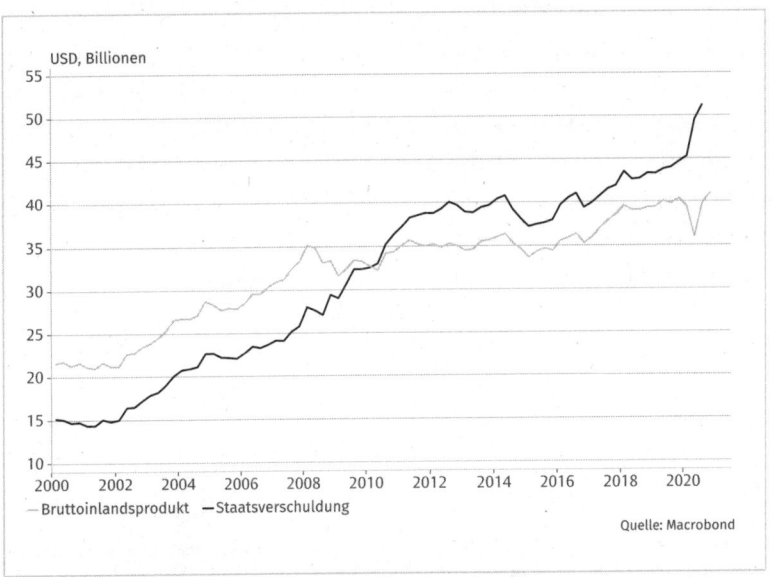

Quelle: Macrobond

Zweitens brauchen Schuldner in der Regel willige Gläubiger, um an Geld zu kommen. Eine Möglichkeit ist es, sich die angesammelten Ersparnisse des Privatsektors zu leihen. Solange diese Ersparnisse keine andere Verwendung haben, kann der Staat dies tun, ohne Zinserhöhungen zu provozieren. Übersteigen seine Ansprüche jedoch die Bereitschaft der Sparer, ihm Geld billigst zu leihen, läuft er Gefahr, andere Nachfrager nach Sparkapital aus dem Rennen zu drängen. Um das zu vermeiden, knüpft der Versicherungsstaat an die althergebrachte staatliche Praxis, sich das nötige Geld durch seine Zentralbank selbst herstellen zu lassen und es als »gesetzliches Zahlungsmittel« in Umlauf zu bringen.

Dazu kann er entweder mit der Zentralbank seine Anleihen gegen Geld tauschen. Oder, wenn die direkte Staatsfinanzierung durch die Zentralbank politisch inopportun ist, verkauft der Staat Anleihen an Geschäftsbanken, die diese an die Zentralbank weiterverkaufen. Die Geschäftsbanken haben nun Verpflichtungen an den Staat in Form staatlicher Bankguthaben, die sie mit Zentralbankgeld decken. Zum Ausgleich ihrer Verpflichtungen in Gestalt von Zentralbankguthaben der Banken hat die Zentralbank Forderungen an den Staat in Form von Anleihen (Tabelle 8.1). Schon im dritten Quartal 2019 hielten die Zentralbanken 21 Prozent aller der von den Industrieländern emittierten Staatsanleihen auf ihrer Bilanz. Ein Jahr später waren es dann 26 Prozent.[71]

Tabelle 8.1: Bilanzen von Zentralbank und Geschäftsbanken

Tabelle 8.1a Bilanz der Zentralbank	
Aktiva	**Passiva**
Staatsanleihen	Einlagen der Geschäftsbanken

Tabelle 8.1b Bilanz von Geschäftsbanken	
Aktiva	**Passiva**
Einlagen bei der Zentralbank	Sichteinlagen des Staates

Da die Zentralbank aber Teil des Staatssektors ist, kann man ihre Bilanz mit der des Staates konsolidieren. Forderungen und Verpflichtungen des Staates in Form von Staatsanleihen heben sich auf. Außerdem kann man die auf den Bilanzen der Geschäftsbanken spiegelbildlichen Posten von Zentralbankgeld und Giralgeld, zumindest vom Prinzip her, ebenfalls auf der Staatsbilanz konsolidieren. Damit verbleibt vom Staat geschaffenes Geld, dem nicht näher spezifizierte Vermögenswerte gegenüberstehen (Tabelle 8.2). So wird klar, dass sich der Staat nicht rückzahlbare Verbindlichkeiten in Zusammenarbeit mit den Geschäftsbanken und seiner Zentralbank aus dem Nichts geschaffen hat, mit denen er seine Bürger beglücken kann. Das Glück währt jedoch nur so lange, bis die Bürger erkennen, dass diese Verbindlichkeiten, das neu geschaffene Geld, durch keine zusätzlichen Werte gedeckt sind.

Tabelle 8.2: Konsolidierte Bilanz des Staates

Tabelle 8.2 Bilanz des Staatssektors (einschließlich Zentralbank)	
Aktiva	Passiva
Staatsvermögen (u.a. Barwert künftiger Steuereinnahmen)	Staatsgeld

Darüber hinaus kann die Zentralbank als Organ des Versicherungsstaats zur Unterstützung seiner Politik allein neues Geld über die Geschäftsbanken unter die Leute bringen. Die Geschäftsbanken schaffen eigene Verbindlichkeiten in Form von Giralgeld gegen Kredite an Unternehmen und private Haushalte, die sie mit der Zentralbank gegen Zentralbankgeld tauschen. Formal wird vereinbart, dass der Tausch nach einer bestimmten Zeit wieder rückabgewickelt wird, nämlich durch einen »Rückkauf« der Geschäftsbanken. Wenn jedoch die Fälligkeit der Tauschgeschäfte droht, werden sie verlängert. Wie durch eine Drehtür kehren die Kredite immer wieder zur Zentralbank zurück.

Tauscht die Zentralbank ihr Geld zu Null- oder Negativzinsen gegen Kredite minderer Qualität, können die Geschäftsbanken sehr billige Kredite an fragwürdige Schuldner vergeben. Da gute Schuldner in schwierigen Zeiten ihre Kreditaufnahme aus Vorsichtsgründen einschränken, schlechte Schuldner aber nichts zu verlieren haben, sinkt die Qualität der Kredite über die Zeit und die schlechten Schuldner verdrängen die guten. Wenn jeder größere Schadensfall zur Jahrhundertkrise erklärt wird, die die finanzielle Absicherung aller Staatsbürger erfordert, blähen sich im Versicherungsstaat Geldmenge und Schulden auf und der Zins verfällt. Zum Nullzins ist schließlich jede Schuld tragbar und nur der Dumme achtet noch auf Sparsamkeit.*

Diese Entwicklung ist in Grafik 8.2 für die USA, die Eurozone und Japan seit Beginn dieses Jahrhunderts zu sehen und setzt sich in den Pandemiejahren 2020/2021 fort. Obwohl der Anstieg der Staatsverschuldung in diesen Jahren vergangene Rekorde aus Friedenszeiten brechen dürfte, sank der durchschnittliche effektive Zins auf die Staatsschuld weltweit von im Schnitt 2,75 Prozent in den Jahren 2015 bis 2019 auf geschätzte 2 Prozent in 2021.[72]

Drittens verschafft die Flutung der Wirtschaft mit Geld den Besitzern von realen Vermögenswerten unverdiente Vorteile (sogenannte *windfall gains*). Die Preise von Land, Immobilien, Edelmetallen und Aktien steigen. Da Vermögen ungleich verteilt sind, vergrößert sich der Abstand zwischen den reicheren Schichten der Bevölkerung und der Masse, die allenfalls Geldersparnisse besitzt (siehe Kapitel 11). Entstehen Vermögen aufgrund von besonderen Leistungen der Vermögenden, fällt es der Masse leichter, die Ungleichheit zu akzeptieren. Steigen die Vermögen jedoch aufgrund der staatlichen Geldflut, erscheint der Zuwachs unverdient. Der Ruf nach staatlicher Umverteilung von Vermögen wird lauter.

---

* Der Nullzins erlaubt der dem Finanzministerium unterstellten Deutschen Finanzagentur sogar, durch clevere Tricks dem Staat mehr Geld in die Kasse zu spülen, als die Schuldenstatistik ausweist. So wurde am 17. Februar 2021 eine bis zum 15. August 2048 laufende 30-jährige Anleihe mit einem Kuponzins von 1,25 Prozent p.a. aufgestockt. Wer die Anleihe am 19. Februar kaufte, bezahlte für den Rückzahlungswert von 100 Euro einen Kurs von 129,74 Euro und konnte mit einer Rendite bis zur Endfälligkeit von 0,15 Prozent p.a. rechnen. Der Finanzminister bekam für 100 Euro zusätzlich aufgenommene Schulden also 129,74 Euro in die Kasse. Dass er dafür künftige Haushalte mit einer jährlichen Kuponzinszahlung von 1,25 Prozent statt 0,15 Prozent belastete, ist für Politiker, die nur auf kurzfristige Erträge schielen, nicht von Belang.

Grafik 8.2: Bruttoinlandsprodukt, Geldmenge (M1), Staatsverschuldung (alle in USD) und Zins in USA, Japan und Eurozone

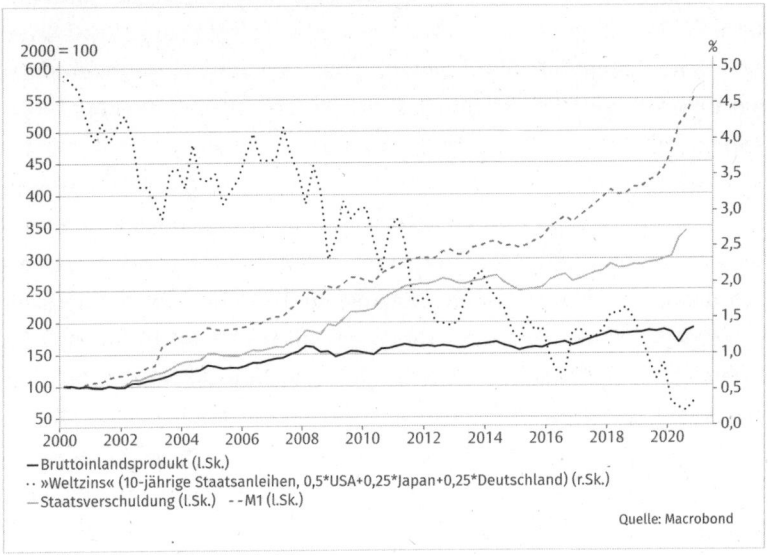

Quelle: Macrobond

Dabei beteiligt sich der Staat schon heute an den Gewinnen auf Vermögenspreisinflation. Vereinnahmte Kapitalgewinne werden mit der Abgeltungssteuer von 25 Prozent plus Solidaritätszuschlag besteuert. Der Staat verdient an der von ihm orchestrierten Inflation gleich dreimal: durch die reale Entwertung seiner nominalen Schulden, durch die Besteuerung von durch Inflation verursachten Kapitalgewinnen und durch die schleichende Erhöhung der effektiven Steuersätze durch die »kalte Progression«.* Darüber hinaus schränkt er den Inflationsschutz auf seine dafür ausgegebenen Anleihen ein, indem er den Inflationsausgleich besteuert. Würde sich ein privates Unternehmen gegenüber seinen Kunden und Mitarbeitern ähnlich verhalten, würde man ihm wohl Hinterhältigkeit vorwerfen.

---

* Steigt der Grenzsteuersatz mit dem zu versteuernden Einkommen, führen inflationsbedingte Einkommenserhöhungen zu einem höheren durchschnittlichen Steuersatz. Das verfügbare Realeinkommen des Steuerzahlers sinkt, während die realen Steuereinnahmen des Staats steigen.

Kapitel 8

Die Umverteilung trifft aber nicht nur die unverdient durch Geldentwertung, sondern auch die durch Leistungen verdient entstandenen Vermögen. Folglich sinkt der wirtschaftliche Anreiz, besondere Anstrengungen überhaupt zu unternehmen. Warum sollte ein Wissenschaftler wie zum Beispiel der Corona-Impfstofferfinder und Biontech-Gründer Ugur Sahin ein Unternehmen aufbauen, wenn ihm der dadurch entstehende Vermögenzuwachs vom Staat teilweise konfisziert würde? Einfacher wäre es für ihn dann, als beamteter Professor an einer staatlichen Universität ein gehobenes Einkommen zu beziehen und sich auf die staatliche Pensionszusage zu verlassen.

Auch demjenigen, der dem Staats- und Geschichtsphilosophen Georg Wilhelm Friedrich Hegel kritisch gegenübersteht, drängt sich das von diesem begründete Prinzip der dialektischen Entwicklung auf, wenn er die Entwicklung des Versicherungsstaates verfolgt. Das Versagen des »Keynesianismus«, in dem die Fiskalpolitik die erste Geige bei der Versicherung gegen Wirtschaftskrisen spielen sollte, schuf – als Antithese – den »Greenspanismus«, in dem die Geldpolitik für die Stabilisierung von Konjunktur und Finanzmärkten verantwortlich sein sollte. Am Ende ihrer Wirksamkeit angekommen, vereinigen sich Keynesianismus und Greenspanismus im »Keltonismus«. Dessen Grundlage ist die *Modern Monetary Theory*; eine ihrer Galionsfiguren ist die amerikanische Wirtschaftsprofessorin Stephanie Kelton.*

Nach dieser Theorie soll die Zentralbank den Staat mit Geld versorgen, das er über seine Fiskalpolitik unter die Leute bringen kann. Ist die Unterstützung der Wirtschaft angesagt, senkt der Staat die Steuern und erhöht die Ausgaben. Das dadurch entstandene Haushaltsdefizit finanziert er mit neuem Geld, das ihm die Zentralbank schafft. Soll die Wirtschaft abgekühlt werden, weil zum Beispiel die Inflation steigt, erhöht der Staat die Steuern, senkt die Ausgaben und sammelt Geld über seinen Haushaltsüberschuss ein. So weit die Theorie.

---

* Eine Vorlage dafür lieferte der 1982 verstorbene US-Ökonom Abba Lerner mit seiner Theorie der Functional Finance.

Das Problem dieser als »Theorie« verbrämten monetären Staatsfinanzierung ist, dass die Geldversorgung der Wirtschaft über die Fiskalpolitik mit dem Ziel, die Konjunktur zu glätten und die Inflation zu kontrollieren, mit anderen fiskalischen Zielen des Staates in Konflikt geraten kann. Im Konjunkturaufschwung müsste der Staat knausern, tut es in der Regel aber nicht, weil er seinen Wählern keine Steuererhöhungen und Ausgabensenkungen zumuten will. Folglich setzt er nur den angenehmen Teil der »Theorie« um – die monetäre Finanzierung höherer Haushaltsdefizite – und lässt den unangenehmen Teil – Verringerung der Geldmenge durch Haushaltsüberschüsse – unter den Tisch fallen. In der Praxis läuft daher die *Modern Monetary Theory* auf die altbekannte monetäre Finanzierung des Staatshaushalts hinaus – und der Kreis schließt sich. Der auf die Spitze getriebene moderne Versicherungsstaat fällt zurück in den vormodernen, paternalistischen Staat. Er kann zwar allen und jedem Geld schaffen, zerstört dabei aber die Kaufkraft seines Geldes.

Die Abdankung des Versicherungsstaats und eine Erneuerung der Ordnung der Freiheit in Gesellschaft und Wirtschaft, verbunden mit einer Reform des Geldsystems, könnte eine kommende Krise abwenden und die Weichen für die erfolgreiche Fortsetzung der Geschichte bringen. Doch Einsicht öffnet nicht die Tür zur Besserung – jedenfalls nicht für die Politik im Versicherungsstaat. Denn für sie gilt das Newtonsche Trägheitsgesetz: Politik bleibt im Ruhezustand oder in gleichförmiger geradliniger Bewegung, solange die Summe der auf sie wirkenden Kräfte null ist. Das heißt, erst durch die Krise kommt Bewegung in die Politik. Weil für die Politik das Trägheitsgesetz gilt, muss der Einzelne mit der Krise rechnen und sich für sie wappnen. Doch der Versicherungsstaat wirft ihm Knüppel zwischen die Beine. Und wenn es ihm gelingt, dennoch nicht zu fallen, macht sich der Versicherungsstaat daran, die Früchte seiner Anlagen zu konfiszieren. Dieser Weg ist abschüssig und endet, wie wir im Folgenden sehen werden, schließlich im Konkurs des Versicherungsstaats.

Kapitel 9

Die Schwindsucht der rentierlichen Geldanlagen

Während sich der Versicherungsstaat in der Krise notfalls das Geld selbst drucken kann, ist es dem eigenverantwortlichen Bürger in der Krise meist nicht einmal möglich, sich Geld zu leihen. Folglich muss er – im Gegensatz zum Staat – vorsorgen. Für die wirtschaftliche Krisenvorsorge kommt es darauf an, Finanzkapital »nachhaltig« anzulegen, sodass es in Zeiten radikaler Unsicherheit Krisen überstehen kann.

Der Begriff »Nachhaltigkeit« bezog sich ursprünglich auf die langfristig erfolgreiche Entwicklung des Waldes. Der sächsische Oberberghauptmann Hans Carl von Carlowitz empfahl in seiner 1713 veröffentlichten Abhandlung *Sylvicultura oeconomica*, die Forstwirtschaft solle nur so viel Holz schlagen, dass neues wieder nachwachsen kann. Dadurch werde der Wald »resilient« gegen die Holzschläge. Heute ist »Nachhaltigkeit« zu einem »Wieselwort« geworden, dem der eigentliche Inhalt ausgesaugt wird, um ihn mit eigenen Inhalten füllen zu können. Ausgerechnet der Versicherungsstaat führt dieses Wort ständig im Munde, erzeugt aber durch sein Risikomanagement Fragilität, also das genaue Gegenteil von Nachhaltigkeit, und erschwert die eigenverantwortliche Vorsorge.

Robustheit und Antifragilität entstehen durch finanziellen Manövrierraum und positive Optionalität. Manövrierraum kann man sich schaffen, indem man die Last von finanziellen Verbindlichkeiten auf ein Minimum begrenzt. Denn wer einen großen Teil seines

Einkommens darauf verwenden muss, um Zinsen auf Schulden zu zahlen und diese abzutragen, kann nicht nur durch negative Überraschungen schnell in finanzielle Schwierigkeiten kommen, sondern er hat auch keine Möglichkeiten, positive Überraschungen zu nutzen. Niedrige Verschuldung eröffnet dagegen die Option, von positiven Überraschungen zu profitieren.

Resilienz entsteht dadurch, dass finanzielle Rückschläge in einem Bereich durch Wachstum in anderen Bereichen überwunden werden können. Verteilung der Geldersparnisse über verschiedene Anlagen – wie die Verteilung des Holzschlags über verschiedene Gebiete und die Zeit – ist das Mittel zur Schaffung von Resilienz. Dabei müssen wir uns bewusst sein, dass Geldanlage keine Wissenschaft, sondern eine Kunst ist. Sie zu praktizieren heißt, die Gegenwart aus Kenntnis der Vergangenheit heraus zu verstehen und aus der Dynamik der Geschichte die Zukunft zu antizipieren. Da wir die Zukunft nicht kennen, sondern nur ahnen können, müssen wir uns durch Versuch und Irrtum vorantasten. Dabei gilt es, Fehler korrigieren und widrige Konsequenzen von Irrtümern eindämmen zu können; dazu später mehr. Wir müssen also eine Kultur zum Umgang mit Überraschungen schaffen, in der Geldanlage und darüber hinaus.

In der Verfolgung seines Anspruchs zur Rundumversicherung schränkt der Versicherungsstaat die Möglichkeiten zur Eigenversicherung durch rentierliche Geldanlage jedoch erheblich ein. Früher war es gute Praxis, die Geldanlage in eine liquide, eine verlässliche und eine chancenreiche Komponente aufzuteilen. Die liquide Komponente konnte man zu geringem Zins in jederzeit verfügbaren Bankeinlagen parken, die verlässliche in etwas höher verzinslichen Staatsanleihen anlegen und die chancenreiche in rentierlichen Aktien. Da die Bargeldkomponente mit den anderen Komponenten unkorreliert und die Anleihekomponente mit der Aktienkomponente in der Regel negativ korreliert war, durfte man erwarten, mit dieser Anlage eine gute Rendite bei überschaubaren Schwankungen des gesamten Marktwerts der Anlagen zu erzielen. Die ökonomische Wissenschaft betrachtete diese Vorgehensweise als so der Natur der Geldanlage entsprechend, dass sie daraus eine Theorie mit dem Anspruch der Allgemeingültigkeit ableitete (Kapitel 6).

Dies klingt wie ein Märchen aus besseren Zeiten. Sicher, der Anspruch der Allgemeingültigkeit der Theorie und der Berechenbarkeit des »Risikos« war von Anfang an vermessen. Das Prinzip funktionierte dennoch über längere Zeit. Heute ist dem nicht mehr so. Die Verwahrung liquider Finanzmittel auf dem Bankkonto bringt nicht nur keine Zinsen mehr, sondern kostet zunehmend Gebühren oder »Verwahrzinsen«. Früher als risikolos betrachtete Staatsanleihen werden auch bei Haltung bis zur Endfälligkeit zu weniger als zum Anschaffungspreis zurückgezahlt, sind also mit Straf- statt Ertragszinsen belegt. Zieht man außerdem in Betracht, dass die Zentralbanken darauf erpicht sind, die Konsumentenpreisinflation zu heben, und dass sie, wie schon ausführlich erläutert, die Kontrolle über den Anstieg der Inflation verlieren könnten (wie sie ihn spiegelbildlich beim Rückgang der Inflation verloren haben), dann ist der Verlust an Kaufkraft sowohl von Bargeld als auch Staatsanleihen sehr wahrscheinlich.

Der Anleger muss den Schwund seiner in diese Instrumente investierten Geldersparnisse hinnehmen und kann sich mit den durch Negativzins geschrumpften Mitteln sogar noch weniger reale Güter und Dienstleistungen kaufen als der Nennwert dies ausweist. Dass dieser Verlust nicht trivial ist, zeigt eine einfache Beispielrechnung, für die wir annehmen, dass der nominale Zins sowohl für Bankeinlagen als auch für Staatsanleihen -0,5 Prozent und die Inflationsrate 1,9 Prozent beträgt (was dem angestrebten Inflationsziel der Europäischen Zentralbank entsprechen würde). In diesem Fall würde der Kaufkraftverlust einer festverzinslichen Anlage nach 5 Jahren 11 Prozent und nach 10 Jahren 22 Prozent betragen.

Außerdem kann man nicht mehr erwarten, dass Anleihen dazu beitragen, den Gesamtwert der Geldanlagen zu stabilisieren. Denn der Spielraum für weitere Zinsrückgänge, die den Preis von

Anleihen vor Endfälligkeit heben würden, ist sehr begrenzt, während zumindest theoretisch der Spielraum für Zinserhöhungen, die Preissenkungen bewirken, groß ist. Sollte es zu merklichen Zinserhöhungen kommen, würden sehr wahrscheinlich sowohl die Anleihen- als auch die Aktienpreise fallen. Anleihen bescheren dem Anleger also mit zunehmender Haltedauer mit hoher Wahrscheinlichkeit steigende Verluste in der Kaufkraft seiner Geldanlage. Die Anlage in Anleihen erzeugt somit Fragilität, da sie mit höherer Wahrscheinlichkeit Verluste als Gewinne vor Endfälligkeit der Anleihen erwarten lässt.

In den Lehrbüchern gehen die meist amerikanischen Autoren davon aus, dass weder Bankeinlagen noch Staatsanleihen je ausfallen können. Schließlich gibt es in den USA seit der Großen Depression der frühen 1930er-Jahre eine vom Staat garantierte Versicherung für Bankeinlagen, und der Staat kann nicht zahlungsunfähig werden, da er ja immer die Option hat, sich von seiner Zentralbank mit Geld versorgen zu lassen. Das Geld mag zwar schlecht werden, wenn die Zentralbank zusammen mit den Geschäftsbanken zu viel davon herstellt. Aber solange der Staat die Hoheitsgewalt über die Geldproduktion besitzt, kann es ihm nie ausgehen.

In der Eurozone sind die Verhältnisse aber anders. Kein Staat kann der Europäischen Zentralbank Weisungen erteilen, und die Finanzierung von staatlichen Schulden ist zumindest auf dem Papier verboten. Im Prinzip können Eurostaaten also bankrottgehen, und mit ihnen die Banken, die zur Sicherung von Einlagen auf die Solvenz der Staaten angewiesen sind, auf deren Hoheitsgebiet sie sich befinden. Allerdings schmelzen Prinzipien in der Europapolitik wie Schnee in der Sonne, wenn es politisch opportun erscheint, und europäisches Recht ist wie Knetmasse, das von starken politischen Händen in Passform gebracht werden kann. Bankeinlagen und Staatsanleihen sind im Euroraum also mit Ausfallrisiken behaftet, die von der politischen Macht des für sie zuständigen Staates und der Laune der Mächtigen abhängen.

Die Schwindsucht der rentierlichen Geldanlagen

Die Launen der Mächtigen haben dazu geführt, dass die griechische Staatsschuld 2011 mit einem Abschlag belegt wurde. Danach änderte sich ihre Laune, sodass bis zur nächsten Änderung mit keinen weiteren Umschuldungen zu rechnen ist (obwohl alle seit 2013 von Eurostaaten emittierten Anleihen Umschuldungsklauseln – sogenannte *Collective Action Clauses* – enthalten). Die Mächtigen selbst – und das sind Deutschland und Frankreich – können sich jedoch der Unterstützung der Europäischen Zentralbank immer sicher sein, sodass die Anleihen dieser Staaten so gut wie ausfallsicher sind, solange der Euro existiert.

Bei einem Zerfall der Einheitswährung jedoch dürften die Gläubiger ihre Anleihen in die Nachfolgewährungen der ehemaligen Eurostaaten getauscht bekommen. Ausfälle wären dann nicht länger zu befürchten, aber die Währungsrelationen dürften sich gehörig verschieben. Südeuropäische Währungen dürften ab- und nordeuropäische aufwerten. Von daher gesehen ist es nachvollziehbar, dass die Marktteilnehmer bereit sind, für Bundesanleihen die tiefsten Negativzinsen zu bezahlen.

Aber, so mag man einwenden, das Geld muss ja nicht in Staatsanleihen angelegt werden und Unternehmensanleihen bringen noch positive Renditen. Dabei ist jedoch zu beachten, dass diese Anleihen ausfallen können und die Renditen umso höher sind, je höher das Risiko des Ausfalls von den Marktteilnehmern veranschlagt wird. Eine über die der sicheren Staatsanleihe hinausgehende Rendite ist also die Kompensation für das Risiko, dass der Anleger nicht den verliehenen Geldbetrag, sondern eine Beteiligung am Restwert eines Unternehmens erhält, falls dieses zahlungsunfähig werden sollte.

Anders ausgedrückt: Der über die sichere Rendite einer Staatsanleihe hinausgehende Teil der Rendite einer Unternehmensanleihe ist die Stillhalteprämie für die vorrangigen Gläubigern der Firma gewährte Option, über den Verlust des Eigenkapitals hinausgehende Verluste auf die Anleger in der Unternehmensanleihe abzuwälzen. Im Gegensatz zur Aktienanlage, bei der eine Option auf einen unbegrenzten Gewinn gewährt und der Verlust auf den Einsatz des investierten Geldes beschränkt wird, ist der Gewinn aus der Anlage in eine Unternehmensanleihe durch die vorgegebene Rendite bis zur Rückzahlung begrenzt und der Totalverlust bei Nichtrückzahlung möglich.

Unterm Strich kann man daraus den Schluss ziehen, dass Anleihen ihre Funktion zur Geldanalage verloren haben. Das soll nicht heißen, dass man durch geschicktes Handeln mit Anleihen kein Geld verdienen kann. Aber der daraus entstehende Ertrag ist nicht der Anlageklasse, sondern dem Geschick des Händlers beziehungsweise aktiven Portfoliomanagers anzurechnen. Da Bankeinlagen nur noch zur Bestreitung der laufenden Lebenshaltungskosten und für Transaktionen in den Märkten gut sind, bleiben als rentierliche Anlageformen nur reale Vermögenswerte wie Immobilien und Aktien übrig.

Für viele Menschen sind Immobilien sowohl ein Konsum- als auch ein Kapitalgut. Sie kaufen sich ein Eigenheim als Kapitalgut und konsumieren dessen Leistung in Form der eingesparten Kosten für eine Mietwohnung. In aller Regel müssen sie sich zum Erwerb eines Eigenheims verschulden. Das ist nicht grundsätzlich bedenklich, da Wohnen ein notwendiges Konsumgut ist, das man so oder so – über Miete oder Schuldendienst – finanzieren muss. Probleme entstehen allerdings dann, wenn man den Schuldendienst zu hoch bemisst. Büßt man Einkommen wegen Arbeitslosigkeit oder Krankheit ein, droht die Zahlungsunfähigkeit und die Pfändung des Hauses durch den Kreditgeber. Wer sich bewusst ist, dass er unter radikaler Unsicherheit handelt, sollte also die Finanzierung besser so dimensionieren, dass er unvorhersehbare Rückschläge bis zu einem gewissen Grad finanziell abpuffern kann. Es gilt auch hier, dass nichts im Leben sicher ist, außer den Steuern und dem Tod.

Andere betrachten die Immobilien dagegen als Kapitalanlage. In früheren Zeiten dienten sogenannte »Zinshäuser« selbstständig Berufstätigen, die nicht Mitglied der gesetzlichen Rentenversicherung werden konnten, oft als Mittel zur Altersversorgung. Auch hier scheint zu gelten: Jeder braucht ein Dach über dem Kopf. Folglich scheint der Mietertrag gesichert. Geplant ist, das Haus zu erwerben, solange man berufstätig ist. In dieser Zeit sollen die Mieteinnahmen den Schuldendienst in Form von Zinszahlungen und Rückzahlungen der Hypothek finanzieren. Setzt man sich zur Ruhe, sollen die Mieteinnahmen aus dem inzwischen schuldenfreien »Zinshaus« den Lebensunterhalt decken. So weit die Planung.

Doch Pläne scheitern oft an unvorhergesehenen Ereignissen. Im Fall von Immobilien als Anlageobjekten entsteht oft ein »Klumpenrisiko« dadurch, dass der Anlagebetrag nicht teilbar, meist über Kredite gehebelt und oft auf ein oder wenige Objekte konzentriert ist. Durch hohe Fremdfinanzierung und starke Konzentration wird die Anlage fragil statt robust und resilient. Geht etwas schief, weil zum Beispiel hohe Reparaturkosten anfallen oder andere Ausgaben notwendig werden, Mietzahlungen ausfallen oder durch staatliche Eingriffe Einnahmen verloren gehen, kann die Immobilienanlage zur finanziellen Belastung statt Entlastung werden.

Einen Ausweg bieten Anteile an offenen Immobilienfonds und Aktien von Immobiliengesellschaften. Zweck der Immobilienfonds ist die Anlage der eingezahlten Gelder in ein diversifiziertes Immobilienportfolio ohne nennenswerte Fremdfinanzierung. Da Immobilien nicht schnell gekauft oder verkauft werden können, also ziemlich illiquide sind, ist der Einstieg und Ausstieg bei Immobilienfonds mit Wartefristen verbunden. Aktien von Immobilienunternehmen sind dagegen liquide, aber wie Aktienunternehmen nutzen auch diese Fremdkapital, um Gewinn zu erzielen. Insofern gehören Aktien von Immobilienunternehmen zur Klasse der Aktienanlagen.

Außer den erwähnten Immobilienfonds bleiben in der Zeit des entschwundenen Zinses eigentlich nur noch Aktien als rentierliche Anlageklasse übrig. Auch hier gilt, auf die Robustheit der Unternehmen zu achten, deren Aktien man kauft. Robustheit entsteht durch ein sicheres Geschäftsmodell, das nicht durch starke Konkurrenz von anderen Unternehmen unter Druck gesetzt werden kann, und durch geringe Verschuldung. Resilienz entsteht für ein einzelnes Unternehmen durch umsichtiges Management, das auch mit unerwarteten Rückschlägen erfolgreich umgehen kann, und für ein Aktienportfolio insgesamt durch gute Diversifizierung.

Blicke in den Rückspiegel helfen selten zur Ergründung der Zukunft, aber sie können zur besseren Orientierung beitragen. Schauen wir uns also in Grafik 9.1 die Entwicklung verschiedener Anlageformen seit 2006 an, dem Jahr vor Beginn der Großen Finanzkrise von 2007/2008. Auf den ersten Blick erstaunlich ist, wie gut Anleihen – hier dargestellt durch einen in Euro umgerechneten Gesamtrenditeindex für US-Unternehmensanleihen – abgeschnitten haben. Die Erklärung liegt in dem Fall der Zinsen auf historische Tiefstände. Da sich das nicht wiederholen lässt, dürfte die Entwicklung der Rendite auf Anleihen in Zukunft sehr viel bescheidener – vermutlich sogar negativ – ausfallen.

Grafik 9.1: Gesamtrendite verschiedener Anlagen (in EUR)

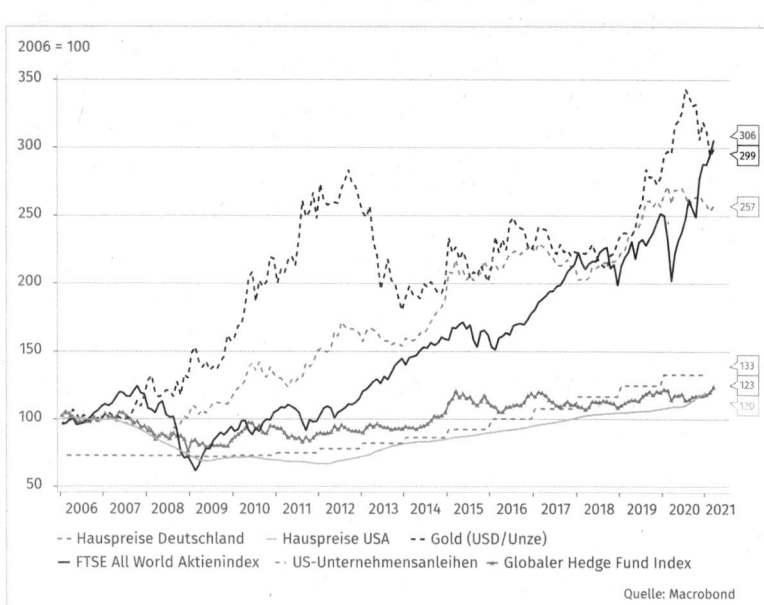

Quelle: Macrobond

Aktienanlagen, hier dargestellt durch den FTSE All World Index, haben über den betrachteten Zeitraum noch mehr rentiert. Zwar haben Aktien auch von der Senkung der Zinsen profitiert. Doch die Rendite auf Aktienanlagen kann auch ohne Zinssenkungen weiterhin positiv bleiben, wenn die Unternehmensgewinne im Einklang mit der Wirtschaft in Zukunft wachsen. Deutlich schwächer haben sich drei andere Anlageformen entwickelt, wobei insbesondere die Anlage in Hedgefonds enttäuscht haben dürfte. Überraschenderweise sind auch die Immobilienpreise – hier am Beispiel USA und Deutschland dargestellt – eher mäßig gestiegen. Allerdings sind diese Preise nicht direkt mit der Gesamtrendite auf Anleihen- und Aktienanlagen zu vergleichen, bei der angenommen wurde, dass Erträge reinvestiert werden.

Mit der Aktienanlage aufnehmen kann es eine Anlage, die überhaupt keine laufende Rendite abwirft. Der Goldpreis hat sich, allerdings mit erheblichen Schwankungen, in dem betrachteten Zeitraum ungefähr verdreifacht. Da Geld bei Nominalzinsen nahe null und positiver Inflation seine Funktion als Mittel zur Wertaufbewahrung verliert, suchen die Wirtschaftsakteure nach Alternativen. Die zur Wertaufbewahrung ungeeigneten gesetzlichen Zahlungsmittel werten gegenüber anderen, besser dafür geeigneten Geldformen ab. Davon hat Gold schon profitiert und dürfte dies auch weiterhin tun. Ob sich dagegen Kryptowährungen als Mittel zur Wertaufbewahrung auf breiter Front durchsetzen werden, ist fraglich. Schließlich liegt der wesentliche Vorteil dieser Währungen in der Senkung der Transaktionskosten. Sie sind daher in erster Linie Zahlungsmittel. Solange die in gesetzlichen Zahlungsmitteln gemessene Preisinflation jedoch nicht zur Hyperinflation mutiert, werden diese sehr wahrscheinlich weiterhin als Transaktionsmittel genutzt.

Kapitel 10

Wert, Wachstum, Qualität

Die umfassende staatliche Versicherung der wirtschaftlichen Aktivität und der Verlust des Zinses zur Orientierung haben die Bedeutung der Qualität von Unternehmen in den Hintergrund treten lassen. Die Geldflut scheint alle Boote zu heben – und kann manche Boote sogar in Wellensurfer verwandeln.

Ende Januar 2021 machte ein eher unbedeutendes Unternehmen in den USA Furore, dessen Geschäftsmodell als Ladenkette für Spielkonsolen vielen professionellen Investoren als Auslaufmodell erschien. Einige Hedgefonds hatten daher Aktien von GameStop, so der Name des Unternehmens, leerverkauft. Das heißt, sie hatten Aktien, die sie zu diesem Zeitpunkt nicht besaßen, auf einen zukünftigen Termin hin verkauft, in der Hoffnung, dass der künftige Marktpreis zum Lieferzeitpunkt unter dem vereinbarten Lieferpreis liegen würde. In diesem Fall erwarteten sie, Gewinne zu erzielen, indem sie Aktien zum Marktpreis billig einkaufen und zum früher vereinbarten, höheren Lieferpreis verkaufen können würden.

Hobby-Aktienhändler verabredeten sich in einem sozialen Netzwerk und trieben den Aktienpreis mit wenig eigenem und mehr zu günstigen Konditionen geliehenem Geld hoch. Damit durchkreuzten sie die Pläne der Profis. Ihre Käufe erzeugten bei den Leerverkäufern einen *Short Squeeze*, das heißt, diese mussten die auf Termin verkauften Aktien zurückkaufen, um ihre Positionen aufzulösen und ruinöse Verluste zu vermeiden. In der Folge davon stieg der Aktienpreis im Verlauf des Monats Januar um knapp 1.700 Prozent und ein an den Leerverkäufen beteiligter Hedgefonds verlor um die 4,5 Milliarden US-Dollar. Die finanziellen Konsequenzen dieser Episode waren für alle außer den direkt daran Beteiligten unbedeutend. Aber sie zeigte exemplarisch, wie im Zeitalter der Digitalisierung und Liquiditätsschwemme soziale Medien zur Bildung und Verbreitung von Narrativen genutzt werden können, welche die Marktpreise von den Unternehmenswerten entkoppeln.

Natürlich würden die Zentralbanken das weit von sich weisen, aber mit ihren Käufen von Anleihen zu Null- und Negativrenditen erwerben auch sie wie die Hobby-Aktienhändler Wertpapiere ohne inneren Wert (denn bis zur Fälligkeit gehalten bringt eine Anleihe mit negativer Rendite einen sicheren Verlust). Längst haben sie traditionelle Rentenanleger, die Anleihen bis zur Endfälligkeit halten, aus dem Markt gedrängt. Der Markt für »sichere« Anleihen, die nur eine minimale oder negative Rendite versprechen, ist lediglich für professionelle spekulative Anleger noch interessant. Im Gegensatz zu den Hobby-Aktienhändlern im Fall von GameStop fallen sie der Öffentlichkeit jedoch nicht ins Auge.

Außerdem hält der Nullzins Unternehmen am Leben, die aufgrund hoher Verschuldung bei höheren Zinsen längst untergegangen wären. Diese »Untoten« oder »Zombies« binden Ressourcen in Form von Kapital und Arbeitskräften, die ansonsten einer produktiveren Verwendung zugeführt worden wären. Ökonomen der Bank für Internationalen Zahlungsausgleich haben dokumentiert, dass der Anteil der Zombie-Unternehmen an der Gesamtzahl der in 14 Industrieländern an den Aktienmärkten gelisteten Firmen von 4 Prozent Mitte der 1980er-Jahre auf 15 Prozent im Jahr 2017 gestiegen ist.[73] Eine von der OECD veröffentlichte Studie kam zu dem Ergebnis, dass die Zunahme der Zombies das Wachstum der Produktivität in Italien und Spanien um 0,7 bis 1 Prozent verringert hat.[74] Dies deckt sich mit der Beobachtung, dass das Wirtschaftswachstum im Euroraum im Aufschwung von 1995 bis 2008 im Trend jährlich 2,5 Prozent, in der Erholung nach der Finanzkrise von 2009 bis 2019 dagegen nur noch 1,4 Prozent betrug.

Des Weiteren ebnen Nullzinsen den Unterschied zwischen Gegenwart und Zukunft ein. Ein Euro in 20 Jahren sieht genauso wertvoll aus wie ein Euro heute, und der Gegenwartswert künftiger Gewinne lässt gegenwärtige Verluste als unerheblich erscheinen.* Schließlich haben die Corona-Pandemie und die staatliche Reaktion darauf den Strukturwandel in der Wirtschaft enorm beschleunigt. Unter dem Deckmantel steigender Indizes differenzieren sich die Bewertungen einzelner Unternehmen am Markt aus. Diese Veränderungen haben den Wert von Unternehmen überproportional steigen lassen, die mehr Gewinn in der Zukunft als in der Gegenwart versprechen.

Lange Zeit galt es als ausgemacht, dass »werthaltige« Aktien besser rentieren würden als »teure«. Werthaltigkeit wurde meist mit niedrigen Bewertungen in Form niedriger Verhältnisse von Kursen zu Gewinnen oder Kursen zu Buchwerten oder üppigen Dividenden gleichgesetzt. Als teuer galten Unternehmen mit hohen Werten für diese Kursverhältnisse und niedrigen Dividendenrenditen. Im 21. Jahrhundert hat sich diese Einschätzung bisher jedoch als falsch erwiesen. Grafik 10.1 zeigt den globalen Aktienindex MSCI World in Euro umgerechnet sowohl insgesamt als auch in Wertaktien und Wachstumsaktien unterteilten Komponenten. Seit 2001 hat die Wachstumskomponente (mit hohen Bewertungen) weit mehr rentiert als der Index insgesamt oder die Wertkomponente (mit niedrigen Bewertungen).

Vor allem Technologieunternehmen im Wachstumssegment des Index haben profitiert. Im Verlauf des Jahres 2020 warfen die Wachstumswerte eine Rendite von um die 20 Prozent ab, während die werthaltigen Aktien rund 10 Prozent verloren. Mit der Entwicklung und Verabreichung von Impfstoffen gegen Covid-19 kehrte im Jahr 2021 ein Stück Normalität zurück.

---

* Ist der Zins negativ, die Zukunft also scheinbar mehr wert als die Gegenwart, dann kann ein in 20 Jahren erwarteter Gewinn von 1 Euro einen Verlust von 1 Euro heute rechnerisch in Gewinn verwandeln, und das Unternehmen erscheint trotz laufender Verluste profitabel.

Grafik 10.1: MSCI World (Mid & Large Cap, Gesamtrendite in EUR)

Das bewirkte, dass »zyklische« Aktien von Unternehmen der analogen Wirtschaft ein Stück weit aufholen konnten. Doch ist sehr unwahrscheinlich, dass die Wirtschaft nach dem Ende der Pandemie zu ihrer alten Struktur zurückfindet. Folglich dürften auch in Zukunft Unternehmen, die von der Digitalisierung der Wirtschaft profitieren, höhere Gewinne einfahren als solche, die in der analogen Welt stark waren. Die Frage ist allerdings, ob die Aktienmärkte die Wachstumsunternehmen nicht zu hoch bewerten.

In den 1960er-Jahren wurde eine Reihe von Aktien bekannter Unternehmen als sichere Anlagen mit gutem Wertzuwachs betrachtet. Für diese Gruppe wurde die Bezeichnung *Nifty Fifty* populär (*nifty* = elegant, schick). Heute spielen die Aktien der großen Technologieunternehmen für viele Anleger eine ähnliche Rolle. Die Unternehmen sind groß, erscheinen stabil und scheinen für die Zukunft gut gerüstet. Bei niedrigen Zinsen setzt der Investor auf die Zukunft und vernachlässigt die Gegenwart.

Die *Nifty Fifty* waren in ihren Glanzzeiten höher bewertet als der gesamte Markt (dargestellt durch den S&P 500-Index) und ihre Preise fielen Anfang der 1970er-Jahre entsprechend stark. Doch danach erholten sie sich wieder und erzielten in der längeren Frist von 1972 bis 1993 schließlich eine Rendite, die der im S&P 500 enthaltenen Aktien nicht nachstand.[75] Auch heute sind die Technologieunternehmen teuer. Nimmt man den NASDAQ 100-Index als Maßstab für diese Gruppe, kommt man Anfang 2021 auf ein für das Jahr erwartetes Kurs-Gewinn-Verhältnis (KGV) von rund 30, deutlich höher als das KGV von 25 für den S&P 500.

Auf den ersten Blick erscheint das KGV für den S&P 500 hoch und für den NASDAQ sehr hoch. Zieht man jedoch das gegenwärtige Zinsniveau in Betracht, sieht das Bild anders aus. Anfang 2021 betrug die erwartete Gewinnrendite (also der Kehrwert des KGV) für den S&P 500 und den NASDAQ 100 4,0 Prozent beziehungsweise 3,3 Prozent, die Rendite auf langfristige, inflationsindexierte US-Staatsanleihen dagegen nur minus 0,5 Prozent. Die einfache Aktienrisikoprämie (berechnet als Differenz zwischen Gewinnrendite und Anleiherendite) beträgt folglich 4,5 Prozentpunkte für den S&P 500 und 3,8 Prozentpunkte für den NASDAQ 100. Im Gegensatz zu den Kuponzahlungen auf Staatsanleihen wachsen jedoch die Gewinne der Unternehmen.

Entsprechend der Standardformel für Aktienbewertungen (dem *Dividend Discount Model*) kann man diesen Aspekt für die erwartete Gewinnrendite berücksichtigen, indem man zu der gegenwärtigen Gewinnrendite das langfristig erwartete Gewinnwachstum addiert. Würden die Gewinne pro Aktien der Unternehmen im S&P 500 mit rund 6 Prozent pro Jahr weiterhin wachsen wie im letzten Jahrzehnt, ergäbe sich für den S&P 500 eine langfristig erwartete Gewinnrendite von 10 Prozent und eine üppige Risikoprämie von 10,5 Prozentpunkten. Die gleiche Risikoprämie erhält man trotz der höheren Bewertung für den NASDAQ 100, wenn man davon ausgeht, dass die Gewinne der Technologieunternehmen um 0,7 Prozentpunkte schneller, also um 6,7 Prozent pro Jahr wachsen. Aber auch wenn das Gewinnwachstum künftig geringer ausfiele, blieben die Gewinnrenditen im Vergleich zu den Anleiherenditen hoch und die Risikoprämien üppig.

Die Beispielrechnungen zeigen, dass die Aktien insgesamt und auch die höher bewerteten Technologieaktien zum Zeitpunkt der Betrachtung nicht überteuert waren, wenn man davon ausging, dass uns die sehr niedrigen Zinsen erhalten bleiben würden.* Die *Nifty Fifty* gingen in den 1970er-Jahren in die Knie, weil die Zinsen stiegen. Den neuen *Nifty Fifty* dürfte das erspart bleiben, auch wenn die Märkte gelegentlich daran zweifeln.

Vermutlich sind in der heutigen Zeit die Kategorien »Wert« und »Wachstum« für die Klassifizierung von Aktien überholt, wenn »Wert« allein als niedrige Bewertung im Markt definiert wird. Manche Dinge sind billig, weil sie einfach schlecht sind. Im Bereich der Unternehmen heißt das: schlechtes Geschäftsmodell, schlechtes Management, hohe Verschuldung, »Zombifizierung«. »Qualität« steht für das Gegenteil von allem Schlechten. Was aber heißt das konkret?

Oft wird der Nestlé-Konzern als Unternehmen von hoher Qualität genannt, da er starke Markenprodukte in einem wenig konjunktursensiblen Bereich herstellt und geografisch breit diversifiziert ist. Schon im Jahr 1995 hatte Nestlé starke und vorhersehbare Erträge und erwies sich als robust. Die Nestlé-Aktie enttäuschte nicht und stieg (in US-Dollar gerechnet) bis Anfang 2021 auf das 11-Fache ihres damaligen Preises. Sie schnitt damit deutlich besser ab als der globale Aktienpreisindex MSCI World, der auf das knapp 4-Fache stieg (Grafik 10.2).

---

* Auch wenn die Inflation steigt, dürften die Zinsen niedrig bleiben. Das war die klare Botschaft der Federal Reserve, die in ihrer Strategieüberprüfung im Jahr 2020 beschloss, ihre Politik nun nicht länger an einer für die Zukunft prognostizierten Inflationsrate, sondern an einem nicht näher spezifizierten Inflationsdurchschnitt zu orientieren.

Grafik 10.2: Qualitätsaktien (in USD, 1995–2021)

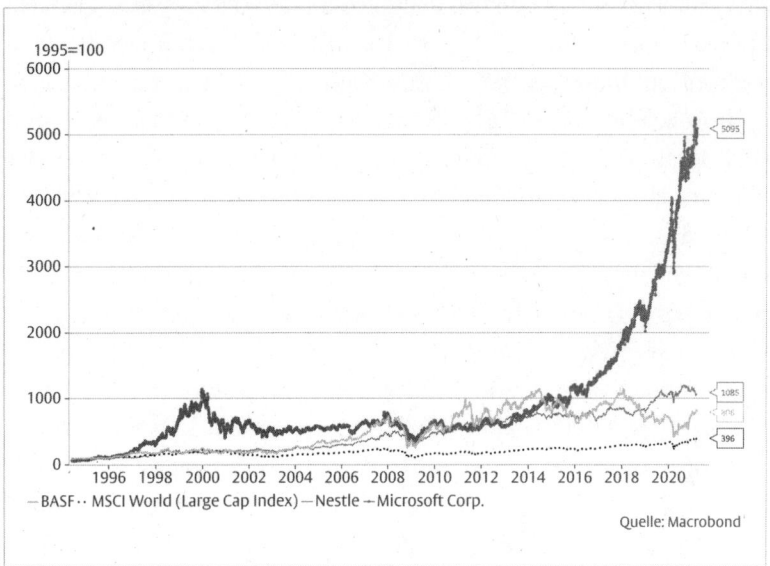

Quelle: Macrobond

Anders als Nestlé ist die Firma BASF von der globalen Konjunkturentwicklung abhängig. Im Aufschwung 2002 bis 2008 übertraf die Aktie von BASF sowohl Nestlé als auch den MSCI World, fiel aber in der Großen Rezession von 2008/2009 stärker zurück. Diese Entwicklung wiederholte sich im Aufschwung 2009 bis 2019. Langfristig jedoch schnitt auch die BASF-Aktie dank ihrer Resilienz (der Fähigkeit, vorübergehende Preisverluste wettzumachen) besser ab als der Markt insgesamt. Schließlich wäre noch Microsoft zu nennen, das eine erheblich kürzere Geschichte als Nestlé und BASF vorweisen kann. Da seine Aussichten im Jahr 1995 weniger gut vorhersehbar waren, schien das Unternehmen damals allenfalls eine Option auf die Zukunft zu verkörpern. Im Rückblick betrachtet erwies sich diese Option als sehr werthaltig: Die Microsoft-Aktie stieg auf das 51-Fache ihres damaligen Preises (Grafik 10.2).

Die drei betrachteten Unternehmen stehen auf ihre jeweils eigene Art für »Qualität«. Nestlé für Robustheit: Das Unternehmen bleibt auch in einem schwierigen Umfeld standhaft. BASF für Resilienz: Das Unternehmen leidet zwar bei Konjunkturabschwüngen, macht aber verlorenes Terrain im Aufschwung wieder gut. Und Microsoft verkörperte in jungen Jahren eine Option auf hohen Gewinn. Eine Option zeichnet sich dadurch aus, dass die Verluste begrenzt sind (bei der tatsächlichen Option auf die bezahlte Prämie), die Gewinne aber keine Obergrenze haben. Die unterschiedlichen Charakteristika der Unternehmen werden noch deutlicher sichtbar, wenn man sich die Entwicklung ihrer Aktienpreise während des Pandemiejahres 2020 ansieht (Grafik 10.3).

Microsoft wurde in diesem schwierigen Jahr stärker, Nestlé hielt der Pandemie stand und BASF machte vorübergehende Verluste wieder wett. Rückblickend war Microsoft eindeutig der Gewinner, und wer nur in diese Aktien investiert war, konnte den besten Zugewinn verbuchen. Allerdings ist der Gewinn aus einer Option weniger sicher als aus robusten oder resilienten Anlagen, und es gibt Phasen, in denen andere Qualitäten besser abschneiden. Das war in den letzten beiden Monaten von 2020 der Fall, als die Zulassung eines Impfstoffs die Aussicht auf die Konjunkturerholung befeuerte und zyklischen Aktien wie BASF größeren Auftrieb verschaffte als anderen. Ob der Anleger im Umfeld radikaler Unsicherheit konjunkturelle Schwankungen, werthaltige Optionen und robuste Anlagen immer sicher identifizieren und sein Portfolio entsprechend anpassen kann, ist jedoch zweifelhaft.

Hank Bessembinder und seine Kollegen berechneten den Ertrag auf 62.000 Aktien weltweit in der Zeit von 1990 bis 2018 auf 44,7 Billionen US-Dollar.[76]

Dafür waren aber nur 1,3 Prozent der untersuchten Firmen verantwortlich, die vorab schwer zu finden sein dürften. Mein Kollege Philipp Immenkötter analysierte auf ähnliche Weise die Rendite der im CDAX enthaltenen, sämtlichen börsengelisteten deutschen Unternehmen von 2003 bis 2020.[77] Er kam zu dem Schluss, dass langfristig die Rendite von nur sechs von zehn Aktien positiv war.

Grafik 10.3: Qualitätsaktien (in USD, 2020–2021)

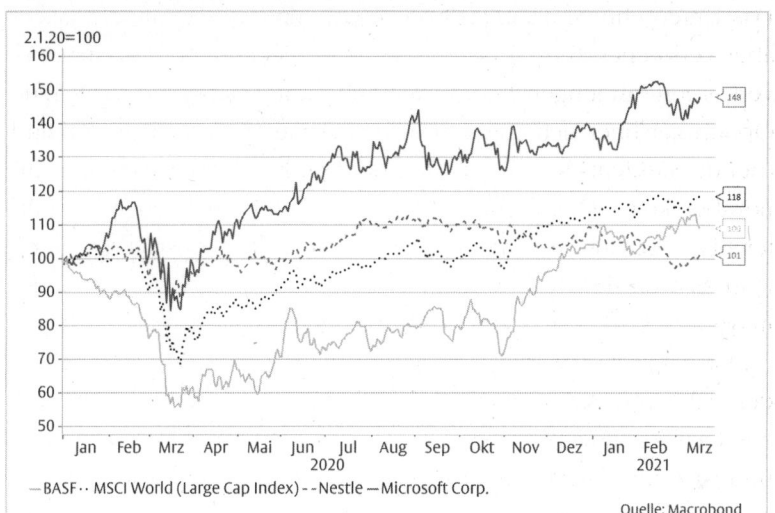

Quelle: Macrobond

Bei jeder fünften Aktie gab es einen nahezu vollständigen Wertverlust. Besser ist es daher, das Portfolio – eventuell mit Blick auf Robustheit, Resilienz und Optionalität der darin enthaltenen Titel – breit zu diversifizieren und auf lange Sicht zu halten. Im breit ausgeworfenen Netz ist die Chance größer, die wenigen großen Gewinner aus dem weiten Meer des Markts herauszufischen.

Halten wir fest: Der Staat hat seinen Versicherungsschutz über die ganze Wirtschaft und so gut wie alle Wertpapiere ausgebreitet. Doch unterhalb des Meeresspiegels scheinbar grenzenloser monetärer Liquidität entsteht eine Ausdifferenzierung nach unterschiedlichen Stufen (hoch bis niedrig) und Kriterien (robust, resilient oder optional) der Qualität von Unternehmen. Diese Ausdifferenzierung eröffnet Chancen, birgt aber auch Risiken – besonders, wenn der Liquiditätsspiegel jemals wieder sinken sollte.

Kapitel 11

Staatlicher Zugriff

Das wohl schmerzlichste Erbe der letzten beiden »Jahrhundertkrisen«, der Großen Finanzkrise von 2007/2008 und der Corona-Krise von 2020/2021, ist der Verlust an Freiheit durch den beschleunigten Aufstieg des Versicherungsstaates. Friedrich von Hayek definiert Freiheit als die Abwesenheit von Zwang durch andere Menschen.[78] Frei sein heißt, niemandes anderen Willen unterworfen zu sein. Da der Mensch ein soziales Wesen ist und Freiheit daher in der menschlichen Gemeinschaft gelebt wird, muss sich die freiheitliche Gesellschaft Regeln geben, die die Freiheit des einen dort begrenzen, wo die Freiheit der anderen beginnt. Aus diesen Regeln entsteht eine Rechtsordnung, die sich in den Institutionen des Rechtsstaats kristallisiert. Ernst-Wolfgang Böckenförde nennt dies »subjektive Freiheit« und bezweifelt, dass diese »Freiheit von Zwang« allein genügt, den Rechtsstaat zu begründen. Denn ihr fehle »die Orientierung an einem Woraufhin«.[79]

Der subjektiven Freiheit steht bei Böckenförde die »objektive Freiheit«, die Freiheit »zu« etwas, gegenüber. Dort stellt sich aber die Frage »zu was?« und wer das Ziel definiert. Allein und auf die Spitze getrieben wird die objektive Freiheit zur »Wahrheitsordnung« im totalitären Staat. Die Lösung liegt bei Böckenförde in einer Verbindung zwischen subjektiver und objektiver Freiheit, welche die Mitglieder der Gesellschaft aushandeln müssen. Dadurch entsteht der Sozialstaat, in dem individuelle Freiheit und soziale Ungleichheit immer wieder gegeneinander abgewogen werden müssen. Das Problem dabei ist, dass das richtige Verhältnis schwer zu finden ist und es zu Zyklen in der Gewichtsverschiebung kommt. Ist der Versicherungsstaat im Aufschwung, wandelt sich der Sozialstaat zum »kollektivverwaltenden Wohlfahrtsstaat« (Böckenförde) und die subjektive Freiheit bleibt auf der Strecke. Dagegen bleibt die Freiheit erhalten, wenn sich der Staat auf Hilfe für unverschuldet in Not geratene Bürger beschränkt (siehe Kapitel 3).[80]

Der Versicherungsstaat finanziert seinen Aufstieg, indem er sich zunächst die Ersparnisse seiner Bürger zu von ihm festgelegten immer niedrigeren Zinsen leiht und, wenn das nicht reicht, sich das notwendige Geld von seiner Zentralbank schaffen lässt. Je näher die dadurch angebahnte Schulden- und Geldkrise kommt, desto stärker wird der Druck, private Vermögen durch Ertrags- und Substanzbesteuerung teilweise oder ganz zu konfiszieren. Für den Einzelnen hilft in dieser Phase nur noch »intertemporale Resilienz«: Man muss die Zeit überstehen, in der sich der Staat aufbläht, bis er an seiner Ineffizienz scheitert und von seinen unzufriedenen Staatsbürgern wieder zurückgestutzt wird. Unter Umständen erleichtert räumliche Mobilität das Durchhalten in der Zwischenzeit.

Die Corona-Pandemie hinterlässt Verlierer und Gewinner. Die Verlierer werden darauf drängen, Gewinne im Namen der »sozialen Gerechtigkeit« abzuschöpfen. Ein Prozess, der besonders in Deutschland schon länger im Gang ist, setzt sich fort. Schon heute bewirken Steuern auf Einkommen und Verbrauch sowie Sozialtransfers eine erhebliche Umverteilung der Einkommen. Nach einer Studie des Instituts der deutschen Wirtschaft kommt in Deutschland das oberste Zehntel der Einkommensbezieher für rund 48 Prozent der Einkommens- und 18 Prozent der Mehrwertsteuereinnahmen auf.[81] Mehr als die Hälfte der Einkommenssteuerzahler (Dezile 1 bis 5) bezahlen gerade mal 6,8 Prozent der gesamten Einkommenssteuer (Tabelle 11.1).

Die oberste Einkommensgruppe (in der 10. Dezile) hat einen Anteil von 27 Prozent am gesamten Haushaltsbruttoeinkommen, zahlt aber 37 Prozent der gesamten Einkommens- und Verbrauchssteuern. Dagegen trägt das unterste Zehntel der Einkommensbezieher nur 2 Prozent der Steuerlast und bezieht rund 44 Prozent ihres Haushaltseinkommen in Form von staatlichen Transfers. Eine weitere Anhebung der Einkommenssteuersätze für die oberen Einkommensgruppen mag mit der Herstellung von mehr »sozialer Gerechtigkeit« begründet werden, dürfte die betroffene Gruppen aber kaum überzeugen. Stattdessen dürfte es zum Rückgang der Leistungsbereitschaft dieser Gruppe und damit des Aufkommens aus der Einkommenssteuer kommen.

Tabelle 11.1: Verteilung der Steuern auf die Einkommensdezile (2017)

Dezile (steigende Einkommen)	Einkommenssteuer (+ Soli-Beitrag)	Mehrwert- und Versicherungssteuer	Steuern insgesamt	Haushaltsbruttoeinkommen	Anteil der Transfers am Bruttoeinkommen
1.	0,0	5,5	2,0	2,8	43,8
2.	0,3	6,8	2,6	4,4	16,5
3.	1,0	7,9	3,5	5,5	9,1
4.	2,0	8,4	4,3	6,5	6,0
5.	3,5	9,1	5,5	7,3	4,8
6.	5,6	9,6	7,1	8,6	3,9
7.	8,4	10,4	9,1	10,1	3,8
8.	12,2	11,5	12,0	12,1	2,8
9.	18,7	13,3	16,8	15,4	1,7
10.	48,2	17,5	37,2	27,3	0,9

Quellen: EVS, 2013; SOEP, 2014; Institut der deutschen Wirtschaft, Köln

Seit 1997 bleibt die Substanz von Vermögen unbesteuert. Da die bestehende Vermögenssteuer zu einer Ungleichbehandlung von Vermögensarten geführt hatte, beurteilte das Bundesverfassungsgericht die Vermögenssteuer als verfassungswidrig. Mit der sich abzeichnenden Finanzkrise kommt die Vermögenssteuer bei deutschen Politikern wieder in Mode. Die Wiedereinführung der Vermögenssteuer wird gern mit der zunehmenden Ungleichheit der Vermögensverteilung begründet. Doch ist diese Ungleichheit kein deutsches oder europäisches, sondern ein globales Phänomen, das über alle Staatsformen existiert. Wie der »Global Wealth Report 2020« der Schweizer Bank Credit Suisse zeigt (Grafik 11.1), besitzen gerade einmal 1 Prozent der globalen Bevölkerung 43,4 Prozent des globalen Vermögens. Dagegen haben 54 Prozent der Bevölkerung einen Anteil von nur 1,4 Prozent.

Der Report zeigt aber auch, dass nach den »kapitalistischen« USA das »sozialistische« China den zweitgrößten Anteil an US-Dollarmillionären an der Gesamtzahl dieser Vermögensgruppe aufweist (Grafik 11.2). Wirtschaftlicher Erfolg führt zu Ungleichheit in der Vermögensverteilung, und wo der Staat Vermögen im Namen der Gleichheit konfisziert (wie in Nordkorea, Venezuela oder Kuba) sind nur die politischen Funktionäre reich und die breite Masse der Bevölkerung ist arm.

Ausgerechnet im »sozialistischen« China schafften es die Sparer, auch in Krisenzeiten ihre Vermögen zu erhöhen. Der Credit-Suisse-Report zeigt, dass das Vermögen pro Kopf der erwachsenen Bevölkerung in US-Dollar im Verlauf der Großen Finanzkrise zwischen 2007 und 2020 in China um 74 Prozent stieg, während es in Europa und Nordamerika um 9,8 Prozent beziehungsweise 7,2 Prozent fiel. Auch im Verlauf der ersten Welle der Corona-Pandemie konnten chinesische Anleger einen Anstieg des Vermögens pro Kopf der erwachsenen Bevölkerung (in US-Dollar gerechnet) von 4,1 Prozent im ersten Halbjahr 2020 verzeichnen, während die Vermögen in Nordamerika unverändert blieben und in Europa um 1,0 Prozent zurückgingen.

Man könnte meinen, dass in den »erzkapitalistischen« USA die Reichsten den größten Anteil am gesamten Vermögen hätten.

Grafik 11.1: Globale Vermögensverteilung

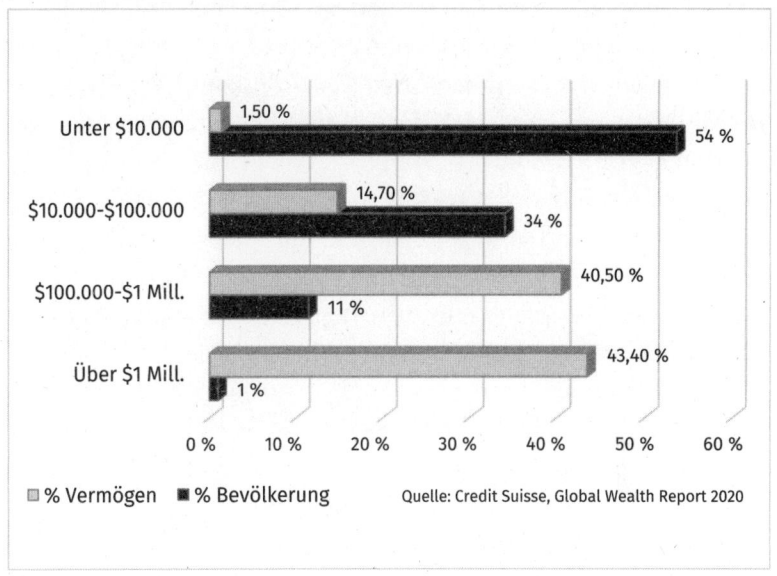

Grafik 11.2: Dollarmillionäre (% der gesamten Welt, Ende 2019)

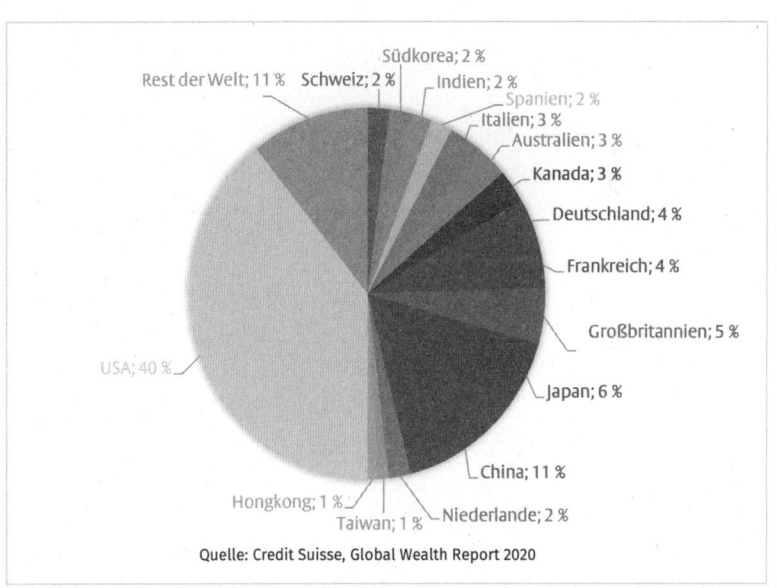

Doch die Zahlen des »Global Wealth Report« widerlegen diese Erwartung. In den beiden Jahrzehnten von 2000 bis 2020 hielten in Russland, gefolgt von Brasilien und Indien die reichsten 1 Prozent der Bevölkerung den größten Anteil am gesamten Vermögen. In Russland und Brasilien spielt der Rohstoffsektor eine große Rolle, und dort ist die Vermögenskonzentration oft besonders hoch. In Indien dürfte das schnelle Wachstum der Wirtschaft in dieser Periode ein wichtiger Grund gewesen sein und dürfte einige Unternehmer besonders begünstigt haben. Erst an vierter Stelle folgen die USA, gleich dahinter China (wenn man den noch niedrigen Wert aus dem Jahr 2000 außer Betracht lässt) und Deutschland.

Die Wiedereinführung der Vermögenssteuer wird in Deutschland mit dem Argument vorangetrieben, über mehr Gleichheit in der Vermögensverteilung für mehr »soziale Gerechtigkeit« zu sorgen. Wer dies fordert, übersieht oder verdrängt jedoch, dass die Besteuerung von Kapitaleinkommen schon heute hoch ist und die ertragsunabhängige Besteuerung von Vermögen in Zeiten von Null- und Negativzinsen der Enteignung von Vermögen gleichkommt. Zur Untermauerung dieser Behauptung sehen wir uns das Beispiel eines privaten Haushalts mit einem Bruttojahreseinkommen von 100.000 Euro an, der bei einem durchschnittlichen Steuersatz von 40 Prozent ein Nettoeinkommen von 60.000 Euro hat und davon 10 Prozent spart (Tabelle 11.2).

Vor allen Steuern könnte dieser Haushalt über 10 Jahre bei einer Anlagerendite von 4 Prozent ein Vermögen von 120.061,07 Euro ansparen. Das beschreibt jedoch eine Märchenwelt. Ohne Einkommenssteurer lässt man unseren Haushalt selbstverständlich nicht davonkommen. Bei einem durchschnittlichen Einkommenssteuersatz von 40 Prozent beträgt sein Endvermögen nach 10 Jahren theoretisch nun 72.036,64 Euro statt der 120.061,07 Euro. Aber er muss auch den Ertrag auf seine Ersparnisse jedes Jahr mit 25 Prozent (ohne Solidaritätszuschlag, den wir hier als abgeschafft betrachten) versteuern. Folglich verringert sich sein angespartes Vermögen auf 68.783,28 Euro.

Tabelle 11.2: Effekte der Besteuerung von Ersparnis

	Ersparnis	Steuereffekt
vor Steuern	120.061,07 €	
40 % ESt.	72.036,64 €	-48.024,43 €
+25 % KapSt.	68.783,28 €	-3.253,37 €
+40 % KapSt.	66.912,65 €	-1.870,63 €
+1 % VSt.	-189.990,78 €	-256.903,43 €

Quelle: Eigene Berechnungen

Im Gespräch ist die Belegung der Zinseinkommen mit der normalen Einkommenssteuer und die Einführung einer Vermögenssteuer.* Werden die Kapitaleinkünfte mit dem durchschnittlichen Einkommenssteuersatz von 40 Prozent statt pauschal mit 25 Prozent besteuert, steigt die Steuerlast (und steigen die Steuereinnahmen des Staates) nur mäßig (um 1.870,63 Euro). Die Politik wäre also gut beraten, sich zu überlegen, ob die zusätzlichen Einnahmen die Verluste aus Steuervermeidung übertreffen. Der Satz des früheren Finanzministers Peer Steinbrück, »besser 25 Prozent von X als nix« dürfte trotz verschärfter staatlicher Überwachungen von Bankkonten noch immer gelten.

Problematischer wird die Steuerfrage mit der Vermögenssteuer. Nehmen wir an, unser Haushalt würde durch eigene Ersparnis und Erbschaft ein Vermögen von 2,5 Millionen Euro ansammeln, das ihm

---

* Im August 2019 hat das SPD-Präsidium die Einführung einer Vermögenssteuer von 1 Prozent beschlossen.

im Ruhestand mit 4 Prozent Ertrag ein Bruttojahreseinkommen von jährlich 100.000 Euro und ein Nettoeinkommen von 60.000 Euro beschert. Das ist ungefähr der Betrag, den ein deutscher Bundesminister nach 22 Jahren im Amt bekommt (laut Bund der Steuerzahler 9.168 Euro brutto im Monat, also 110.016 Euro vor Steuern im Jahr). Muss unser Haushalt nun (im Gegensatz zu dem Minister) zu allen anderen Steuern eine Vermögenssteuer von 1 Prozent pro Jahr abtragen, verliert er in 10 Jahren 189.990,78 Euro seines ursprünglichen Vermögens. Mit der Vermögenssteuer stellt er sich um 256.903,43 Euro schlechter als in dem Fall, dass »nur« die Kapitaleinkünfte mit dem Einkommensteuersatz belegt werden (siehe Tabelle 11.2).

Vermutlich wissen es die Politiker nicht, aber eine Vermögenssteuer schafft gleich zwei Paradoxe. Erstens wirkt sie wie eine Kapitalertragssteuer auch dann, wenn es keinen Ertrag gibt. Beträgt die Rendite vor Steuern wie in unserem Beispiel 4 Prozent und die Vermögenssteuer jährlich 1 Prozent, beträgt die Rendite nach Steuern 3 Prozent, sie wirkt also wie die bestehende Kapitalertragssteuer von 25 Prozent. Theoretisch ergibt sich die Steuerbelastung als Quotient aus Vermögenssteuersatz und Bruttorendite.[82] Sind Bruttorendite (r) und Vermögenssteuersatz (v) gleich, beträgt die Steuerlast 100 Prozent (v=r, sodass v/r=1), sinkt die Bruttorendite auf null und bleibt der Vermögenssteuersatz positiv, geht die Steuerbelastung gegen unendlich (v/0 → ∞). Praktisch läuft das auf die Konfiszierung des Vermögens hinaus.

Weil eine kontinuierliche Vermögenssteuer wegen der laufenden Bewertung von Vermögen einen immensen Verwaltungsaufwand erfordern würde, haben manche Politiker eine einmalige Vermögensabgabe zur Finanzierung der Kosten der Corona-Pandemie gefordert. Aber wie hoch soll – und kann – diese sein? Nach den Prognosen der OECD steigt die deutsche Staatsschuld zwischen 2019 und 2022 um rund 15 Prozent des Bruttoinlandprodukts (BIP). Das entspricht 518 Milliarden Euro, wenn man das BIP von 2019 zugrunde legt. Das von der Bundesbank ausgewiesene Finanzvermögen der deutschen privaten Haushalte beläuft sich auf ungefähr 6,8 Billionen Euro und der Wert aller Wohnimmobilien dürfte bei rund 12 Billionen Euro liegen.*

Laut dem Deutschen Institut für Wirtschaftsforschung befinden sich zwei Drittel der Vermögen in den Händen der obersten 10 Prozent aller Vermögenden. Folglich müsste der Staat diese Gruppe mit einer Abgabe von gut 4 Prozent ihres Vermögens belasten, wenn wir im Privatbesitz befindliche Unternehmen (wie auch weitgehend beim Lastenausgleichsgesetz von 1952) außen vor lassen. Zur Vermeidung von Liquiditätsengpässen müsste man die Abzahlung der Abgabe wohl über mehrere Jahre verteilen. Setzt man vier Jahre an, würde dies bei einer durchschnittlichen Rendite von 4 Prozent eine Erhöhung der Kapitalertragssteuer von 25 auf 50 Prozent bedeuten. Das erscheint tragbar. Doch werfen verschiedene Anlageklassen verschiedene Renditen ab, sodass die effektive Besteuerung der in verschiedenen Anlageklassen investierten individuellen Vermögen sehr unterschiedlich wäre.**

Das zweite Paradox der Forderung einer Vermögenssteuer, das auch für eine einmalige Vermögensabgabe gilt, ist, dass im Namen von mehr Gleichheit größere Ungleichheit geschaffen wird. Der private Haushalt, der aufgrund von eigener Tüchtigkeit oder eines Erbes ein Vermögen von zum Beispiel 2,5 Millionen Euro zur Altersversorgung angesammelt hat, wird schrittweise enteignet, während zum Beispiel der Politiker, der die Rente vom Staat bezahlt bekommt, vermutlich frei ausgeht. »Gerecht« wäre es, wenn ein Politiker, dessen Rente (wie im obigen Beispiel) dem Ertrag eines Vermögens von 2,5 Millionen Euro bei einer Rendite von 4 Prozent entspricht, mit der gleichen Vermögenssteuer belegt würde wie der

---

* Nach Angaben des Statistischen Bundesamts gibt es 42,5 Millionen Wohnungen in Deutschland. Die durchschnittliche Wohnfläche beträgt 92 Quadratmeter und der durchschnittliche Preis pro Quadratmeter betrug im Jahr 2019 3.080 Euro.

** Und wie würde man mit einem Vermögen umgehen, das bei der Festsetzung der Steuer 1 Million Euro betrug, im vierten Jahr der Erhebung aber nur noch ein Viertel davon wert ist?

private Haushalt. Dann verblieben ihm von seinen 100.000 Euro brutto im Jahr nach der Einkommenssteuer zwar noch 60.000 Euro, nach Abzug der Vermögenssteuer (von 25.000 Euro) aber nur noch 35.000 Euro. Das werden die Politiker wohl kaum mit sich machen lassen.

Abgesehen davon bleiben viele andere Bewertungsfragen ungelöst: Wertpapiere werden nach Marktkursen, Immobilien und Beteiligungen von Firmen im Privatbesitz nach Vorgaben von Verwaltungen bewertet, und der Wert einzigartiger Kunstwerke lässt sich meist nur beim Verkauf in einer Auktion bestimmen. Zahler von Vermögenssteuern würden dann veranlasst, ihr Vermögen so aufzubauen, dass die Steuerlast minimiert wird. Inhaber großer Vermögen könnten in Steueroasen umsiedeln. Und da Verpflichtungen das Vermögen vermindern, wäre es sinnvoll, zur Verringerung der Steuerlast hohe Schulden aufzunehmen, wodurch die Wirtschaft fragiler würde.

Um kurz auf Kapitel 20 vorzugreifen: Dort beschreibe ich, wie die Digitalisierung unserer Lebensumstände neue Ungleichheit schafft. Standardisierbare Arbeiten werden von Maschinen und Robotern ersetzt, während nicht standardisierbare Arbeiten weiterhin von Menschen verrichtet werden. Doch zerfallen diese Arbeiten in einfache Tätigkeiten, für die eine geringe Qualifikation erforderlich ist, und komplexe Tätigkeiten, die eine hohe Qualifikation erfordern. Zwei Extreme also, während die Mitte ausgehöhlt wird. Die Folge davon ist, dass die Fähigkeit, komplexe Arbeiten auszuführen, wertvoller wird. In der Sprache der Ökonomen heißt dies, dass der Wert von Humankapital steigt.

Vergleichen wir das Humankapital einer Putzkraft mit dem eines IT-Experten. Dazu nehmen wir an, dass die Putzkraft heute 10 Euro und der IT-Experte 50 Euro pro Stunde vor Steuer verdienen und sie Steuern und Abgaben von im Schnitt 15 Prozent und 30 Prozent bezahlen müssen. Der Nettoverdienst der Putzkraft wächst mit einer Rate leicht unterhalb der des nominalen Bruttoinlandsprodukts (3,5 Prozent pro Jahr), der Nettoverdienst des IT-Experten mit einer Rate leicht darüber (4,5 Prozent pro Jahr). Beide arbeiten 40 Stunden pro Woche und 40 Jahre lang. Früher hätte man zur Berechnung des Gegenwartswerts die in der Zukunft anfallenden Verdienste mit einem positiven Zinssatz diskontiert. Heute nehmen wir einen Zins von null an, sodass wir die über die Zeit wachsenden Verdienste einfach aufaddieren können.

In dieser einfachen Rechnung beginnen Putzkraft und IT-Experte mit Jahresverdiensten nach Steuern von 17.680,00 Euro und 72.800,00 Euro und enden (nach 40 Jahren) mit 69.999,71 Euro und 423.431,34 Euro. Die Lebenseinkommen summieren sich auf 1.564.848,62 Euro und 8.215.238,86 Euro. Der Humankapitalstock des IT-Experten ist also mehr als fünfmal so groß wie derjenige der Putzkraft. Soll der Humankapitalvorteil des IT-Experten unbesteuert bleiben, wenn der Vermögensvorteil des Vermögensmillionärs besteuert wird? Wie oben erklärt, kann eine Vermögenssteuer auch durch eine entsprechende Anpassung von Ertragssteuern dargestellt werden. Der Staat kann folglich Humankapitalgleichheit herstellen, wenn er den Einkommenssteuersatz des IT-Experten am Anfang des Betrachtungszeitraums auf rund 87 Prozent erhöht. Damit hätte man Verhältnisse geschaffen, die denen im »real existierenden Sozialismus« ähneln.

Dieser musste seine Bürger einsperren, damit sie ihm nicht entflohen. Sehen wir von einer neuen Mauer rund um Deutschland ab, würde der mit einer Steuer von 87 Prozent belegte IT-Experte wohl seinen Lebensmittelpunkt in ein anderes Land verlegen. Dank der Digitalisierung ist Fernarbeit in erheblichem Umfang möglich und wird es in Zukunft immer mehr Arbeitnehmern erlauben, ihren Arbeitsplatz an einen Ort mit günstigeren Steuern zu verlagern. Dem Millionär dürfte es auch ohne Digitalisierung leichtfallen, sich einer konfiskatorischen Besteuerung zu entziehen. Dabei muss er nicht unbedingt in weite Fernen ziehen, sondern kann in der näheren Umgebung bleiben.

So bietet neben der Schweiz zum Beispiel auch Italien eine Pauschalbesteuerung von Personen an, die Einkünfte aus dem Ausland beziehen. Der Millionär, der die Freizügigkeit innerhalb der EU nutzt und seinen gewöhnlichen Aufenthaltsort nach Italien verlegt, kann sich mit einer Pauschalsteuer von 100.000 Euro pro Jahr von allen anderen Steuern befreien. Dies kann bei einer deutschen Kapitalertragssteuer von 25 Prozent ab einem Vermögen von 10 Millionen Euro interessant sein. Kommt eine Vermögenssteuer von 1 Prozent im Jahr dazu, würde der effektive Steuersatz 50 Prozent betragen und die Übersiedlung nach Italien wäre schon ab einem Vermögen von 5 Millionen Euro lukrativ.* Während Deutschland seine Steuerzahler zur Kasse bittet, um Subventionen an andere EU-Länder zu finanzieren, wirbt Italien, das am meisten von dem 750 Milliarden Euro schweren EU-Wiederaufbaufonds profitieren soll, mit günstigeren Steuersätzen deutsche Steuerzahler ab.

Je härter der Steuerzugriff, desto höher der Anreiz zur internationalen Reichenmigration. Aus all diesen und anderen Gründen haben 10 von 13 OECD-Ländern, die im Jahr 1990 Vermögenssteuern erhoben haben, diese im Verlauf der letzten drei Jahrzehnte wieder abgeschafft.[83] Kommt sie wieder zurück, gewinnt die Reichenmigration an Schwung. Die logische Konsequenz wäre die Beschränkung der internationalen Mobilität in einer milderen Variante als im real existierenden Sozialismus – auch innerhalb der EU.

Die Ungleichbehandlung verschiedener Vermögensklassen rührt auf mehreren Ebenen an die Grundfesten des liberalen Rechtsstaats. Nach Artikel 3, Absatz 1 des Grundgesetzes sind alle Menschen vor dem Gesetz gleich. Damit verpflichtet das Grundgesetz

---

* Bei 4 Prozent Rendite vor Steuern bleiben nach einer Kapitalertragssteuer von 25 Prozent und einer Vermögenssteuer von 1 Prozent gerade mal 2 Prozent Rendite nach Steuer. Der effektive Steuersatz beträgt folglich 2 Prozentpunkte oder 50 Prozent der Rendite. Ein Vermögen von 5 Millionen Euro bringt bei 4 Prozent Rendite Kapitalerträge von 200.000 Euro. Beträgt der effektive Steuersatz 50 Prozent, gehen 100.000 Euro an das Finanzamt und dem Anleger bleiben 100.000 Euro. Für Vermögen über 5 Millionen Euro ist es daher günstiger, die italienische Pauschalsteuer von 100.000 Euro zu bezahlen.

die drei Staatsgewalten der Exekutive, Legislative und Judikative zur Gleichbehandlung aller Menschen auch bei der Besteuerung ihrer Einkünfte und Vermögen. Im Jahr 1995 entschied das Bundesverfassungsgericht, dass die unterschiedliche Belastung von Grundbesitz und sonstigem Vermögen nicht mit dem Gleichheitssatz vereinbar sei. Eine den Gleichheitssatz einhaltende Bewertung verschiedener Vermögensklassen dürfte in der Praxis jedoch sehr schwierig sein.

Außerdem entschied das Gericht, dass der steuerliche Zugriff auf die Ertragsfähigkeit des Vermögens im Rahmen der verfassungsrechtlichen Schranken erfolgen müsse und die wirtschaftlichen Grundlagen der persönlichen Lebensführung nicht beeinträchtigen dürfe. Im Übrigen dürfe eine Vermögenssteuer zu den übrigen Steuern auf den Ertrag nur hinzutreten, soweit die steuerliche Gesamtbelastung des Soll-Ertrags bei typisierender Betrachtung von Einnahmen, abziehbaren Aufwendungen und sonstigen Entlastungen in der Nähe einer hälftigen Teilung zwischen privater und öffentlicher Hand verbleibt (»Halbteilungsgrundsatz«).

In diesem Grundsatz spiegelt sich die Trennung von Staat und Gesellschaft wider, die sich seit der Aufklärung in der liberalen Gesellschaft herausgebildet hat. Beide stehen in einer Wechselbeziehung, die unter anderem dadurch bestimmt ist, dass der Einfluss des Staates auf die Gesellschaft begrenzt ist. Erst im totalitären System, in welchem dem staatlichen Zugriff auf das Verhalten der Einzelnen keine Grenzen gesetzt sind, sind Staat und Gesellschaft identisch und der Einzelne ist unfrei.[84]

Zwar will der moderne Sozialstaat die aus der Verwirklichung individueller Freiheit notwendigerweise entstehende wirtschaftliche Ungleichheit ausgleichen. Aber dies darf nur maßvoll geschehen, wenn er nicht in den Totalitarismus abrutschen soll. Angesichts der heute niedrigen Erträge dürfte eine Vermögenssteuer jedoch den Halbteilungsgrundsatz des (mäßig umverteilenden) Sozialstaats verletzen. Darüber hinaus würde eine in der Konfiszierung des Vermögens endende Vermögenssteuer den in Artikel 14 des Grundgesetzes gewährten Schutz des Eigentums und damit einen elementaren Grundsatz des liberalen Rechtsstaats verletzen.

Recht spiegelt die Entwicklung der Gesellschaft im Spannungsverhältnis zwischen Politik und Ethik. Es ist durch die Politik nicht beliebig formbar, solange die Ethik der Freiheit nicht von einem totalitären Staat außer Kraft gesetzt wird. Insofern sind im freiheitlichen Rechtsstaat der konfiskatorischen Besteuerung von Vermögen und Vermögenserträgen rechtliche Grenzen gesetzt. Diese Grenzen sind umso härter, je tiefer die Institutionen des freiheitlichen Rechtsstaats in der Gesellschaft verankert sind. Folglich kann der Bürger gegen die allzu übergriffige Besteuerung seiner Ersparnisse und deren Erträge Rechtsmittel einlegen.

Doch die Erosion der Ethik der Freiheit in der Gesellschaft ebnet der Politik den Weg zur Aufweichung dieser Grenzen. Was bleibt, sind Rückzugsgefechte zur Verlangsamung des Erosionsprozesses. Schon heute nutzt die Politik Inflation und »kalte Steuerprogression«, um sich mehr Einnahmen zu verschaffen, und sie wird alles daransetzen, die Rechtsgrenzen zu ihren Gunsten zu verschieben. Schlussendlich kann der Anleger nur darauf hoffen, dass sich die Mehrheitsgesellschaft gegen den Zugriff der Politik auf private Einkommen und Vermögen wendet, wenn es klar wird, dass diese Politik zur allgemeinen Verarmung im Totalitarismus führt. Bis dahin kann er emigrieren – dank des Wettbewerbs um finanzkräftige Steuerzahler sogar in ein anderes Land der EU.

Kapitel 12

Wenn der Versicherungsstaat Konkurs anmelden muss

Der Versicherungsstaat ist in mehrfacher Hinsicht an die Grenzen seiner Kompetenz und Leistungsfähigkeit gestoßen. Erstens hat er im Verlauf der Corona-Pandemie zunehmend den liberalen Rechtsstaat an den Rand gedrängt. Dort gilt das Prinzip, dass die Legislative die Gesetze erlässt, die Exekutive diese unter Kontrolle der Legislative umsetzt und die Judikative über deren Einhaltung wacht. In der Pandemie übernahm jedoch die Exekutive das Heft, holte sich eine pauschale Ermächtigung von der Legislative und schränkte wesentliche Freiheitsrechte der Bürger auf zum Teil fahrlässige Weise ein.

In der ersten Infektionswelle im Frühjahr 2020 konnte der Ausnahmezustand noch damit begründet werden, dass der Staat von ihr völlig überrascht wurde (obwohl die handelnden Politiker hätten vorbereitet sein können). Im Moment der Überraschung wusste sich der Staat anscheinend nicht anders als mit der umfassenden Beschneidung von Freiheit zu helfen. Nach dieser Erfahrung und der Geschichte der Spanischen Grippe, die nun wirklich überall nachzulesen war, hätte mit einer zweiten Infektionswelle gerechnet werden müssen. Aber der Staat traf keine nennenswerten Vorkehrungen. Er verhängte einfach erneut den Ausnahmezustand in der nächsten Welle, die, wie von Experten vorhergesagt, im Winter 2020/2021 hereinbrach.

Kapitel 12

Wäre ihm der Schutz der Freiheit ein wichtiges Anliegen gewesen, hätte der Staat nach der Erfahrung im Frühjahr alles daransetzen müssen, erneute drastische Freiheitsbeschränkungen zu vermeiden. So aber schien ihm die Aufgabe der Freiheit billiger als die Vorbeugung für ihren Schutz in einer weiteren Infektionswelle. Manche klagten über die Einfallslosigkeit der Spitzenpolitiker, die bei der Bekämpfung der Pandemie nur Lockdowns zu kennen schienen. Tatsächlich drückte sich im Griff zu diesem Mittel ihre Geringschätzung der Freiheit und Grundsätze des liberalen Rechtsstaats aus. Die Legislative spielte der Exekutive bei der fahrlässigen Aufgabe von Freiheitsrechten mit pauschalen Ermächtigungen bereitwillig in die Hände. Nur die Judikative warf dem Staat gelegentlich Knüppel zwischen die Beine.

Zweitens bewies der deutsch-europäische Versicherungsstaat erneut die Unfähigkeit staatlicher Zentralplanung, große Aufgaben effektiv zu bewältigen. Während in den USA, Großbritannien oder Israel staatliche Instanzen mit breit verteilten, großen finanziellen Anreizen die Impfstoffentwicklung und -herstellung anregten, verhedderte sich die Bürokratie der Europäischen Union in kleinteilige Verhandlungen über Preise und Risikoübernahme mit zum Teil wohl auch nach politischen Gesichtspunkten ausgewählten Anbietern.* Nachdem sich die Lieferengpässe aufgrund verstärkter Anstrengungen der Industrie aufzulösen begannen, erwies sich die deutsche Verwaltung als zu schwerfällig, das Tempo der Impfungen mit dem Anstieg der Lieferungen zu erhöhen. Obwohl die Fehler bei der Impfstoffbeschaffung und der Verimpfung menschliches Leid und hohe wirtschaftliche Kosten verursachten, übernahm kein Politiker auf der europäischen oder nationalen Ebene dafür die Verantwortung. Diese Erfahrung reiht sich in eine lange Liste staatlichen Versagens ein, die von den Bauverzögerungen und der

---

* Laut Presseberichten fürchteten einige Politiker in kleineren EU-Staaten, dass größere Länder Bestellungen für Impfstoff zu industriepolitischen Zwecken nutzen wollten. Möglicherweise spielte das auch eine Rolle bei den späten und relativ kleinen Bestellungen von Impfstoff bei der deutsch-amerikanischen Partnerschaft Biontech/Pfizer und dem US-Hersteller Moderna.

Kostenexplosion beim Berliner Flughafen bis zur mangelnden Einsatzbereitschaft der Bundeswehr reicht.*

Drittens überschritt der Versicherungsstaat in der Corona-Pandemie auch die Grenze seiner finanziellen Leistungsfähigkeit. In der von John Maynard Keynes begründeten Konjunkturversicherung sollte der Staat in Rezessionen oder Wirtschaftskrisen einspringen, wenn die privaten Investitionen sinken, und den Überschuss der Ersparnis über die Investitionen in staatliche Nachfrage verwandeln. Im Aufschwung sollte er weniger nachfragen und mit Haushaltsüberschüssen die in der Rezession aufgenommenen Schulden wieder zurückzahlen. Im Trend sollte der Staat folglich ausgeglichene Haushaltssalden und einen stabilen Anteil an der gesamtwirtschaftlichen Nachfrage haben. Wie wir gesehen haben, gelang es bisher nicht, diese Theorie erfolgreich in die Praxis umzusetzen.

Da der Versicherungsstaat nicht wie ein privates Versicherungsunternehmen finanzielle Reserven bildet, mit denen Schäden ausgeglichen werden könnten, muss er sich das Geld leihen, das er seinen Versicherten zahlt. Doch in der großen Krise kommt es zur *Fallacy of Composition*: Wenn sich jeder geschädigt fühlt, kann keiner Schadensersatz leisten. Folglich lässt sich der Versicherungsstaat das zum Schadensersatz nötige Geld durch seine Zentralbank schaffen. Schließlich verliert das zum Schadensersatz geschaffene Geld seine Kaufkraft und der Versicherungsstaat seine Versicherungsfunktion.

In den vergangenen Jahrzehnten saugte der Versicherungsstaat in Konjunkturabschwüngen Ersparnisse auf, zahlte die eingegangenen Schulden in Aufschwungphasen jedoch bis auf wenige Ausnahmen nicht wieder zurück. Folglich stiegen in vielen Ländern sowohl der Anteil des Staates an der Nachfrage als auch die Staatsverschuldung. Seit Beginn dieses Jahrhunderts erlebte die Welt zwei Krisen, die der

---

* Obwohl die Ausgaben für Verteidigung in Deutschland 76 Prozent der russischen Ausgaben ausmachen, rangiert die Bundeswehr auf Platz 15 in der Rangfolge der Schlagkraft der Streitkräfte weltweit, hinter Iran (auf Platz 14) und weit hinter Russland (auf Platz 2) (https://www.globalfirepower.com/countries-listing.asp, aufgerufen am 25.02.2021).

Versicherungsstaat jeweils zu Jahrhundertkrisen ausrief und entsprechende Versicherungszahlungen an seine Bürger leistete. In der Großen Finanzkrise von 2007/2008 und der anschließenden Rezession reichte die vorhandene Ersparnis nicht mehr aus, um die staatlichen Rettungsaktionen zu finanzieren. Der Staat begann, seine Ausgaben mit neu geschaffenem Geld zu bestreiten.

Rechtlich ist der Europäischen Zentralbank die monetäre Staatsfinanzierung verboten. Aber die Auslegung von Europarecht ist dehnbar. Folglich hat auch die EZB wie andere Zentralbanken faktisch die Staatsfinanzierung übernommen – was sie natürlich bestreitet. Die EZB begründet den Ankauf von Anleihen mit der Notwendigkeit, die Finanzierungsbedingungen für die Wirtschaft zu verbessern, um die wirtschaftliche Aktivität anzukurbeln. Diese Begründung ergibt jedoch keinen Sinn, wenn der Staat gleichzeitig die wirtschaftliche Aktivität herunterreguliert, um die Pandemie einzudämmen. Folglich erscheint die Politik der EZB in den Pandemiejahren 2020/2021 nur dann logisch, wenn sie auf die Finanzierung staatlicher Haushaltsdefizite abzielte.

Deutlich wird dies, wenn man die Entwicklung der Anleihekaufprogramme verfolgt. Im Jahr 2020 hat die EZB im Rahmen ihrer Ankaufprogramme PSPP (*Public Sector Purchase Programme*) und PEPP (*Pandemic Emergency Purchase Programme*) 95,5 Prozent der 991 Milliarden Euro (8,8 Prozent des Bruttoinlandsprodukts, BIP) an neu emittierten öffentlichen Anleihen der Eurostaaten gekauft[85]. Besonders kauflustig war die EZB in Italien und Spanien, wo sie 117 Prozent beziehungsweise 113 Prozent der Neuemissionen erworben hat. Das heißt, die EZB hat um 17 Prozent mehr italienische und um 13 Prozent mehr spanische Staatsanleihen aufgekauft als diese Staaten im Jahr 2020 neu emittiert haben. In diesem Umfang wurden am Markt finanzierte Altschulden in die monetäre Finanzierung durch die EZB überführt.

Macht die EZB weiter wie bisher, was nach den jüngsten Beschlüssen möglich ist, könnte sie 2021 rund 1,4 Billionen Euro an Staatsanleihen aufkaufen. Das wäre mehr als ausreichend, um das vom IWF für 2021 prognostizierte Budgetdefizit der Eurostaaten von 600 Milliarden und die geplante 750 Milliarden Schuldenaufnahme des EU-Aufbaufonds zu finanzieren. Doch das dürfte erst der Anfang sein. Führende europäische Politiker, darunter der französische Finanzminister Bruno Le Maire, sehen den EU-Aufbaufonds als Einstieg in die gemeinsame Schuldenaufnahme der Eurostaaten.

Oft wird die Vergemeinschaftung der Staatsschulden mit den Vorteilen des *Risiko-Pooling* begründet. Es wird behauptet, dass dadurch einzelne Staaten den günstigen Zugang zum Kapitalmarkt behalten können, wenn sie unverschuldet von besonderen Notlagen (»negativen, externen Schocks«) betroffen werden. Wären sie auf sich allein gestellt, müssten sie höhere Zinsen bezahlen, um notwendige Kredite zu bekommen. Doch kann dieses Argument nicht überzeugen.

Denn erstens sind unverschuldete Notlagen, die nur einen Staat betreffen, eher selten und werden meist, wie zum Beispiel im Fall von Naturkatastrophen, durch bilaterale Hilfen anderer Staaten gemildert (was auch explizit in den europäischen Verträgen vorgesehen ist). Viel wahrscheinlicher ist, dass die Notlage selbst verschuldet ist oder alle europäischen Staaten betrifft. In der Finanzkrise gerieten nur diejenigen Staaten in eine Notlage, die sich vorher überschuldet hatten, und die Corona-Krise betraf alle Staaten. Zweitens müssten zur Versicherung gegen Notlagen die Beiträge nach dem Risiko gestaffelt werden, die der Versicherte für die Versicherung insgesamt darstellt. Bei der Vergemeinschaftung von Schulden gilt aber der gleiche Zins für alle.

Besonders problematisch wird es, wenn die Europäische Zentralbank die Finanzierung der gemeinsamen Verschuldung übernimmt. Der Nutzen aus der Geldemission zur Finanzierung staatlicher Aktivitäten tritt unmittelbar ein, die Kosten in Form von höherer Inflation kommen viel später und können der Finanzierung nicht mehr direkt zugeordnet werden. Das lädt zur »Übernutzung« der monetär finanzierten Aufnahme gemeinsamer Schulden ein. Ökonomen nennen dies die »Tragik der Allmende«. Gemeint ist damit die Übernutzung von

Gemeineigentum, wo die Eigentumsrechte und damit Verantwortlichkeiten ungeklärt sind. Bagus hat dieses analytische Konzept auf die Eurozone angewendet und geschlossen, dass der Euro langfristig keinen Bestand haben kann.[86]

Der auf die Spitze getriebene Versicherungsstaat kann zwar allen und jedem Geld beschaffen, zerstört sich durch Überdehnung schließlich aber selbst. Denn dass sich die Bürger mit dem zur Finanzierung der staatlichen Aktivitäten geschaffenen Geld am Ende noch etwas kaufen können, ist mehr als zweifelhaft. Verlieren die Bürger das Vertrauen in das vom Staat über seine Zentralbank geschaffene Geld zur Vollversicherung gegen alle Risiken (und Finanzierung von Wohltaten zum Kauf von Wählerstimmen), kommt es nicht nur zur Geldkrise, sondern auch zur Krise des Versicherungsstaats. Der Staat entledigt sich seiner Verpflichtungen, indem er das von ihm emittierte Geld durch Inflation oder gänzliche Abschaffung entwertet. Beide Arten des Staatskonkurses haben enorme gesellschaftliche Auswirkungen.

Aus dem Konkurs entwickelt sich eine neue Rolle für den Staat. Wünschenswert wäre die Rückkehr zur liberalen Staatsordnung, in der Freiheit, Verantwortung und Haftung miteinander verbunden sind und wirtschaftliche Existenz- statt Lebensstandardrisiken vom Staat versichert werden. Zu befürchten ist aber der Rückfall in die Stammesordnung, in der die Volksgemeinschaft den Einzelnen zum Preis der Aufgabe seiner Freiheit abzusichern verspricht, wie es im italienischen Faschismus und deutschen Nationalsozialismus der Fall war. Böckenförde warnt: »Sind umfassende soziale Sicherheit, wirtschaftliches Wachstum, Steigerung des Lebensstandards nicht nur staatlich freigesetzte und ermöglichte, sondern vom Staat unmittelbar zu verwirklichende und zu gewährleistende Ziele, so muss der wirtschaftliche Gesamtprozess – ebenso wie die Verteilung des Sozialprodukts – in staatliche Lenkung und Regie übernommen werden … die mit dem liberalen Zeitalter begonnene Trennung von staatlicher Macht und Wirtschaftsmacht ist dann an ihr Ende gekommen.«[87]

Teil III

Narrative für die Zukunft

Kapitel 13

Was tun?

In den vorangegangenen Kapiteln habe ich beschrieben, wie wir vergeblich versucht haben, die in unserer komplexen Welt vorherrschende radikale Unsicherheit mit stark vereinfachenden Modellen in messbare Risiken zu überführen, und welche Konsequenzen dieser Irrtum für die Geldpolitik, den Finanzsektor und unseren Umgang mit Gefahren für Wirtschaft und Gesellschaft hatte. Im Folgenden möchte ich diskutieren, wie wir mit radikaler Unsicherheit besser umgehen könnten.

Die uns allen geläufige Art ist, an der Illusion der Messbarkeit des Risikos festzuhalten und Überraschungen als absolute Ausnahmen von den Regeln der Modellwelt abzutun. So gesehen waren die Dot.com-Blase im Jahr 2000, die Große Finanzkrise von 2007/2008 und die Corona-Pandemie von 2020/2021 alle solche Ausnahmen oder »Jahrhundertereignisse«. Da sich diese »Jahrhundertereignisse« aber sehr viel häufiger wiederholen als wir annehmen und uns lieb ist, machen wir unsere Lebensumstände durch das Festhalten an der Illusion der Berechenbarkeit fragil.

Der Autor Nassim Nicholas Taleb beschreibt, wie uns diese Fragilität immer wieder große und kleine Katastrophen im Finanzbereich beschert hat, denen wir dann fassungslos gegenüberstehen.[88] »Fragil« ist einer der drei Zustände unseres Umfelds, die Taleb definiert hat. Die beiden anderen sind »robust« und »antifragil«. Als »fragil« bezeichnet Taleb Dinge oder Zustände, die unter Druck in tausend Stücke zerfallen oder in eine Abwärtsspirale übergehen.

»Robust« sind dagegen Dinge oder Zustände, die Druck standhalten oder ihn über Knautschzonen abfangen, »antifragil« ist, was unter Druck stärker wird.

Im Wirtschafts- und Finanzbereich sind Ordnungen fragil, in denen die Teile starr verbunden sind und Entscheidungen zentral getroffen werden. Fehlentscheidungen von zentralen Planern erfassen alle Teile einer zentralen Planwirtschaft gleichermaßen, Druck trifft auf Unbeweglichkeit, und statt sich anzupassen, zerbricht das System. Schon vor der Finanz- und Eurokrise war unsere Wirtschafts- und Finanzordnung fragil. Zentralbanken bestimmten auf der Grundlage neu-keynesianischer makroökonomischer Modelle die kurzfristigen Kapitalmarktzinsen, und durch die moderne Finanztheorie gleichgeschaltetes Denken führte zu einer Monokultur in den Anlageentscheidungen und im Management von Finanzrisiken. Durch hohe Verschuldung waren die Akteure weltweit eng und starr vernetzt. Im Euroraum wurde die Fragilität dadurch erhöht, dass die früher durch variable Wechselkurse bestehenden flexiblen Verbindungen der Volkswirtschaften abgeschafft wurden, ohne dass zum Ausgleich erhöhte Flexibilität auf dem Arbeitsmarkt und in der Wirtschaftspolitik geschaffen worden wäre.

In Reaktion auf die Finanz- und Eurokrise hat die Politik die zentrale Planung verstärkt und den Grad der Vernetzung erhöht. Nun bestimmen die Zentralbanken auch noch die langfristigen Kapitalmarktzinsen, und das Gruppendenken beim Anlegen und Management von Finanzmarktrisiken wird von starren, bürokratischen Vorschriften im Rahmen der Banken- und Versicherungsregulierung gefördert. Im Euroraum sind die Volkswirtschaften durch riesige Beistandskredite und die Finanzierungsgarantie der EZB noch straffer aneinandergekettet. Starre politische und bürokratische Strukturen haben bei der Bekämpfung der Corona-Pandemie zum Staatsversagen geführt. Die Kosten sind gewaltig: viele vermeidbare Todesfälle und hohe Einbußen an wirtschaftlicher Leistung (die mit neu geschaffenem Geld fürs erste kaschiert wurden). Insgesamt hat sich die Fragilität der globalen und europäischen Wirtschafts- und Finanzordnung erhöht.

Eine andere, ebenfalls beliebte Form des Umgangs mit radikaler Unsicherheit ist das sogenannte Vorsorgeprinzip. Danach sollen alle denkbaren Belastungen und Beschädigungen unserer Lebensumstände dadurch vermieden werden, dass wir alle Handlungen unterlassen, die zu solchen Belastungen und Beschädigungen führen könnten. Im Bereich des Umweltschutzes hat dieses Prinzip sogar Eingang in die Europäischen Verträge gefunden:

> »Die Umweltpolitik der Union zielt unter Berücksichtigung der unterschiedlichen Gegebenheiten in den einzelnen Regionen der Union auf ein hohes Schutzniveau ab. Sie beruht auf den Grundsätzen der Vorsorge und Vorbeugung, auf dem Grundsatz, Umweltbeeinträchtigungen mit Vorrang an ihrem Ursprung zu bekämpfen, sowie auf dem Verursacherprinzip.«[89]

Folgerichtig wird das Vorsorgeprinzip regelmäßig bemüht, um die Nullemission von Kohlendioxid oder die vollständige Abschaltung von Atomkraftwerken durchzusetzen. Aus Vorsicht schließen wir alternative Techniken zum Umgang mit Kohlendioxid wie die Abscheidung und Speicherung in unterirdischen Lagerstätten aus, und aus Vorsicht verfolgen wir die Entwicklung moderner und sicherer Atomkrafttechnik nicht weiter. Aus Vorsicht lehnen wir gentechnisch veränderte Lebensmittel ab, verweigern uns der als »Genschere« bekannten CRISPR/Cas-Methode zum gezielten Umbau vorhandener Gene (eine Art Zucht im Schnellverfahren) und treiben damit die gesamte Genetik außer Landes.

Bei der Bekämpfung der Corona-Krise hätte mancher den Lockdown lieber vorsorglich so lange beibehalten, bis ein Medikament oder ein Impfstoff gegen SARS-CoV-2 gefunden (und in ausreichender Menge bereitgestellt) worden ist. Viele wollen sich lieber nicht impfen lassen, weil sie Impfstoffen allgemein nicht trauen oder weil die neuen Impfstoffe vermeintlich durch genetische Manipulation wirken. Und bei der Geldanlage wollen viele Sparer alle möglichen Verluste von vorherein dadurch ausschließen, dass sie Aktienanlagen grundsätzlich ablehnen. Zu Ende gedacht bedeutet das Vorsorgeprinzip jedoch, dass wir uns alle Handlungsoptionen verwehren. Denn jede Handlung kann uns schädigen. Sogar an dem Bissen Brot, den wir täglich essen, könnten wir ersticken.

Unser Ziel muss es also sein, auch unter radikaler Unsicherheit Lösungen für Probleme zu finden, die zu dauerhaftem Erfolg führen, also – um das gegenwärtige Modewort zu bemühen – »nachhaltig« sind. Wie aber müssen nachhaltige Lösungen beschaffen sein? Ich denke, sie müssen wenigstens eine der folgenden drei Eigenschaften haben: (i) Robustheit, (ii) Antifragilität und (iii) Resilienz. Robustheit ist die Eigenschaft, unvorhergesehene Schläge einstecken zu können, Antifragilität, dadurch stärker zu werden, und Resilienz, Schäden ausbessern und Verluste wiedergutmachen zu können. Mit zumindest einer dieser Eigenschaften haben nachhaltige Lösungen eine faire Chance, unvorhergesehene Herausforderungen, mit denen man bei radikaler Unsicherheit immer rechnen muss, zu bestehen. Nicht nachhaltige Lösungen zeichnen sich durch Fragilität aus. Sie erscheinen erfolgreich, solange die engen Bedingungen für ihren Erfolg erfüllt sind, versagen aber, wenn diese aufgrund von unvorhersehbaren Veränderungen nicht mehr gegeben sind.*

Unsicherheit kann mehrere Formen annehmen, die ich in drei Kategorien einteilen will: (i) weitgehend bekanntes Unbekanntes, (ii) teilweise bekanntes Unbekanntes und (iii) unbekanntes Unbekanntes (siehe Kapitel 2). Kann man eine Situation identifizieren – ist sie also bekannt – aber Zeit und Art ihres Eintretens unbekannt, ist sie je nach Grad der Unsicherheit teilweise oder weitgehend bekanntes Unbekanntes. Bei teilweise und weitgehend bekanntem

---

* Dafür lassen sich viele Beispiele anführen, unter anderen (1) die fragile Architektur des Euro, die von der globalen Kreditblase profitierte und zusammenbrach, als diese platzte, oder (2) die in der Ära Merkel verknöcherte deutsche Staatsarchitektur, die beim Management der Corona-Pandemie versagte.

Unbekanntem kann man vielleicht robuste und antifragile Lösungen finden, um damit umzugehen. Gegen unbekanntes Unbekanntes kann man sich jedoch nicht gezielt wappnen, da man die Situation nicht antizipieren kann. In diesem Fall hilft vor allem Resilienz, also die Fähigkeit durch ungenügende oder nicht vorhandene Robustheit oder Antifragilität entstandene Schäden wieder wettzumachen. Fragilität entsteht, wenn man unbekanntes Unbekanntes komplett ausblendet und teilweise und weitgehend bekanntes Unbekanntes als vermessbare Unsicherheit behandelt.

In Tabelle 13.1 habe ich den Umgang mit Unsicherheit ihren verschiedenen Formen zugeordnet. Dabei ist das Symbol ◆ umso größer, je wichtiger die jeweilige Form des Umgangs mit der Art der Unsicherheit ist. Handelt es sich um weitgehend und teilweise bekanntes Unbekanntes (WBU und TBU) ist es leichter, Robustheit und Antifragilität zu schaffen als im Fall von unbekanntem Unbekanntem (UU). Dort hingegen ist es wichtiger, da man sich auf negative Schocks nicht einstellen kann, für Resilienz zu sorgen.

Tabelle 13.1: Formen der Unsicherheit und des Umgangs mit ihr

	WBU	TBU	UU
Robust	◆	◆	◆
Robust+ antifragil	◆	◆	◆
Resilient	◆	◆	◆

John Kay und Mervyn King schlagen vor, uns im Fall von (teilweise und weitgehend) bekanntem Unbekanntem auf nachhaltige Problemlösungen mit Versuch und Irrtum heranzutasten.[90] Ausgangspunkt ist eine Diagnose der Problemlage in Form eines ausgereiften, alle bekannten Aspekte berücksichtigenden und in sich konsistenten Narrativs (einer »Erzählung«). Erzählungen folgen einer in ihnen angelegten Dynamik. Sind sie realistisch, erzeugen sie beim Zuhörer zu jedem Zeitpunkt Erwartungen, wie es weitergehen könnte. Oft werden Erzählungen dadurch reizvoll, dass unerwartete Wendungen kommen. Aber sie werden unrealistisch, wenn diese Wendungen der in ihnen angelegten inneren Logik widersprechen. Ein sanfter Charakter wird im Verlauf einer glaubwürdigen (und damit realistischen) Erzählung nicht ohne Grund gewalttätig und ein gewalttätiger nicht ohne Grund sanft.

Da Geschichte sich voll entfalten muss (wie wir von Tolstoi aus *Krieg und Frieden* lernen) folgen Erzählungen einer inneren Dynamik.* In der Rückschau scheint es meist so, als ob das, was wirklich geschehen ist, in der Tat unvermeidlich war. Erzählungen reichen also in die Zukunft, sodass man sich an ihnen für Entscheidungen orientieren kann, die in der Zukunft fruchten. Dazu muss man aber richtige Erzählung identifizieren. Hilfe dazu bietet eine »Prä-mortem-Analyse«, bei der man von einem bestimmten Ergebnis ausgehend die Erzählung zurückverfolgt. Durch die Beantwortung der Frage »Was muss passieren, dass es zu dem angenommenen Ergebnis kommt?« lässt sich die Plausibilität eines Narrativs ergründen. Ist ein sehr außergewöhnlicher Verlauf nötig, um vom Ausgangspunkt zu dem angenommenen Ereignis zu kommen, ist das Narrativ weniger plausibel. Ergibt sich ein Pfad ohne große Hürden, die bis zu seinem Ende zu nehmen wären, ist es plausibler. Im Englischen gibt es dazu das Idiom des *path of least resistance*, des Wegs des geringsten Widerstands. Durch Prüfung, ob es dem *path of least resistance* folgt, hilft die Prä-mortem-Analyse, die Schwächen eines Narrativs zu identifizieren und eine schwache Erzählung als vorläufiges Referenznarrativ zu verwerfen.

---

* »Für ein historisches Ereignis gibt es keine Ursache und kann es keine geben außer der einzigen Ursache aller Ursachen. Aber es gibt Gesetze, die die Ereignisse lenken. Zum Teil sind sie unbekannt, zum Teil können wir sie fühlen. Ein Erkennen dieser Gesetze ist aber erst möglich, wenn wir uns abgewöhnt haben, die Ursache geschichtlicher Ereignisse im Willen eines einzelnen Menschen zu suchen, ebenso wie das Erkennen der Planetenbewegungen erst dann möglich wurde, als sich die Menschen von der Vorstellung losgemacht hatten, dass die Erde feststehe.« (Tolstoi, 2002, S. 1341)

Was tun?

Doch ist man vor Irrtum und Überraschungen nie gefeit. Dem preußischen Militärstrategen Carl von Clausewitz wird der Satz zugeschriebene, dass kein Kriegsplan den ersten Zusammenstoß mit dem Feind überlebt:

> »Die Strategie ist der Gebrauch des Gefechts zum Zweck des Krieges ... Da sich alle diese Dinge meistens nur nach Voraussetzungen bestimmen lassen, die nicht alle zutreffen, eine Menge anderer, mehr ins einzelne gehender Bestimmungen sich aber gar nicht vorher geben lassen, so folgt von selbst, daß die Strategie mit ins Feld ziehen muß, um das Einzelne an Ort und Stelle anzuordnen und für das Ganze die Modifikationen zu treffen, die unaufhörlich erforderlich werden. Sie kann also ihre Hand in keinem Augenblick von dem Werke abziehen.«[91]

Narrative müssen folglich laufend überprüft und veränderten Umständen angepasst werden. Prä-mortem-Analysen können bei der Anpassung helfen, weil sie einen Teil möglicher Entwicklungen ausloten können. Aber sie können natürlich nicht verhindern, dass Narrative auch grundsätzlich geändert werden müssen, weil zum Beispiel völlig neue Wendungen entstehen. Folglich müssen aus dem Referenznarrativ abgeleitete Entscheidungen revidiert werden können, wenn sich das Narrativ verändert. Deshalb sollte man große Probleme in Reihen kleinerer zerlegen, um Entscheidungen über alles oder nichts zu vermeiden.

Dabei kann es helfen, Entscheidungen über mehrere Ebenen zu verteilen. In der Sprache des US-Militärs ist radikale Unsicherheit gekennzeichnet durch *Volatility, Uncertainty, Complexity and Ambiguity*, wofür es natürlich ein Akronym geben muss: VUCA. Der Begriff entstand in den 1990er-Jahren am United States Army War College (USAWC) in Pennsylvania und diente zunächst dazu, die multilaterale Welt nach dem Ende des Kalten Krieges zu beschreiben. Später breitete sich der Begriff auch in andere Bereiche strategischer Führung und auf andere Arten von Organisationen aus, vom Bildungsbereich bis in die Wirtschaft. Für die militärische Führung ist die ideale Kommandostruktur bei VUCA keine strikte Hierarchie, sondern eine »Sphäre«, in der im Kern die Kultur (zum Beispiel Kampfeswillen innerhalb des Kriegsrechts) bestimmt wird und die einzelnen Teile der Organisation in den Außenbereichen frei agieren können, solange ihre Aktionen sich im Rahmen der Kultur bewegen.[92] Nur durch Dezentralisierung führen militärische Operationen unter VUCA zum Erfolg.

Auf die Zivilgesellschaft insgesamt übertragen heißt dies, dass die einzelnen Mitglieder so viel Freiheit in ihren Entscheidungen haben sollten, dass sie die Freiheit der anderen nicht beeinträchtigen. Dazu sind Regeln notwendig, die eine »Ordnung der Freiheit« begründen können.[93] Da diese Regeln nicht durch lückenlose Kontrolle erzwungen werden können (was eine Freiheitsordnung ad absurdum führen würde), müssen sich die Gesellschaftsmitglieder aus eigenem Antrieb an diese Regeln halten. Es ist wie bei einem Spiel: Halten die Teilnehmer sich nicht an die Spielregeln, funktioniert es nicht. Damit sie sich an die Regeln halten können, müssen sie das Spiel verstehen. »Spielverständnis« ist für die Gesellschaft das, was für die US-Militärs die von der »Sphäre« geschaffene Kultur ist.[94]

Dementsprechend müsste zum Beispiel in der Klimafrage eine vorläufige Entscheidung getroffen werden, ob die Kohlendioxidmenge verringert werden soll oder nicht. Die Folgen dieser Entscheidung müssten aus klimawissenschaftlicher, ökonomischer und sozialer Sicht anhand von entsprechenden Narrativen analysiert und gegeneinander abgewogen werden. Aus der Schnittmenge akzeptabler Narrative könnte die Entscheidung kalibriert werden. Die Umsetzung müsste dann unter Beachtung der Subsidiarität erfolgen. Und die Entscheidung müsste korrigiert werden können, wenn sich neue Erkenntnisse ergeben.

Statt also den Ausstoß von Kohlendioxid (CO_2) mit staatlichen Vorschriften für jeden einzelnen Emittenten bis zum Nullpunkt herunterzuregulieren, dürfte es sinnvoller sein, auf zentraler Ebene unter Abwägung der verschiedenen Aspekte die allgemeine Entscheidung zu treffen und die ihre Umsetzung betreffenden besonderen Entscheidungen zu de-zentralisieren. Dies kann auf diesem Gebiet mit der Besteuerung des CO_2-Ausstoßes erreicht werden. Die Steuer kann von staatlichen Behörden gesetzt werden, sodass sich der Ausstoß entsprechend der Steuerbelastung verringert, oder sie kann sich aus einem staatlich vorgegebenen Pfad zur Verringerung des Ausstoßes ergeben (wobei über den Handel mit Ausstoßzertifikaten ein Ausgleich der Grenzkosten der CO_2 Vermeidung erreicht und dadurch die gesamtwirtschaftlichen Kosten minimiert werden können). Die Steuer oder der Ausstoß kann unter Beachtung wirtschaftlicher und sozialer Aspekte kalibriert werden. Erscheinen die Kosten einer vollständigen Eliminierung des Ausstoßes aus wirtschaftlicher oder sozialer Sicht höher als der Nutzen aus der Begrenzung des erwarteten Temperaturanstiegs, müssten Maßnahmen zur Anpassung an ein wärmeres Klima ergriffen werden.

Steht das Ziel einer nicht nur klimawissenschaftlich erwünschten, sondern auch wirtschaftlich und sozial verkraftbaren CO_2-Verminderung – und nicht die bedingungslose Verhinderung – im Zentrum, werden die Folgen von Irrtümern dadurch verringert, dass dezentrale Entscheidungen über den Einsatz mehrerer Mittel auf der Grundlage ihrer Effektivität getroffen werden können. Auf diese Weise werden planerische Eingriffe in privatwirtschaftliche Handlungen verringert und die Möglichkeit zur Korrektur eröffnet, wenn das Narrativ zum Klimawandel aufgrund neuer Erkenntnisse angepasst werden muss.

Eine Steuer auf den mit fossilen Brennstoffen verbundenen CO_2-Ausstoß nimmt nur den Anstieg der Preise für diese Brennstoffe vorweg, der sich aufgrund ihrer endlichen Verfügbarkeit langfristig sowieso ergeben hätte. Aufgrund der Vorwegnahme von ohnehin zu erwartenden Entwicklungen und der Aufteilung der Entscheidungen über mehrere Instanzen auf verschiedene Ebenen ist die Einführung der Steuer die wohl effektivste und effizienteste Lösung der Klimafrage vor dem Hintergrund radikaler Unsicherheit. Die Steuer lässt die Technik zur Verminderung des CO_2-Ausstoßes offen und lässt fossile Energieträger weiterhin zu, solange deren volkswirtschaftliche Grenzkosten die Grenzvermeidungskosten des CO_2-Aussoßes nicht übersteigen. Die breite Diversifizierung über verschiedene Energiequellen schafft Resilienz für den Fall, dass nicht antizipierte Überraschungen auftreten.

Leider ist jedoch die politische Führung – vor allem bei uns – weit entfernt von den Einsichten des US-Militärs (oder des preußischen Militärstrategen Clausewitz). Statt Dezentralisierung ist Zentralisierung von Entscheidungen angesagt. Denn der Versicherungsstaat sieht sich in der Rolle des obersten Risikomanagers für die Gesellschaft und maßt sich das dafür notwendige Wissen an, obwohl es in Wirklichkeit in den Köpfen seiner Bürger steckt. Durch die staatliche Anmaßung erzieht er diese zur Denkfaulheit, wie es schon Alexis de Tocqueville beschrieben hat (Kapitel 8).

Kapitel 14

Die Bedeutung von Narrativen

In einer mit meinem Kollegen Marius Kleinheyer durchgeführten Studie habe ich die Bedeutung von Narrativen für die Entwicklung auf den Finanzmärkten beleuchtet.[95] Bevor sie handeln, kommunizieren Marktteilnehmer miteinander, um ihr subjektives Wissen mit dem Wissen der anderen abzugleichen. Komplexes Wissen ist schwer zu vermitteln. Wenn es in Form von Erzählungen ausgedrückt wird, ist es leichter, »Ideen zu vermitteln«.[96] Robert Shiller hat ein Forschungsprogramm (genannt *Narrative Economics*) ins Leben gerufen, um den Einfluss populärer Erzählungen auf bahnbrechende Ereignisse wie die Depression von 1920 bis 1921 oder die Große Depression der 1930er-Jahre zu untersuchen.[97] Unter anderem hat er herausgefunden, dass sich Erzählungen wie Epidemien ausbreiten und das Verhalten der Menschen beeinflussen können, was sich wiederum auf die Erzählungen auswirken kann.

Während Shiller die Auswirkungen der »großen« Narrative auf die historischen wirtschaftlichen Entwicklungen nachzeichnet, haben in den Finanzmärkten eher »kleine« Narrative Auswirkungen auf die Finanzmarktpreise. In dem Maße, wie die Marktteilnehmer die Narrative teilen und sie durch Handeln im Markt umsetzen, bewegen sich die Preise. Im Gegenzug fließt die Bewegung der Preise wieder in die Erzählungen ein.

Shiller erklärt das Entstehen und Verschwinden von Erzählungen wie den Aufstieg und das Abklingen von Epidemien durch Ansteckung und wachsende Immunität. Doch Narrative sterben nicht an Altersschwäche, sondern werden durch andere Narrative ersetzt. Um zu verstehen, wie neue Narrative bestehende Narrative auf den Finanzmärkten ablösen, greifen wir auf die schon erläuterte Theorie der wissenschaftlichen Revolutionen zurück, die von Thomas S. Kuhn initiiert und von Imre Lakatos weiterentwickelt wurde.

Die Einsichten von Kuhn und Lakatos in die Schaffung neuer wissenschaftlicher Erkenntnisse sind wertvolle Anhaltspunkte für das Verständnis, wie sich das Entstehen neuen Wissens auf dem Markt auswirkt. Teilnehmer, die nach einer neuen gemeinsamen Erzählung handeln, beeinflussen die Marktpreise. Für einige Zeit kann es zu einem Kampf zwischen einer herrschenden und einer neuen Erzählung kommen. Die neue Erzählung kann sich während dieses Kampfes verändern oder neue Erzählungen hervorbringen. Und schließlich wird der Streit beigelegt, und eine neue Erzählung herrscht, bis der Prozess von neuem beginnt. Es ist möglich, dass der Kampf der Erzählungen intensiv und der Sieg der neuen absolut ist, wie Kuhn den revolutionären Paradigmenwechsel in der Wissenschaft beschrieben hat, oder dass er sich in die Länge zieht und die neue Erzählung die alte schrittweise verdrängt, wie Lakatos argumentiert hat.

Die Überlegung, dass Narrative die wirtschaftlichen Handlungen von Menschen bestimmen, hat auf dem Feld der wirtschaftswissenschaftlichen Narrative den Wechsel von der heute gängigen neukeynesianischen/neoklassischen ökonomischen Theorie (NNT) zur österreichischen Wirtschaftstheorie (ÖWT) zur Folge. In der NNT haben ökonomische Informationen und Kenntnisse über ökonomische Zusammenhänge objektiven Charakter. Es gibt nur richtige, falsche oder keine Informationen und Kenntnisse. Da die Personen im Markt rational handeln, sind sie in der Lage, alle verfügbaren richtigen Informationen aufzunehmen, mit den richtigen Kenntnissen auszuwerten und danach zu handeln. Die psychologische und soziologische Forschung hat diese Sicht auf die Informationsverarbeitung und Handlungsweise von Menschen jedoch widerlegt. Tatsächlich nehmen Menschen Informationen entsprechend ihrer subjektiven Fähigkeiten auf und werten sie damit aus.

Auf der Grundlage dieser Einsicht lehnt es die ÖWT ab, das Verhalten von Menschen objektiv und allgemeingültig erklären zu wollen, und sieht in den Handlungen am Markt den Prozess, mit dem neues Wissen entsteht. Wenn Anbieter und Nachfrager mit ihren Preisvorstellungen an den Markt kommen, kann zu einem bestimmten Preis eine Transaktion zustande kommen, die den Markt in dem Sinne räumt, dass in der Transaktion die Nachfrage dem Angebot entspricht. Aber es müssen dabei nicht alle Anbieter oder Nachfrager zum Zuge gekommen sein.

Manche geplanten Käufe oder Verkäufe kommen zu dem gefundenen Preis nicht zur Ausführung; das gefundene Markgleichgewicht ist dann nur vorübergehend. Die unrealisierten Erwartungen werden anhand der am Markt gemachten Erfahrung und möglicherweise neuer Informationen angepasst und bilden die Grundlage für weitere Handlungen. Auf diese Weise kommt der Markt nie zur Ruhe, findet eben nicht das in der neoklassischen Theorie allgegenwärtige Gleichgewicht, sondern entwickelt sich laufend dynamisch weiter.

Das intuitive Verstehen von in die Zukunft reichenden Entwicklungen spielt in der vorherrschenden ökonomischen Lehre keine Rolle, wurde aber von unterschiedlichen Autoren schon früher thematisiert. Ludwig von Mises beschreibt die Bildung der Erwartungen für die Zukunft auf der Grundlage des Verstehens der Geschehnisse in der Vergangenheit und nennt dies »Thymologie«, die psychologische Analyse der über die reine Rationalität hinausgehenden Beweggründe für menschliche Handlungen.[98] Keynes verwendete dafür die Bezeichnung *Animal Spirits*.[99] Shiller weist auf die Bedeutung von geteilten Narrativen für die Entstehung von Beweggründen hin.[100] Kay und King identifizieren Narrative als Mittel für Entscheidungen über Handlungen im Umfeld radikaler Unsicherheit, und mein Kollege Marius Kleinheyer und ich analysieren die Bildung von Narrativen an den Finanzmärkten.[101]

Kapitel 15

Umsetzung in die Praxis

Der legendäre Investor (und heutige Philanthrop) George Soros hat in seinem 1987 erschienenen Buch *The Alchemy of Finance* (dt.: *Die Alchemie der Finanzen*) beschrieben, wie er unter den Bedingungen radikaler Unsicherheit und Reflexivität der Märkte seine Entscheidungen trifft.[102] Bei der Selbsteinschätzung seiner Investitionsentscheidungen stellt er fest, dass sein finanzieller Erfolg im krassen Gegensatz zu seiner Fähigkeit stehe, Ereignisse vorherzusagen. Dass er trotz falscher Prognosen gute Ergebnisse erzielt hat, habe daran gelegen, dass sein Ansatz nicht funktioniere, indem er gültige Vorhersagen mache, sondern indem er falsche korrigieren könne. Finanzieller Erfolg hänge nicht von realen Entwicklungen ab, sondern von der Fähigkeit, vorherrschende Erwartungen zu antizipieren. Und die Märkte seien Orte, die Hypothesen über die Zukunft formulieren und sie dann dem Test des tatsächlichen Verlaufs der Ereignisse unterziehen würden. Die Hypothesen, die den Test überstünden, würden bekräftigt, die, die versagen, würden verworfen. Reflexivität führe dazu, dass Erwartungen nicht erfüllt werden, eben weil sie erwartet werden.

> »In other words, financial markets constantly anticipate events, both on the positive and on the negative side, which fail to materialize exactly because they have been anticipated.«*

---

* Soros, 1987, S. 307. (»Mit anderen Worten: Die Finanzmärkte antizipieren ständig Ereignisse, sowohl auf der positiven als auch auf der negativen Seite, die genau deshalb nicht eintreten, weil sie antizipiert worden sind.«)

Kapitel 15

Der ebenfalls legendäre Investor Warren Buffett ist dafür bekannt, dass er das Geschäftsmodell eines Unternehmens, für das er sich interessiert, genau verstehen will, auf die Profitabilität und Qualität des Managements achtet und seine eigene Vorstellung vom Wert des Unternehmens mit dem am Markt aufgerufenen Preis vergleicht.[103] Fügen sich diese Punkte zu einer stimmigen Erzählung über das Unternehmen, steht dem Kauf nichts mehr im Weg. Ist er im Besitz eines Unternehmens, so verfolgt Buffet dessen weitere Entwicklung, nimmt durch Ausübung seiner Stimmrechte darauf Einfluss — und verkauft seine Beteiligung wieder, wenn sich die Erzählung über die Entwicklung nachhaltig verschlechtert. Sowohl Soros als auch Buffett halten nichts von »wissenschaftlichen« Methoden zur Prognose von Finanzmärkten oder Unternehmen, sondern bedienen sich der »Thymologie« für die Entscheidungsfindung und pflegen eine Kultur der Fehlerkorrektur.

Auch im Portfoliomanagement der Firma Flossbach von Storch, in deren Research Institute ich tätig bin, spielen ausgereifte, alle bekannten Aspekte berücksichtigende und in sich konsistente Erzählungen sowohl bei der Investitionsstrategie als auch bei der Auswahl von Wertpapieren eine wichtige Rolle. Für die Bestimmung und laufende Überprüfung der Investitionsstrategie trifft sich eine aus den verschiedenen Arbeitsbereichen der Firma zusammengesetzte Gruppe jeden Monat, um das »Weltbild« genannte Narrativ der mittelfristigen Entwicklung von Variablen, die für die Investitionsentscheidung wichtig sind, zu diskutieren. Fragen nach der wahrscheinlichen Entwicklung der Wirtschaft, der Politik, der Zinsen und so weiter werden von allen Seiten beleuchtet und zu einem belastbaren Referenz-Narrativ für die Investitionsstrategie zusammengesetzt.

Das Referenz-Narrativ wird in Beziehung zu konkurrierenden, an den Märkten umlaufenden Narrativen betrachtet und dagegen abgewogen. Aus den Unterschieden zwischen den Narrativen und einer künftigen Bewegung der Marktnarrative zum Referenz-Narrativ können sich profitable Investitionsmöglichkeiten ergeben. Dabei ist jedoch zu beachten, dass es geraume Zeit dauern kann, bis sich ein belastbares Referenz-Narrativ gegen an den Märkten umlaufende Narrative durchsetzt. Und es ist auch zu beachten, dass neue Ereignisse eine Anpassung oder auch umfassende Änderung des Referenz-Narratives nötig machen können.

Bei der Auswahl von Wertpapieren zur Investition wird für die jeweiligen Emittenten ein belastbares Referenz-Narrativ entwickelt, in dem quantitative und qualitative Aspekte berücksichtigt werden. Beurteilungen der Bilanz, der Gewinn-und-Verlustrechnung, des Geschäftsmodells und der Qualität des Managements werden von den Unternehmensanalysten anhand eines Fragebogens eingefordert, auf ihre Konsistenz geprüft und in eine *Cashflow*-Prognose zur Ermittlung eines fundamental gerechtfertigten Gegenwartswerts eines Unternehmens überführt. Ob ein Wertpapier, für das ein belastbares und konsistentes Referenz-Narrativ entwickelt worden ist, in das Portfolio aufgenommen wird, hängt davon ab, ob der Marktpreis für das Papier – im Vergleich zu dem sich aus dem Referenz-Narrativ ergebenden Wert – günstig oder teuer erscheint.

Dazu passt der Rat von Aswath Damodaran, einem bekannten Finanzökonomen, zur Bewertung von Unternehmen:

> »(1) Entwickeln Sie eine Erzählung für das Unternehmen, das Sie bewerten. Dort erzählen Sie Ihre Geschichte darüber, wie sich das Unternehmen im Laufe der Zeit entwickelt.
>
> (2) Testen Sie die Erzählung, um zu sehen, ob sie möglich, plausibel und wahrscheinlich ist. Es gibt viele mögliche Erzählungen; nicht alle sind plausibel, und nur einige wenige sind wahrscheinlich.
>
> (3) Wandeln Sie die Erzählung in Werttreiber um. Nehmen Sie die Erzählung auseinander und schauen Sie sich an, wie Sie sie in Bewertungsinputs einfließen lassen, angefangen bei der potenziellen Marktgröße bis hin zu Cashflows und Risiko. Wenn Sie fertig sind, sollte jeder Teil der

Erzählung einen Platz in Ihren Zahlen haben, und jede Zahl sollte durch einen Teil Ihrer Geschichte untermauert werden.

(4) Verbinden Sie die Werttreiber mit einer Bewertung. Erstellen Sie ein immanentes Bewertungsmodell, das die Inputs mit einem Endwert für das Unternehmen verbindet.

(5) Halten Sie die Feedback-Schleife offen. Hören Sie den Leuten zu, die das Unternehmen besser kennen als Sie selbst, und nutzen Sie ihre Vorschläge, um Ihre Erzählung zu verfeinern und vielleicht sogar zu ändern. Erarbeiten Sie die Auswirkungen alternativer Erzählungen auf den Wert für das Unternehmen.«[104]

Klar wird dadurch: Geldanlage ist keine Wissenschaft, sondern eine Kunst. Sie zu praktizieren heißt, die Gegenwart aus dem Verständnis der Vergangenheit heraus zu erzählen. Aus der Dynamik der Erzählung lässt sich die Zukunft wie durch eine unscharfe Linse sehen. Da das Bild verschwommen ist, können wir die Zukunft nur ahnen.

Auch die Geschichte können wir besser verstehen, wenn wir geschichtliche Ereignisse nicht nur aneinanderreihen, sondern nach sie verbindenden Erzählungen suchen. Turchin analysiert die historische Entwicklung von Gesellschaften, indem er dynamische Erzählungen ihrer Geschichte entwickelt und diese (wie Damodaran) mathematisch modelliert.[105] Die Methode nennt er nach Klio, der Muse der Geschichte in der griechischen Mythologie, »Kliodynamik«. Wenn es gelingt, allgemein gültige Prinzipien in der dynamischen Entwicklung von Gesellschaften zu identifizieren – in der Terminologie von Kay und King ein stimmiges Referenz-Narrativ zu entwickeln –, dann lassen sich künftige Entwicklungen vorausahnen. Darauf werden wir in Kapitel 18 zurückkommen.

Kapitel 16

Der ehrbare Kaufmann und die Politiker

Jürgen Bott und Udo Milkau zeigen, dass mit der »Geburt des Risikos« (als unvermeidliche Konsequenz wirtschaftlicher Handlungen unter Unsicherheit) das Bild des »ehrbaren Kaufmanns« entstanden ist.[106] Statt den Menschen als passives Subjekt zu verstehen, dessen Schicksal von den Launen der Götter bestimmt wird, rückte das aktiv handelnde Individuum mit persönlicher Verantwortung für sein Tun in den Vordergrund. Erst durch diese Individualisierung war das Eingehen von Risiken aufgrund von eigenverantwortlichen Entscheidungen überhaupt möglich.[107] Es entstand ein wichtiger Unterschied in der damaligen Zeit zwischen Risiko und Gefahr. Risiko bezeichnete die Unsicherheit über das Ergebnis kommerzieller Entscheidungen, für die der Kaufmann die Verantwortung übernahm. Gefahr stand dagegen für von ihm nicht kontrollierbare Kräfte.

Da der ehrbare Kaufmann langfristige Ziele (in wiederholten kooperativen Spielen) verfolgt, gewinnt er das Vertrauen seiner Kunden durch seine Kompetenz, den Verzicht auf Opportunismus, Rechtschaffenheit gegenüber der Gesellschaft und die Übernahme von Verantwortung für seine Handlungen. Vertrauen ist besonders dort wichtig, wo der Kunde selbst die Qualität, Nützlichkeit oder Angemessenheit eines Guts oder einer Leistung schlecht oder gar nicht beurteilen kann. Darunter können zum Beispiel die medizinische Behandlung, die Leistungen eines Reparaturbetriebs für Autos, die Taxifahrt in einer fremden Stadt oder die Beratung für Finanzanlagen fallen. Der Ökonom und Nobelpreisträger George Akerlof hat in einer bahnbrechenden Arbeit beschrieben, was passieren kann, wenn die Information über ein Produkt asymmetrisch verteilt ist, der Verkäufer also sehr viel mehr weiß als der Käufer.

Akerlof zeigt dies am Beispiel des Gebrauchtwagenhandels.[108] Bekanntlich verliert ein neues Auto kurze Zeit nach dem Kauf sehr viel an Wert. Laut Akerlof liegt das daran, dass der Käufer eines Gebrauchtwagens kaum einschätzen kann, ob das Auto gut ist oder Mängel hat. Da er damit rechnen muss, eine »Zitrone« zu kaufen, setzt er sein Preisgebot entsprechend niedrig an. Der Verkäufer weiß sehr viel mehr über sein Auto. Ist es gut, will er es nicht mit hohem Abschlag verkaufen. Ist es eine »Zitrone«, kann der gebotene, niedrige Preis immer noch ein gutes Geschäft sein. Akerlof hat daraus geschlossen, dass »Zitronen« gute Autos im Gebrauchtwagenmarkt verdrängen und dadurch viele Geschäfte nicht zustande kommen.

Da der ehrbare Kaufmann am langfristigen kommerziellen Erfolg interessiert ist, schafft er dauerhafte Beziehungen zu den Kunden, indem er ihr Vertrauen gewinnt. Er achtet in seinen Geschäften auf die richtige Balance zwischen Ertrag und Risiko, für das er die Verantwortung übernimmt. Gegen nicht kontrollierbare Gefahren schützt ihn die Resilienz seiner Geschäftstätigkeit, die bewirkt, dass er Rückschläge wegstecken kann und diese ihn nicht vernichten.

Durch die Verwissenschaftlichung des Risikomanagements wird der Unterschied zwischen unsicherer Gefahr und kalkulierbarem Risiko aufgehoben und die Kalkulierbarkeit künftiger unsicherer Ereignisse angenommen. Verantwortung wird auf Verfahren (»Risikomodelle«) abgewälzt und in der von Managern geleiteten modernen Aktiengesellschaft auf nachgewiesenes Fehlverhalten begrenzt. Die vom ehrbaren Kaufmann gewahrte Balance zwischen Ertrag, Risiko und Resilienz wird gestört und das Fenster für verantwortungsloses Handeln geöffnet.

Statt sich um Verständnis darüber zu bemühen, »was da vor sich geht«, dieses Verständnis in einem umfassenden Narrativ auszudrücken und aus der inneren Dynamik der Geschichte den Blick in die

Zukunft zu wagen, verlässt sich der moderne Manager auf wissenschaftliche Methoden für das Risikomanagement und schiebt die Verantwortung darauf ab, wenn diese Methoden versagen. Und natürlich haftet der moderne Manager nicht mit seinem Vermögen für seine Fehler. Allenfalls kann er seinen Job verlieren, und dieses Risiko *hedged* er, indem er sein Privatvermögen bestimmt nicht in dem Bereich anlegt, für den er die berufliche Verantwortung trägt. Rationales individuelles Verhalten erzeugt auf diese Weise eine Struktur organisierter Verantwortungslosigkeit. Dies trifft in mindestens dem gleichen Maß auch auf die Politmanager des Versicherungsstaats zu.

Kay und King unterscheiden zwischen kompetenten Politikern, die ihre Entscheidungen auf gründlich diskutierte und entwickelte Narrative stützen, und inkompetenten Politikern, die ihre Entscheidungen auf enge Theorien stützen und Andersdenkende hassen.[109] Es gibt aber noch eine dritte Kategorie von Politikern, für die Angela Merkel ein exzellentes Beispiel abgibt: Diese identifizieren Narrative, die in der Wählerschaft Zuspruch finden, und passen ihre Politik entsprechend an. Frei von festen Überzeugungen und zu risikoscheu, um eigene Narrative für die Gestaltung der Politik zu entwickeln, schwimmen sie mit dem Strom der öffentlichen Meinung. Berühmte Beispiele für diese Technik sind Merkels abrupter Wechsel in der Atomenergiepolitik nach dem Fukushima-Atomunfall im Jahr 2011 und ihre Flüchtlingspolitik der offenen Grenzen im Jahr 2015. An ersterem hielt sie fest, weil die öffentliche Meinung gegen die Atomenergie eingestellt blieb, und letzteres korrigierte sie, als sich die öffentliche Meinung gegen einen unkontrollierten Zustrom von Migranten wandte.

Die Corona-Krise gab den Anstoß zu einer Änderung ihrer Europapolitik. Im Zuge der Euro-Krise hatte sie im Einklang mit der deutschen öffentlichen Meinung auf eine sparsame Politik in den Krisenländern gepocht. Doch während der Corona-Krise änderte sich die öffentliche Meinung in Deutschland zugunsten einer großzügigen staatlichen Unterstützung für alle von den Sperrungen

Betroffenen. Da das Eis der ordoliberalen Orthodoxie zu Hause gebrochen war, setzte sich Bundeskanzlerin Merkel gemeinsam mit dem französischen Präsidenten Macron für sehr großzügige Krisenhilfe- und Wiederaufbauprogramme auf europäischer Ebene ein.

Die öffentliche Meinung hätte sich wahrscheinlich nicht so sehr von ordoliberalen Prinzipien abgewandt, wenn es nicht unter den Meinungsführern zu einem Wandel gekommen wäre. In den Universitäten und *Think Tanks* wurden alternde Ökonomen der ordoliberalen Schule nach und nach durch junge, im neu-keynesianischen Paradigma ausgebildete Ökonomen ersetzt. Sogar die Bundesbank ist durch den Generationswechsel mürbe geworden. Die Neu-Keynesianer begegnen der steigenden Staatsverschuldung gelassen und sehen keinen Fehler in der monetären Finanzierung der Schulden, da sie das Risiko einer Rückkehr der Inflation als sehr gering einschätzen. Damit deckt sich die Expertenmeinung gut mit einer öffentlichen Meinung, die einen *free lunch* vom Staat zu schätzen gelernt hat. Und wenn es ein kostenloses Mittagessen für die Deutschen gibt, warum sollte es dann nicht auch ein kostenloses Mittagessen für alle Europäer geben?

Kapitel 17

Was sind die bekannten Unbekannten?

»Was geht hier vor?« So lautet für Kay und King die Ausgangsfrage, um ein Narrativ als Grundlage für Problemlösungen unter radikaler Unsicherheit zu entwickeln.[110] Logischerweise lässt sich diese Frage nur auf Probleme anwenden, die wir als solche identifiziert haben (also auf bekanntes Unbekanntes). Dafür müssen wir Narrative entwickeln, welche die Problemlage treffend beschreiben. Vor allem sieben Probleme gibt es aus meiner Sicht derzeit, die für die weitere Entwicklung von Wirtschaft und Gesellschaft maßgeblich sein dürften: (i) die Alterung der Gesellschaft, (ii) die Völkerwanderung unserer Zeit, (iii) die Digitalisierung unserer Lebensumstände, (iv) der Kampf der Zentralbanken für mehr Wachstum und Inflation durch ungezügelte Geldvermehrung, (v) die Entstehung einer neuen geopolitischen Weltordnung, (vi) der Klimawandel und (vii) die Auflösung der liberalen Ordnung.

Die meisten davon (i, ii, iii, iv, v) dürften in die Kategorie »weitgehend bekanntes Unbekanntes« fallen, eine Minderzahl (vi und vii) in die Kategorie »teilweise bekanntes Unbekanntes«. Gemeinsam ist diesen Problemen, dass sie die Fragmentierung von Gesellschaften und globaler Gesellschaftsordnung vorantreiben. Folgt man dem Evolutionsforscher Peter Turchin lässt dies ein Zeitalter des Unfriedens erwarten (worauf ich in Kapitel 23 zurückkommen werde).[111]

Schon vor dem Auftreten des Coronavirus SARS-CoV-2 haben die meisten dieser Kräfte unsere Lebensumstände verändert. Der Ausbruch der Pandemie hat sie beschleunigt. Zur Eindämmung von

Infektionsketten und zum Umgang mit den wirtschaftlichen Folgen der dazu getroffenen Maßnahmen ist der Staat auf die Kommandobrücke zur Gestaltung von Wirtschaft und Gesellschaft geklettert. Die individuellen Freiheitsrechte, die eine liberale Ordnung konstituieren, wurden eingeschränkt und teilweise außer Kraft gesetzt.

Die Marktwirtschaft wurde zum Teil auf eine vom Staat gelenkte und alimentierte Planwirtschaft umgestellt. Der Staat fördert die Abhängigkeit der Wirtschaft von seinen Futtertrögen, die er mit dem von seinen Zentralbanken in üppigen Mengen hergestellten Geld füllt, und will sie in der Zeit nach der Pandemie nach seinen Vorstellungen »grüner« machen. Obwohl die Mängel staatlicher Planwirtschaft während der Pandemie kaum zu übersehen waren, wird der Staat wohl auf diesem Weg so lange weitergehen, bis sein erneutes Scheitern einen neuen Neuanfang erlaubt.

Der Aufstieg des Staates hat China, das dem Modell einer staatsgelenkten Gesellschaft und kapitalistischen Wirtschaft seit Jahrzehnten folgt, in die Hand gespielt. Das Land, aus dem die Pandemie kam, hat diese schneller und besser überwunden und geht daraus im Vergleich zum Westen gestärkt hervor. Die zur Bekämpfung der Pandemie notwendige soziale Distanzierung hat dem Austausch über digitale Plattformen einen enormen Schub gegeben, und die großen Zentralbanken wollen den Zins auf lange Sicht tief halten und sind zur monetären Finanzierung steigender Neuverschuldung der Staaten übergegangen. Auf diese Weise hat sich die Corona-Pandemie als kraftvoller Katalysator für laufende, aber bisher weniger sichtbare Veränderungen erwiesen. Lediglich auf den Gebieten der Migration hat sie sich als retardierender oder neutraler Einfluss erwiesen.

Ich glaube, es ist keine Übertreibung, zu sagen, dass die Erfahrung der Corona-Pandemie die größte Erschütterung der Welt seit dem Kollaps des Sowjetimperiums vor 30 Jahren war. Beide Ereignisse schlichen sich an und brachen dann unerwartet über uns herein. Und wie der Untergang der Sowjetunion dürfte die Corona-Pandemie zu weitreichenden Veränderungen in Wirtschaft und Gesellschaft führen. Manches zeichnet sich ab – darüber wollen wir sprechen –, anderes bleibt uns noch im Dunkel fundamentaler Ungewissheit verborgen. Darauf können wir uns nur einstellen, indem wir wie schon besprochen eine Kultur für Überraschungen pflegen.

Kapitel 18

Die Alterung der Gesellschaft

Die Alterung der Gesellschaft ist ein weitgehend bekanntes unbekanntes Problem. Es ist weitgehend bekannt, weil sich die demografische Prognose mit hoher Treffsicherheit stellen lässt. Es enthält aber auch Unbekanntes, weil der gesellschaftliche Umgang damit mit einigen Unsicherheiten verbunden ist.

Als ich Camilla Cavendishs Buch *Extra Time* las, fiel es mir leichter, mich mit meinem damaligen Lebensalter von 65 Jahren zu versöhnen. Ich erfuhr, dass ich zur Kategorie der *Young Old* (60 bis 75 Jahre) gehörte und mit »Extrazeit« in meinem Leben bis zum Beginn der Altersgebrechen rechnen durfte. Und es kam noch besser: *Old Old* ist man erst, wenn man von diesen Gebrechen eingeholt wird. Aber dafür dürfte weniger das Lebensalter als die genossene Bildung und der geführte Lebensstil (gesunde Ernährung, Sport und geistiges Training) verantwortlich sein. Nicht die »Altersgrenze« dürfte über die Leistungsfähigkeit eines Menschen entscheiden, sondern seine genetische Konstitution und ob er gebildet ist und viele Kontakte hat, oder ob er ungebildet und isoliert ist.[112]

Doch es lässt sich nicht wegdiskutieren, dass ein Damoklesschwert über dem älter werdenden Menschen schwebt: Demenz. Der Neurologe André Aleman rechnet vor, dass 1 Prozent der 60-Jährigen, 7 Prozent der 75-Jährigen und 30 Prozent der 85-Jährigen davon betroffen sind. Eine wirksame Behandlung gegen Demenz gibt es (noch) nicht, aber es ist möglich, mithilfe von Medikamenten sowie körperlicher und geistiger Aktivität die Entwicklung zu verlangsamen.[113] Das ist für den Einzelnen erfreulich, für die Gesellschaft jedoch weniger hilfreich, da es immer mehr alte und sehr alte Menschen gibt, sodass sich auch bei sinkender Inzidenz die absolute Zahl der Altersdementen erhöhen wird. Die Zunahme der gebrechlichen Alten, die von den fitteren Jungen und Alten versorgt werden müssen, stellt eine gewaltige gesellschaftliche, wirtschaftliche und finanzielle Herausforderung dar.

Die Versorgung einer zunehmenden Zahl von Alten durch eine abnehmende Zahl von Jungen erlegt den Jungen eine wachsende Bürde auf. Wird der Lebensunterhalt der Alten durch die Besteuerung der Jungen finanziert, wie das in dem bei uns vorherrschenden »Umlageverfahren« in der staatlichen Rentenversicherung praktiziert wird, wiegt die Bürde schwer. Hohe Sozialabgaben belasten die Leistungsfähigkeit und den Leistungswillen der Jungen möglicherweise so stark, dass der Wohlstand für beide Altersgruppen deutlich sinkt.

Laut OECD wird ein alleinstehender (also typischerweise junger) deutscher Arbeitnehmer mit mittlerem Arbeitseinkommen schon heute mit einem durchschnittlichen Einkommenssteuersatz von 19 Prozent belegt. Dazu kommen von ihm und seinem Arbeitgeber zu bezahlende Sozialbeiträge in Höhe von jeweils 20 Prozent des Bruttoeinkommens, sodass die Steuerbelastung bei knapp 60 Prozent des gesamten Arbeitseinkommens liegt. Mit anderen Worten, von 100 Euro vom Arbeitgeber gezahltem Lohn kommen gerade 40 Euro in der Tasche des Beschäftigten an – und das dürfte aufgrund steigender Kosten der Alterung in Zukunft noch weniger werden. Mit schöner Regelmäßigkeit, aber ohne politisches Echo weist die Stiftung Marktwirtschaft auf die verheerend unausgeglichene Generationenbilanz hin. Nach einer im November 2020 vorgestellten Rechnung halst der deutsche Staat durch Altschulden, coronabedingte Neuschulden und Rentenansprüche den Jungen Verpflichtungen in Höhe von bis zu 400 Prozent des Bruttoinlandsprodukts (BIP) auf.

Damit nicht genug werden die Jungen über die Zinspolitik der Zentralbank auch noch bei der Vermögensbildung benachteiligt. Schon seit der Großen Finanzkrise von 2007/2008 und mehr noch seit Ausbruch der Corona-Krise pumpt die Europäische Zentralbank gewaltige Mengen Geld in die Wirtschaft. Erreicht werden sollte damit höheres reales Wachstum der Wirtschaft und eine Konsumentenpreisinflation an der Zielmarke der EZB von knapp 2 Prozent. Das ist nicht gelungen. Das reale Wachstum blieb schlapp und die Inflationsrate unter dem Zielwert. Wie Grafik 18.1 zeigt, lag das nominale BIP im Euroraum – auch durch Corona bedingt – im vierten Quartal 2020 gerade mal 22 Prozent über seinem Wert von 2008. Dagegen ist die Geldmenge M3 bis Ende 2020 um 60 Prozent gestiegen. Es ist also ein gewaltiger Geldüberhang – ersichtlich aus dem Abstand zwischen BIP und Geldmenge – entstanden.

Grafik 18.1: Eurozone: Nominales Bruttoinlandsprodukt und Geldmenge M3

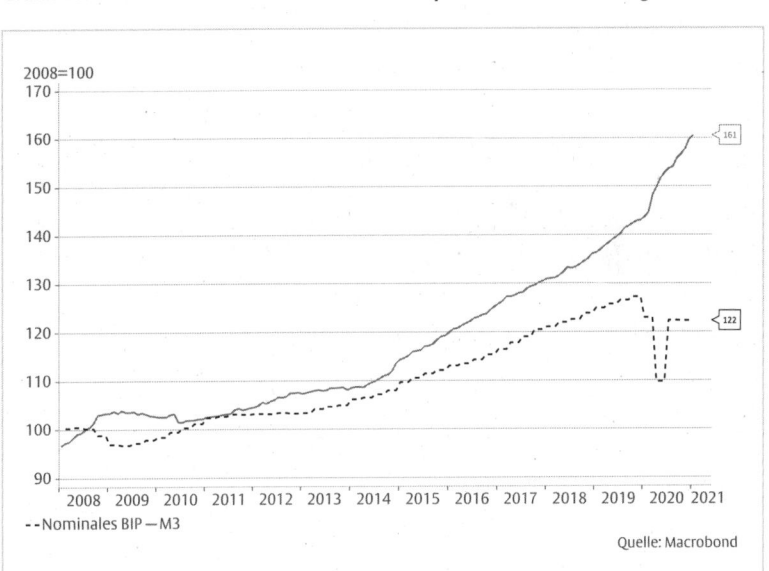

Kapitel 18

Zur Ausweitung der Geldmenge senkte die EZB zunächst den Refinanzierungszins für Banken, um diese zur Senkung ihrer Kreditzinsen und Steigerung der Kreditvergabe zu bewegen. Da ihr dies allein nicht genügte, drückte sie den Zins am Kapitalmarkt direkt über massive Ankäufe von Anleihen. Die Geldmenge sauste in die Höhe. Aber statt wie erhofft Wachstum und Konsumenteninflation anzutreiben, schürten Geldflut und niedrige Zinsen den Anstieg der Vermögenpreise. Grafik 18.2 zeigt den für Deutschland vom Flossbach von Storch Research Institute erhobenen Preisindex für reale Vermögenwerte zusammen mit dem deutschen Verbraucherpreisindex und der Rendite für zehnjährige Bundesanleihen bis Ende 2020 (auf der rechten Skala mit von unten nach oben absteigenden Werten abgebildet). Seit 2008 ist die Anleiherendite von über 4 Prozent auf -0,5 Prozent gefallen und die Vermögenspreise sind um rund 64 Prozent gestiegen, während die Konsumentenpreise nur 15 Prozent hinzugewonnen haben.

Wer schon am Anfang dieser Entwicklung reale Vermögenswerte besaß, war nun auch ohne Berücksichtigung darauf gezahlter Erträge um 64 Prozent reicher. Zu dieser Gruppe gehören vornehmlich vermögende ältere Menschen. Wer keine Vermögenswerte besaß und nun welche (zum Beispiel in Form eines Eigenheims) erwerben will, sieht, dass die Karotte für ihn heute höher und wahrscheinlich außer Reichweite hängt. Dazu gehören vor allem die Jungen.

Da kurzfristig weder mit einem ausreichenden Wachstumsschub noch deutlich höherer Konsumentenpreisinflation zu rechnen ist, könnten die Preise für reale Vermögenswerte weiter steigen, bis der Geldüberhang abgeschmolzen ist und die Geldersparnis wieder in einem längerfristig angemessenen Verhältnis zu den Vermögenswerten steht. Vermögende Ruheständler können mit leicht verdienten Kapitalgewinnen von jüngeren Erwerbstätigen hergestellte Produkte und erbrachte Leistungen kaufen. Sparen die Jungen einen Teil ihres Geldeinkommens für den Kauf von Vermögenswerten, schlüpfen sie in die Rolle des Hasen im Wettrennen mit dem Igel.

Grafik 18.2: Deutschland: Vermögens-, Verbraucherpreise und Zins

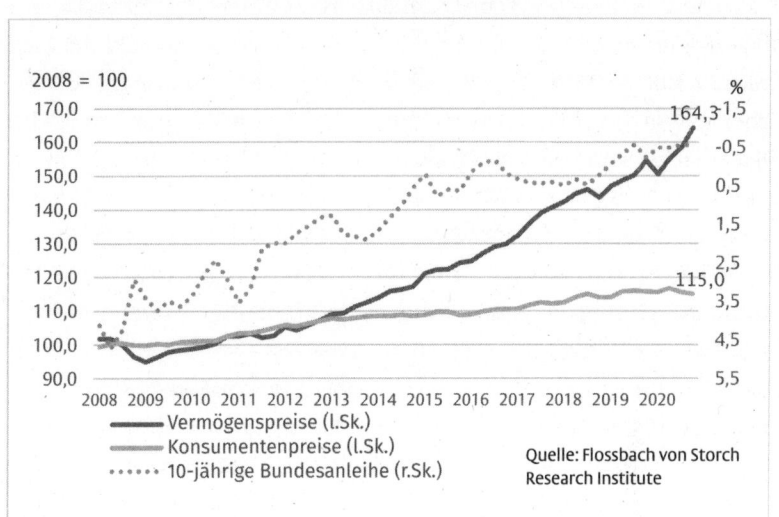

Quelle: Flossbach von Storch Research Institute

Sie treiben die Vermögenspreise weiter in die Höhe, ohne ihr Ziel des Erwerbs zu erreichen. Der alte Igel ruft ihnen immerfort zu: »Ich bin schon da.«

Die Bürde wird leichter, wenn die Produktivität der Jungen steigt. Dazu ist aber eine zunehmende Kapitalausstattung nötig, die durch vorangegangene Ersparnis finanziert und aufgebaut werden muss. Die kapitalgedeckte Altersvorsorge ist besser geeignet, die Sparneigung anzuregen, sodass eine großzügigere Kapitalausstattung der Arbeitsplätze finanziert und die Arbeitsproduktivität erhöht werden könnte. Dabei muss nicht nur neues Sachkapital, sondern verstärkt neues Wissenskapital – auch Humankapital genannt – geschaffen werden. Wie aber steht es mit der Sparneigung in unseren alternden Gesellschaften?

Sehr gut, sollte man auf den ersten Blick meinen, denn die Zinsen sind über die letzten Jahrzehnte drastisch gesunken, ein (vermeintliches) Indiz für erhöhtes Sparen. So erklärte im Jahr 2005 US-Notenbankchef Ben Bernanke die niedrigen Zinsen mit einer aus asiatischen

Ländern kommenden »Ersparnisschwemme«. Tatsächlich betrug der Leistungsbilanzüberschuss der asiatischen Entwicklungsländer – das Spiegelbild ihrer Kapitalexporte – in jenem Jahr gerade mal 3,6 Prozent des Bruttoinlandsprodukts (BIP). Er stieg dann bis 2007 auf 6,6 Prozent des BIP, fiel danach aber auf weniger als 1 Prozent bis zum Jahr 2012. Völlig unabhängig von der Entwicklung des asiatischen Kapitalexports setzten die Zinsen in den USA ihren seit Anfang der 1980er-Jahre bestehenden Abwärtstrend fort (Grafik 18.3).

Im November 2013 verband Larry Summers, der frühere Finanzminister der USA, die Erzählung von der Sparschwemme mit der aus den 1930er-Jahren bekannten Erzählung der »säkularen Stagnation«, um den Zinsrückgang zu erklären. Ein sinkendes Wachstum der Produktivität und die Alterung der Bevölkerung würden zu einem Überschuss der Ersparnisse über die Investitionen führen und die Zinsen bis in den negativen Bereich drücken. Tatsächlich nahm die globale Investitionsquote von 1980 bis 2002 ab, stieg danach aber wieder auf die Werte von Anfang der 1980er-Jahre an. Völlig unabhängig davon sank der Zins (Grafik 18.4).

Ungefähr zur gleichen Zeit begann der Ökonomieprofessor Carl Christian von Weizsäcker, die These von der Sparschwemme in Deutschland zu propagieren. Ähnlich wie Summers behauptete er, dass die Sparquote ansteigen würde, wenn die Bevölkerung alterte, sodass ein Überangebot an Ersparnissen die Zinsen drückte. Vergleicht man jedoch Veränderungen der Haushaltssparquote mit der Veränderung des Verhältnisses von Menschen mit einem Alter von 65 Jahren oder mehr zur Erwerbsbevölkerung in einer Reihe von OECD-Ländern, dann fällt auf, dass die Verbindung eher in die umgekehrte Richtung geht: Es scheint, dass mit zunehmender Alterung eher weniger als mehr gespart wird (Grafik 18.5).

Von Weizsäcker leitete aus seiner Behauptung ab, dass der Staat seine Verschuldung stark erhöhen sollte, um das vermeintliche Überangebot an Ersparnissen zu absorbieren und Zinserhöhungen möglich zu machen.

Grafik 18.3: Bernankes »Sparschwemme«: US-Zins und asiatische Leistungsbilanzüberschüsse

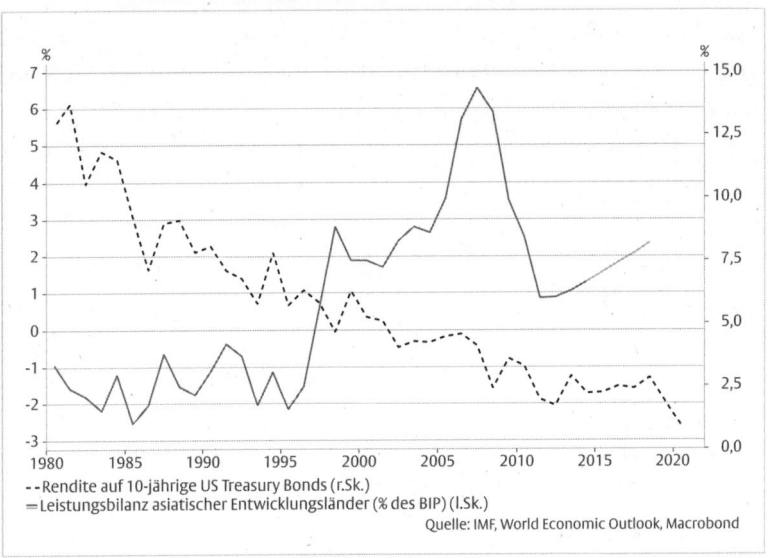

– – Rendite auf 10-jährige US Treasury Bonds (r.Sk.)
= Leistungsbilanz asiatischer Entwicklungsländer (% des BIP) (l.Sk.)

Quelle: IMF, World Economic Outlook, Macrobond

Grafik 18.4: Summers' »Säkulare Stagnation«: US-Zins und globale Investitionsquote

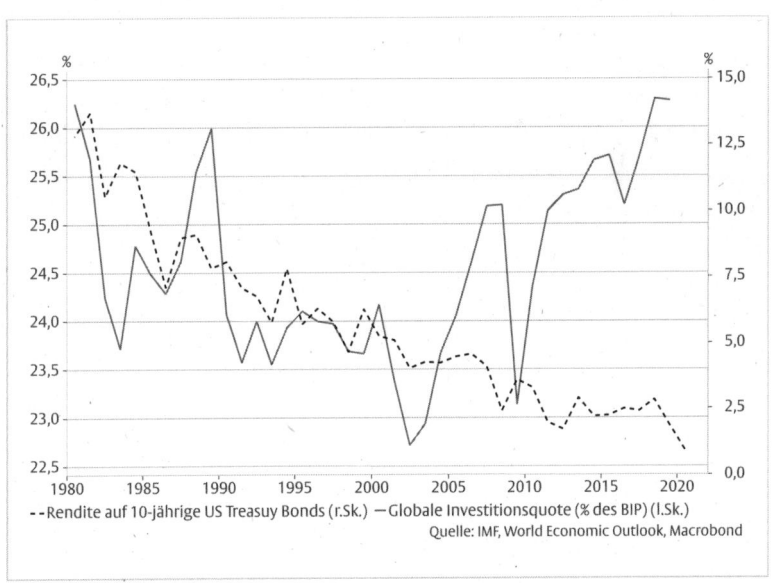

– – Rendite auf 10-jährige US Treasuy Bonds (r.Sk.) — Globale Investitionsquote (% des BIP) (l.Sk.)

Quelle: IMF, World Economic Outlook, Macrobond

Er gab diese Empfehlung, lange bevor der Ausbruch der Corona-Pandemie die Staatsverschuldung in die Höhe trieb. Trotz höherer Staatsverschuldung sind die Zinsen aber weiter gefallen. Wir können von Glück sagen, dass kein verantwortlicher Politiker den Rat des Ökonomen ernst genommen hat.

Wenn aber weder eine asiatische Sparschwemme noch Vorsorgesparen alternder Gesellschaften für den Rückgang der Zinsen verantwortlich waren, was ist dann der Grund? Mein Kollege Gunther Schnabl und ich haben auf die Politik der Zentralbanken als Urheber des Zinsverfalls verwiesen.[114] In dem vergeblichen Bemühen, eine über Jahrzehnte aufgrund von technischem Fortschritt und zunehmender Handelsintegration sinkende Inflation auf ihre Ziele anzuheben, haben die Zentralbanken die Zinsen über alle Laufzeiten auf in der Geschichte noch nie dagewesene Tiefen gedrückt. Es ist erstaunlich, dass die Erzählungen von der Sparschwemme und der säkularen Stagnation in der Öffentlichkeit dennoch weiterhin Gehör finden, obwohl sie von allen bekannten Entwicklungen klar widerlegt wurden. Es ist höchste Zeit, sie durch eine neue Erzählung zu ersetzen, die mehr Sinn ergibt.

Dabei dürfte die demografische Entwicklung weiterhin eine wichtige, aber in die entgegengesetzte Richtung weisende Rolle spielen. Charles Goodhart, der große alte Ökonom, hat in seinem (nach eigener Aussage) wohl letzten Buch zusammen mit seinem Co-Autor Manoj Pradhan eine solche Erzählung vorgelegt.[115] Aufgrund der zunehmenden globalen Handelsintegration ist das globale Angebot an Arbeitskräften (in der Form der Erwerbsbevölkerung) im Verlauf der letzten drei Jahrzehnte um mehr als die Hälfte gestiegen (Grafik 18.6). Gleichzeitig stieg die durchschnittliche Lebenserwartung der Menschen von 65 Jahren im Jahr 1990 auf 73 Jahre im Jahr 2020.

Die Alterung der Gesellschaft

Grafik 18.5: OECD: Veränderung von Sparquote und Altersquotienten, 1995–2018

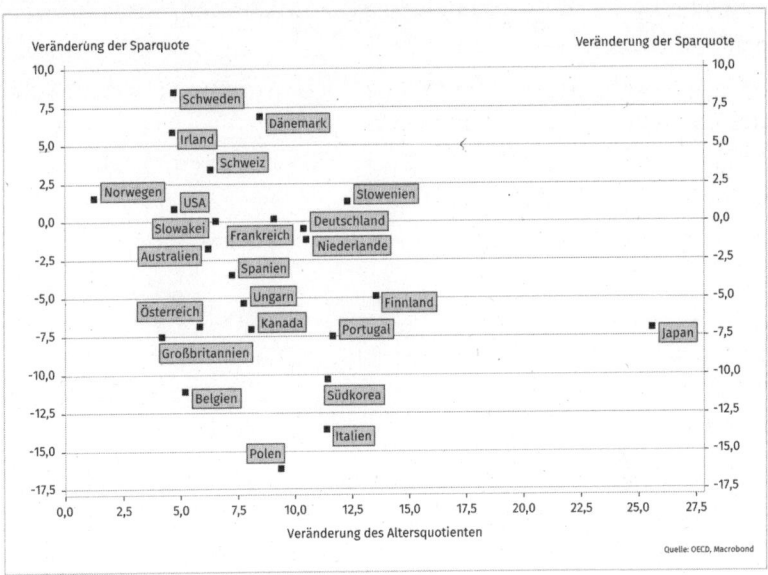

Grafik 18.6: Schätzung und Prognose der Erwerbsbevölkerung (15- bis 64-Jährige)

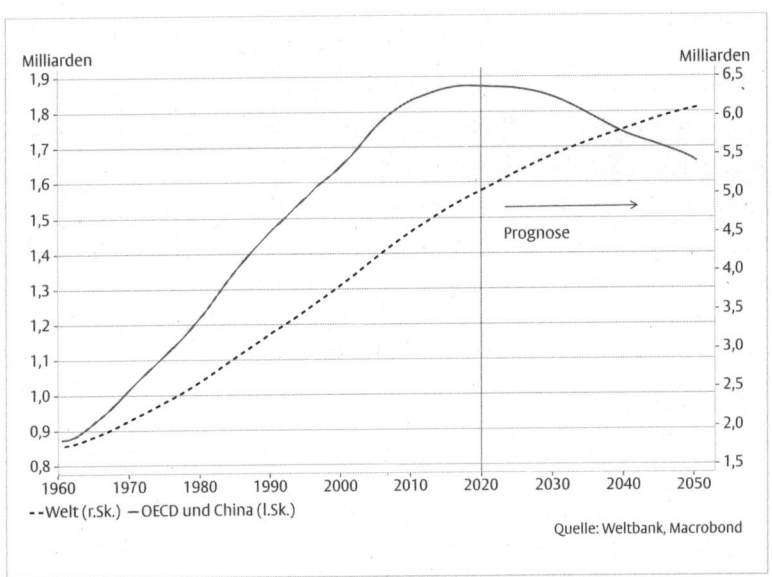

Grafik 18.7: Abhängigkeitsrate

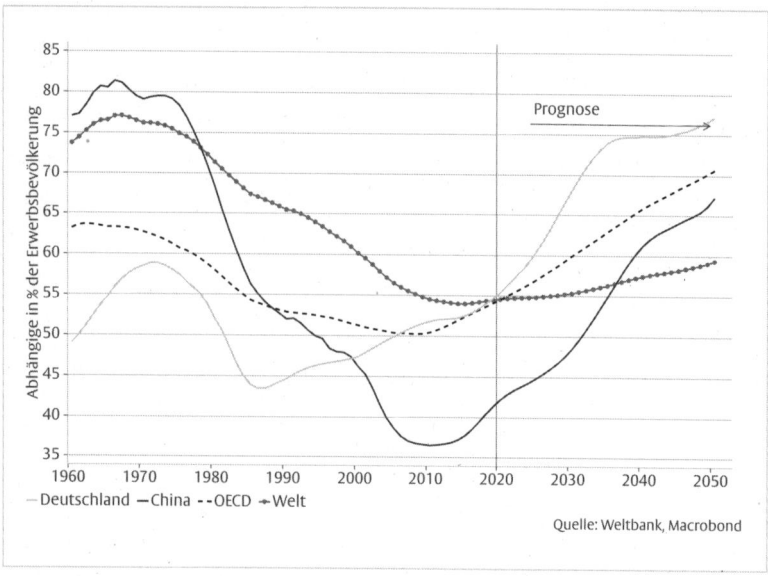

Quelle: Weltbank, Macrobond

Da die Erwerbsbevölkerung schneller wuchs als die Gesamtbevölkerung, sank das Verhältnis der nicht erwerbstätigen zur erwerbstätigen Bevölkerung (Abhängigkeitsrate) von 65 Prozent im Jahr 1990 auf 55 Prozent im Jahr 2020 (Grafik 18.7).*

Nach Goodhart und Pradhan sind diese demografischen Veränderungen dafür verantwortlich, dass die Produktion stark stieg, die Menschen mehr sparen konnten und bei der Anlage ihrer Ersparnisse einen längeren Zeithorizont ins Auge fassten. Dadurch sanken vor allem die Güterpreisinflation, aber auch die realen Zinsen. In China entstand ein gewaltiger Sachkapitalstock. In den Industrieländern haben die Zentralbanken auf den Rückgang der Inflation mit

---

* Um Verwirrung zu vermeiden: In Grafik 3.1 in Kapitel 3 ist die Altersabhängigkeitsquote als Menschen mit einem Alter von 65 Jahren und mehr in Relation zur Gesamtbevölkerung definiert. In Grafik 18.5 ist der Altersquotient als Menschen mit einem Alter von 65 Jahren und mehr zur Erwerbsbevölkerung definiert. Und in Grafik 18.7 ist die Abhängigkeitsrate als Zahl der Menschen mit einem Alter unter 15 und über 64 Jahren in Relation zur Erwerbsbevölkerung definiert.

einer Politik der Zinsdepression reagiert, wodurch vor allem mehrere Finanzblasen erzeugt wurden. Die Investitionstätigkeit und damit der Anstieg der Kapitalausstattung blieben dagegen verhalten.*

In den OECD-Ländern und China, die zusammen über 60 Prozent der globalen Wirtschaftsleistung vereinen, hat jedoch die Erwerbsbevölkerung 2018 ihren Höhepunkt erreicht und fällt seither. Aus diesem Grund prognostiziert die Weltbank bis 2050 einen erneuten Anstieg der Abhängigkeitsraten in den OECD-Ländern von 50 auf 71 Prozent und in China von 36 auf 67 Prozent (Grafik 18.7). Noch drastischer fällt der Anstieg in Deutschland aus, wo 2050 die Abhängigkeitsrate 77 Prozent betragen dürfte. Damit kehrt sich die demografische Entlastung im größten Wirtschaftsgebiet der Welt in eine demografische Belastung um, die noch dadurch verstärkt wird, dass die steigende Zahl sehr alter Menschen höhere Aufwendungen für Pflege und medizinische Behandlung notwendig macht.

Die Verringerung der Arbeitskräfte führt zu einem Rückgang der Ersparnis und höheren Löhnen, während gleichzeitig die Nachfrage nach Kapitalgütern zur Steigerung der Arbeitsproduktivität größer wird.[116] Die Folge davon sind steigende Inflation und steigende Realzinsen, also die Umkehr der Entwicklung der letzten drei Jahrzehnte. Da die Zentralbanken mit ihrer Politik der Zinsdepression aber einen Geld- und Schuldenüberhang erzeugt haben, der stärkere Zinserhöhungen unmöglich macht, werden sie wohl auch weiterhin an ihren irrigen Erzählungen von Sparschwemme und säkularer Stagnation festhalten. Daher werden sie, wie die meisten anderen Finanzakteure, von steigender Inflation überrascht werden. Vermutlich werden sie so lange an ihrem falschen Weltbild festhalten, bis die Wirtschaftsakteure Vertrauen in das von ihnen in Zusammenarbeit mit den Geschäftsbanken erzeugte Kreditgeld

---

* Die demografische Entwicklung spielt auch eine wichtige Rolle in der von Turchin (2003, 2016) entwickelten Erzählung historischer wirtschaftlicher und gesellschaftlicher Zyklen (Kapitel 15 und 23)

verloren haben. Der Finanzkrise von 2007/2008 dürfte daher eine Geldkrise zu einem noch unbekannten Zeitpunkt folgen.

Prüfen wir dieses pessimistische Referenznarrativ durch eine Prä-mortem-Analyse. Dazu nehmen wir an, dass zu einem zukünftigen Zeitpunkt der Realzins und die Inflation wieder bei jeweils 2 Prozent stehen werden. Möglich, aber weniger wahrscheinlich ist, dass der damit verbundene Anstieg der Zentralbankzinsen von 4 Prozentpunkten keine Verhaltensänderungen der privaten Akteure und der Staaten zur Folge gehabt hätte. Etwas wahrscheinlicher wäre eine vorausschauende Entschuldung überschuldeter privater und öffentlicher Schuldner ohne vorhergehende Krise als Auslöser. Doch setzt dies eine Handlungsfähigkeit der Politik voraus, die in dem notwendigen Maß wohl nicht vorhanden ist.

Es bleibt die Aussicht, dass der Zinsanstieg zu Einbrüchen an den Aktienmärkten sowie Insolvenzen von privaten und staatlichen Schuldnern geführt hätte. Um die Folgen zu lindern, hätten die Zentralbanken wahrscheinlich ihre Geldschleusen weiter geöffnet. Wie in einigen Schwellenländern und Entwicklungsländern zu beobachten, wäre das Vertrauen in die Kaufkraftstabilität der Währung und die Aussichten für die Wirtschaft gesunken. Die Bürger wären aus dem Geld in alternative Mittel zur Wertaufbewahrung und möglicherweise sogar zum Naturaltausch geflohen. An ihrer Spitze angelangt hätte die Krise grundlegende Veränderungen durch galoppierende Inflation, gefolgt von einer mit einem Schuldenschnitt verbundenen Geldreform, bewirkt. Eine Rückkehr von Zentralbankzinsen von 4 Prozent erscheint daher ohne vorausgehende Geldreform unwahrscheinlich.

Kapitel 19

Die Völkerwanderung unserer Zeit

Während die Bevölkerung in den wirtschaftlich starken Ländern zurückgeht und die Abhängigkeitsrate steigt, wächst die Bevölkerung in den ärmeren Ländern weiter. Die Nachbarkontinente Europa (hier: Europäische Union) und Afrika (Nord- und Subsahara Afrika sowie der Nahe Osten) weisen dabei die größte Divergenz aus. Gleichzeitig verhindert das hohe Bevölkerungswachstum in Afrika dort einen stärkeren Anstieg des Bruttoinlandsprodukts pro Kopf, sodass auch der Abstand im wirtschaftlichen Wohlstand mit der Zeit nicht geringer werden oder sogar zunehmen wird.

Erschwerend kommt hinzu, dass Afrika an den wirtschaftlichen Folgen der Corona-Pandemie länger leiden wird als andere Regionen. Die Wirtschaft der afrikanischen Länder ist stark abhängig von Rohstoffproduktion und Tourismus, und es wird lange dauern, bis ein kritischer Teil der Bevölkerung gegen Covid-19 geimpft ist. Das Wohlstandgefälle hat schon seit Mitte der 1980er-Jahre zu steigender Emigration aus Afrika und Immigration in Europa geführt und es wird die Entwicklung weiterhin treiben (Grafiken 19.1 und 19.2). Manche Ökonomen meinen, alternde Bevölkerungen könnten durch Immigration verjüngt werden. Tatsächlich wartet unweit von Europa in Afrika eine junge Bevölkerung nur auf den Zuruf. Könnte also Zuwanderung aus Afrika das Problem der Alterung Europas lösen? Dafür müssten die Immigranten mindestens so produktiv sein wie die inländische Bevölkerung, denn nur so könnte die Abhängigkeitsquote ohne Wohlstandsverlust verringert werden. Diese

Bedingung erfüllen jedoch nur wenige der Zuwanderungswilligen. Bisher scheint es eher so, dass diejenigen, die es nach Europa schaffen, die Abhängigkeitsquote erhöhen.

Holger Bonin fand auf Grundlage einer Generationenbilanz schon ein Jahr vor der großen Zuwanderungswelle von 2015: »Stellt man den Ausländern gemäß ihrem Bevölkerungsanteil einen Anteil an den allgemeinen Staatsausgaben – Verteidigung, Straßenbau etc. – in Rechnung, gerät ihre fiskalische Bilanz ins Defizit. Pro Kopf beträgt dieses implizite Finanzierungsdefizit 79.100 Euro je Ausländer. Auch bei den Deutschen ergibt sich bei dieser umfassend vorausschauenden Rechnung ein solcher Fehlbetrag. Mit 3.100 Euro pro Kopf der deutschen Wohnbevölkerung fällt er wegen der besseren Steuer-Transfer-Bilanz dieses Bevölkerungsteils allerdings markant niedriger aus.«[117] Das soll heißen, dass der deutsche Staat insgesamt über seine Verhältnisse lebt und die Zuwanderung dieses Problem vergrößert.

Folglich warnt Bonin mit Blick auf die Zukunft: »Im ungünstigen Extremfall, dass künftige Zuwanderer durchweg so qualifiziert wären wie der Durchschnitt der ausländischen Wohnbevölkerung im Jahr 2012, würde die einheimische Bevölkerung durch weitere Zuwanderung belastet.«[118] Dieser von ihm angenommene Extremfall dürfte von der Wirklichkeit deutlich übertroffen worden sein, denn die ab dem Jahr 2015 vor allem aus dem Nahen Osten und Afrika Zugewanderten haben höchstwahrscheinlich ein deutlich geringeres Qualifizierungsniveau als die »ausländische Wohnbevölkerung« im Jahr 2012.

In ihrem Vorwort stellen die Vertreter der die Studie finanzierenden Bertelsmann Stiftung, Jörg Dräger und Ulrich Kober, das Ergebnis ganz anders dar: »Die vorliegende Studie von Holger Bonin vom Zentrum für Europäische Wirtschaftsforschung (ZEW) belegt, dass Ausländer den Sozialstaat entlasten, das heißt, sie tragen mehr zu den öffentlichen Haushalten bei, als sie von diesen in Form von Transferleistungen empfangen.«[119]

Grafik 19.1: Afrika und EU: Differenz in der Bevölkerung und BIP pro Kopf

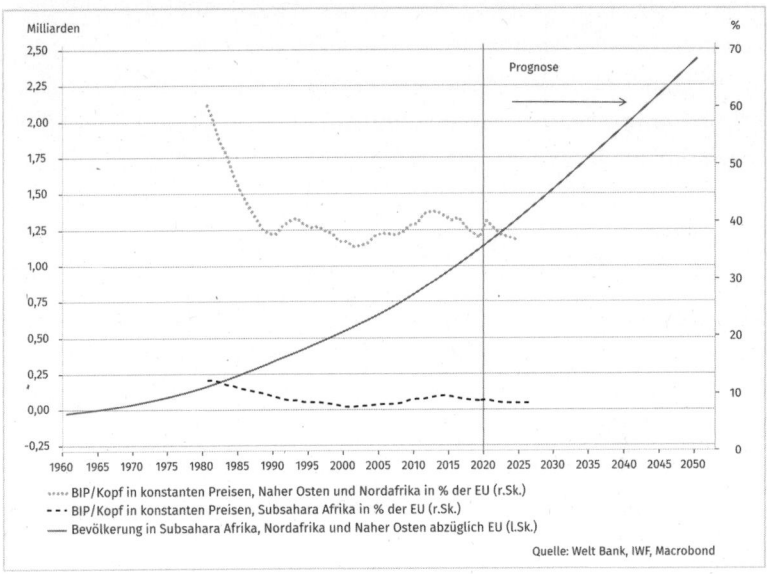

..... BIP/Kopf in konstanten Preisen, Naher Osten und Nordafrika in % der EU (r.Sk.)
- - - BIP/Kopf in konstanten Preisen, Subsahara Afrika in % der EU (r.Sk.)
—— Bevölkerung in Subsahara Afrika, Nordafrika und Naher Osten abzüglich EU (l.Sk.)

Quelle: Welt Bank, IWF, Macrobond

Grafik 19.2: Afrika und EU: Nettomigration

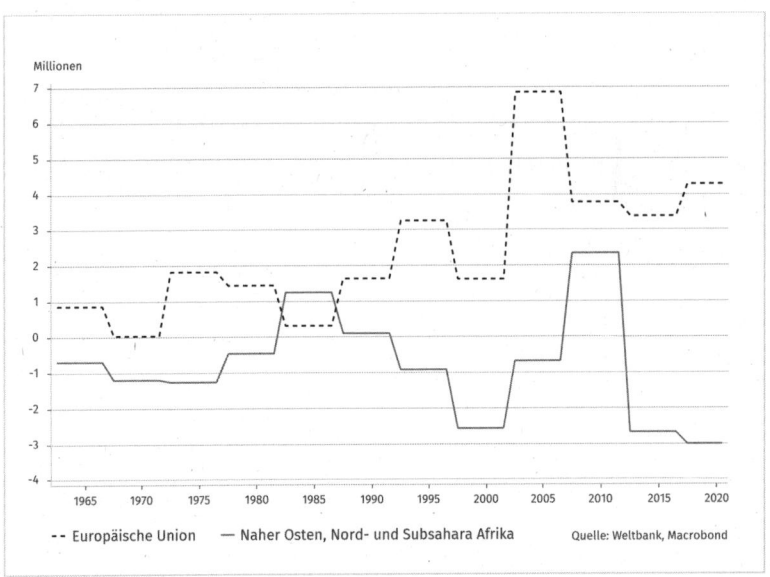

- - Europäische Union   —— Naher Osten, Nord- und Subsahara Afrika

Quelle: Weltbank, Macrobond

Die Finanziers der Studie geben dessen Ergebnis also im Sinne der damals vorherrschenden politischen Einstellung der Stiftung zum Thema verkürzt wieder. Die über den engen Saldo von Steuern und Transfers hinausgehenden Belastungen lassen sie unter den Tisch fallen.

Man kann daraus schließen, dass die Deutungsmacht der Sponsoren die der von ihnen finanzierten Experten übertrifft. Diese Deutungsmacht wird politisch bestimmt. Was 2014 politisch korrekt war, könnte aber 2020 politisch inopportun sein. Spätestens seit der »Kölner Silvesternacht« von 2015/2016, in der es zu massenhaften sexuellen Übergriffen junger, meist nordafrikanischer Zuwanderer kam, ist die »Willkommenskultur« in der Mehrheitsgesellschaft ramponiert. Doch sorgt die von der politischen Linken betriebene Identitätspolitik, die Immigranten als Opfer früherer westlicher Kolonialpolitik stilisiert und der Mehrheitsgesellschaft dafür ein schlechtes Gewissen einredet, dass die gesellschaftlichen Eliten Immigration weiterhin hinnehmen.*

Das Narrativ der Migration steuert also auf einen doppelten Konflikt zu. Der zunehmende Bevölkerungsdruck Afrikas ohne Aussicht auf eine Verringerung des Einkommensgefälles zu Europa lässt die Bereitschaft der Emigration aus dem Kontinent steigen. Gleichzeitig wächst der Widerstand der Mehrheitsgesellschaften in Europa gegen die Zuwanderung gering qualifizierter Menschen. Daraus entsteht ein innerer Konflikt zwischen der von den Eliten bestimmten Politik und der Mehrheitsgesellschaft und ein äußerer Konflikt zwischen zuwanderungswilligen Ausländern und abweisenden Inländern.

Die Politiker der Europäischen Union dürften darauf mit einer Doppelstrategie antworten: Beschränkung der Zuwanderung verbunden mit Verstärkung der Grenzsicherung und Zurückweisung illegaler

---

* Dabei gibt es eine heimliche Gleichheit der Interessen der etablierten Wirtschaftselite, die in den Zuwanderern billige Arbeitskräfte sehen, und den links-identitären Gegeneliten, die als »Opfer-Entrepreneure« aus Zuwanderern Kapital schlagen können. Springer (2019) erkennt denn auch in den linksidentitären Gegeneliten eine »Klein-Bourgeoisie«, die wie die »Groß-Bourgeoisie« der etablierten Eliten durch die Globalisierung gewonnen hat.

Immigranten einerseits und Zahlungen an die Herkunftsländer andererseits. Da die Zahlungen geringe ökonomische Wirkungen haben dürften, werden sie vor allem dazu dienen, die heimische Akzeptanz einer zunehmend robusten Grenzsicherung zu erhöhen und die Regierungen der Herkunftsländer davon abzuhalten, den Willen ihrer Bevölkerungen zur Emigration nach Europa in den Willen zu dessen militärischer Eroberung umzumünzen.*

Eine Prä-mortem-Analyse könnte den Untergang des (West-)Römischen Reiches, der durch die Machtübernahme zugewanderter Germanen eingeleitet wurde und zu einem über Jahrhunderte währenden kulturellen und wirtschaftlichen Rückschlag führte, als Modell nehmen. Gehen wir davon aus, Zuwanderer aus Afrika und dem Nahen Osten hätten die Regierung in einigen EU-Staaten übernommen und dort islamische Republiken errichtet. Die Europäische Union wäre politisch zerfallen und wirtschaftlich hinter Asien zurückgefallen.

Um in diese Lage zu kommen, hätten die EU-Länder die Kontrolle über die Zuwanderung verlieren müssen. Eine beträchtliche Zahl an neuen Zuwanderern aus islamischen Ländern hätte sich mit schlecht in die westlichen Gesellschaften integrierten früheren Zuwanderern in islamischen Parteien verbündet. Da die Altparteien vor allem untereinander zerstritten waren, hätten es die islamischen Parteien geschafft, stärkste Kraft in einigen Regierungen zu werden. Dafür hat der französische Schriftsteller Michel Houellebecq in seinem Roman *Unterwerfung* ein dystopisches Zukunftsszenario für Frankreich an die Wand gemalt.[120] Einmal an der Macht hätten die Zuwanderer die Scharia dem bestehenden Recht gleichgestellt. Durch staatliche Einflussnahme und Unsicherheit wäre der wirtschaftliche Niedergang eingeleitet worden. Einige EU-Länder hätten sich dem widersetzt. Der gemeinsame Wirtschafts- und Währungsraum wäre zerfallen.

---

* Meine Skepsis bezüglich der Wirkungen von Entwicklungshilfe beruht auf meinen wissenschaftlichen Arbeiten auf dem Gebiet der Entwicklungsökonomik und meinen praktischen Erfahrungen bei der Kreditanstalt für Wiederaufbau und dem Internationalen Währungsfonds.

Bisher liegt der Anteil der muslimischen an der gesamten Bevölkerung in Europa im einstelligen Prozentbereich. Unter den größeren Ländern hat Frankreich mit 7,5 Prozent den höchsten Anteil, gefolgt von Belgien, Niederlande und Deutschland mit je rund 6 Prozent.[121] Es würde also massive Zuwanderung brauchen, damit eine islamische Partei einen entscheidenden politischen Einfluss ausüben könnte. Das dürfte innerhalb kürzerer Zeiträume nicht möglich sein.

Andererseits könnte auch eine Minderheit an Zugewanderten mit feindlichen Absichten die gesellschaftlichen Strukturen des Einwanderungslands zerrütten. Der Anteil der in Schweden lebenden Muslime beträgt nur 4,6 Prozent. Doch die Sozialdemokratische Partei, die Grünen und die frühere Kommunistische Partei Schwedens ermöglichten es der islamistischen Muslimbruderschaft im Namen der »Identitätsgerechtigkeit«, parallele Gesellschaftsstrukturen und geschlossene Enklaven zu errichten, in denen die Bewegung ihr Ziel der Errichtung eines islamistischen Staates, in dem das Scharia-Gesetz gilt, vorantreiben kann.[122]

Warum? Weil man hoffte, dass die Einwanderer künftig das traditionelle Wählerklientel der »Arbeiter«, das sich durch den wirtschaftlichen Aufstieg seiner Mitglieder als geschlossene Gruppe aufgelöst hatte, ersetzen könnte. Von daher gesehen schien es zielführend, die mehrheitlich muslimischen Zuwanderer als homogene Gruppe zu sehen und den Anspruch einer durchsetzungsfähigen radikalen Minderheit, die Interessen dieser Gruppe zu definieren, zu erfüllen. Die Folgen dieser aus der Mehrheitsgesellschaft kommenden Politik waren jedoch geschlossene Gemeinschaften, eine polarisierte Gesellschaft mit ansteigendem Rechtspopulismus und das zunehmende Gefühl, von Sprechverboten über das Verhalten der Zuwanderer umgeben zu sein. Es ist also weniger die Zuwanderung selbst als die Reaktion der Mehrheitsgesellschaft darauf, die zu Auflösungen der liberalen Gesellschaft führen kann. Auf dieses Narrativ komme ich in Kapitel 24 zurück.

Kapitel 20

Die Digitalisierung unserer Lebensumstände

Die Digitalisierung und ihr größtes Kind, das Internet, verändern unsere Lebensumstände. Computer wurden im Verlauf des 20. Jahrhunderts immer kleiner und leistungsfähiger. Aus vollklimatisierten Kellern wanderten sie unter oder auf die Schreibtische der Büroarbeiter und wurden in analoge Geräte eingebaut. Aber erst ihre Vernetzung über das Internet schuf die Voraussetzung für ihre Omnipräsenz in unserem Leben. In der ersten Welle der Internet-Euphorie, die in der Technologieblase von 2000 ihren Höhepunkt erreichte, wurden viele Anwendungen probiert, die sich schließlich als nicht sinnvoll erwiesen. Die zweite Welle brachte und bringt nun Anwendungen, die bleiben werden. Die neuen sozialen Medien, das *Internet of Things, Industrie 4.0, Big Data* oder *Artificial Intelligence* verändern unser Leben und die Wirtschaft. Die Digitalisierung schafft auch neue Gewinner und Verlierer und hat das Potenzial, die Gesellschaft tiefer zu spalten.

Nach der Technologieblase liefen analoge und digitale Welt lange nebeneinanderher. Online-Handel und Online-Konferenzen gab es, aber der persönliche Kontakt galt lange als unverzichtbar oder dem Online-Kontakt überlegen. Mit dem Übertritt des Coronavirus in die Welt der Menschen änderte sich die Werteskala. Persönlicher Kontakt wurde lebensgefährlich, Online-Kontakt erwies sich als praktischer denn gedacht. Auch wenn die persönliche Begegnung wieder gefahrlos möglich ist, bleibt die Attraktivität des von der Räumlichkeit befreiten digitalen Kontakts erhalten. Bilden in der analogen Welt Zeit, Raum und Kausalität die Dimensionen der menschlichen Wahrnehmung, kommt die digitale Welt ohne die Dimension Raum aus (oder kann sie simulieren). In vielen Bereichen der Wahrnehmung erscheint der Verlust der Dimension Raum eher als Befreiung denn als Einschränkung.

Einen Eindruck, wie die Beschleunigung der Digitalisierung durch die Corona-Krise wahrgenommen wird, liefert der Aktienmarkt. Die Preise der Aktien von Firmen im Bereich der Digitaltechnologie, wie Microsoft, Amazon oder Netflix, stiegen im Verlauf von 2020 weit stärker als der (mit dem Aktienpreisindex S&P 500 dargestellte) gesamte Markt (Grafik 20.1). Die US-Firma Apple erschien allein so wertvoll wie alle im deutschen Börsenindex DAX (All Shares) versammelten Unternehmen zusammen (Grafik 20.2). Industrien wie Fluglinien oder Ölfirmen, die auf soziale Kontakte angewiesen oder für die analoge Wirtschaft von Bedeutung sind, verloren (Grafik 20.3).

In Kapitel 18 haben wir diskutiert, wie die demografische Entwicklung das gesamte Angebot an Arbeitskräften verringern wird. Die Digitalisierung bietet die Chance zur Steigerung der Produktivität, wird aber die Nachfrage nach Arbeitskräften auch strukturell verändern. Für den Ersatz durch Maschinen eignen sich besonders Beschäftigungen, die sich standardisieren lassen. Im frühen 20. Jahrhundert gelang es Henry Ford, durch Standardisierung der Arbeitsabläufe in der Automobilproduktion die Produktivität so zu erhöhen und die Kosten so zu senken, dass das frühere Luxusprodukt Auto sogar für die Arbeiter in den Autofabriken erschwinglich wurde. Die Idee der Standardisierung inspirierte die gesamte Industrie und – im Bauhaus – sogar die Architektur und Bauwirtschaft.[123] Der »Fordismus« ermöglichte den wirtschaftlichen Aufstieg der Arbeiter, bestimmte das gesellschaftliche Verständnis und wurde in der Kunst reflektiert.

Die Digitalisierung unserer Lebensumstände

Grafik 20.1: Siegeszug der Internet-Plattformen und Software-Firmen

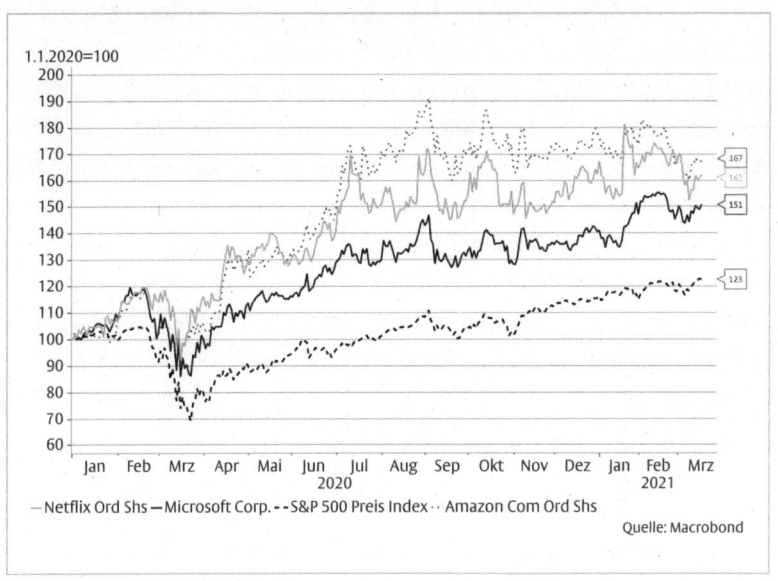

Grafik 20.2: Marktkapitalisierung: Apple versus DAX All Shares

In der analogen Welt ist die Standardisierung weitgehend auf manuelle Tätigkeiten beschränkt. In der digitalen Welt lassen sich aber auch nach einer bestimmten Routine ablaufende geistige Arbeiten standardisieren. Arbeit unterscheidet sich nicht mehr nach manuellen und geistigen, sondern nach standardisierbaren und nicht standardisierbaren Tätigkeiten.[124] Was standardisierbar ist, wird von Maschinen und Robotern ersetzt, wobei die Mittel vom klassischen Fließband nach Henry Ford bis zur von Computersoftware getriebenen Sprachübersetzung reichen. Was nicht standardisierbar ist, von der Betreuung hilfsbedürftiger Menschen bis zum Management von Unternehmen, oder sich nicht zu standardisieren lohnt, vom Spargelstechen bis zum Putzen von Wohnungen und Büros, bleibt menschlicher Arbeit vorbehalten.

In den Frühzeiten des Kapitalismus erregte die Einkommenslücke zwischen den Arbeitern und Besitzern der Produktionsmittel Anstoß (und regte Karl Marx zur Prophezeiung der »Revolution des Proletariats« an). Doch der »Fordismus« half, die Arbeiter besserzustellen und die Lücke zu verringern. Die Ausdehnung der Standardisierung auf geistige Arbeit lässt nun aber eine neue Lücke entstehen. Viele früher mit mittlerer Entlohnung bezahlte geistige Routine-Arbeit fällt weg, sodass die Erwerbsbevölkerung in eine größere Zahl gering bezahlter und eine geringere Zahl hoch bezahlter Arbeiter mit nicht standardisierbaren Tätigkeiten zerfällt. Wie Grafik 20.4 am Beispiel der USA zeigt, fallen die Einkommen hoch und niedrig qualifizierter Erwerbstätiger zunehmend auseinander.

Durch die Digitalisierung dürfte die Produktivität aller Beschäftigten steigen. Auch einfache Arbeiten können davon profitieren. Ein Beispiel ist der Kellner im Restaurant, der die Bestellung am Tisch in ein elektronisches Kontobuch einträgt, aus dem das Küchenpersonal den Auftrag entnehmen und er selbst später die Rechnung erstellen kann. Dadurch steigt die Produktivität des Kellners während gleichzeitig die Anforderungen an seine Qualifikation sinken. Gutes Gedächtnis und Kopfrechnen sind nicht mehr gefragt.

Grafik 20.3: USA: S&P 500-Preisindex (in US-Dollar, nach Sektoren/Industrien)

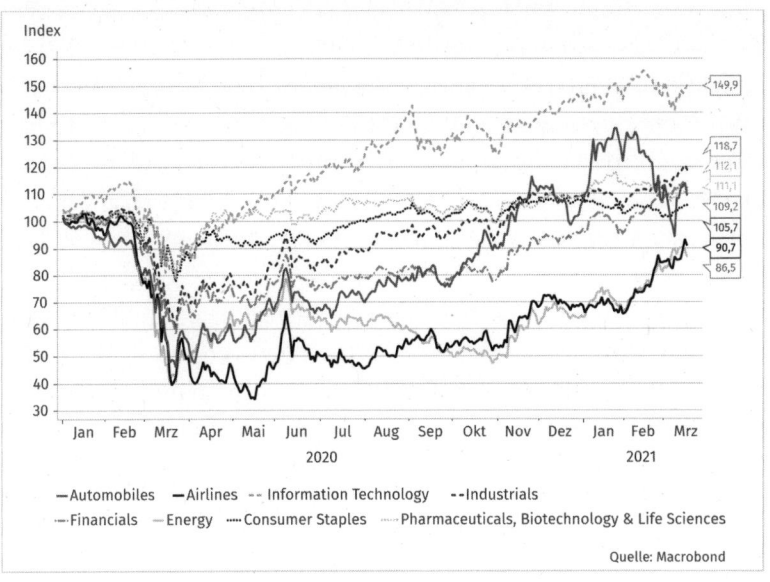

Quelle: Macrobond

Grafik 20.4: USA: Löhne und Gehälter nach Qualifikation

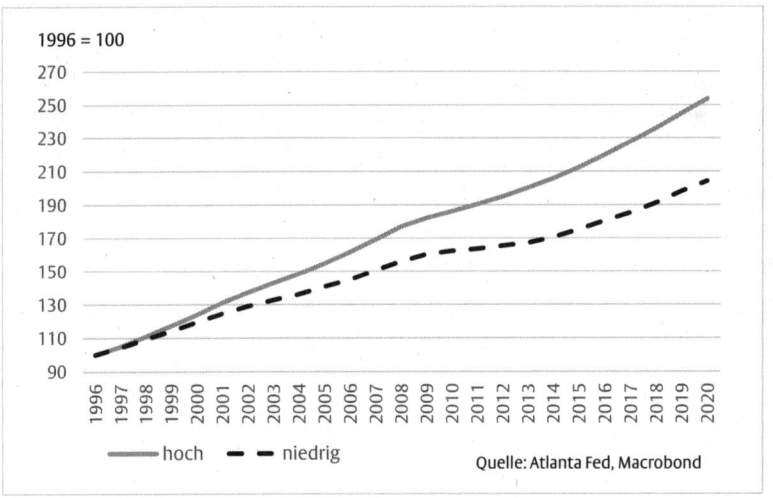

Quelle: Atlanta Fed, Macrobond

Aufgrund der geringeren Qualitätsanforderungen steigt die Entlohnung weniger als die Produktivität. Andererseits steigt die Nachfrage nach hochqualifizierten Arbeitskräften für nicht standardisierbare Tätigkeiten. Computer und Roboter müssen entwickelt, programmiert und gewartet werden, die Masse der geringqualifizierten Arbeiter, die nicht standardisierbare Tätigkeiten ausüben, muss gemanagt werden. Die Entlohnung derer, die solche und andere anspruchsvolle Tätigkeiten ausüben können, steigt stärker an, die Lücke zu den weniger qualifizierten wird größer.

Der Fordismus und der Aufstieg des Sozialstaats verhinderten die von Marx prophezeite Verelendung der Massen und die Revolution des Proletariats. Staatliche Umverteilung oder gesellschaftliche Konvention wird vermutlich dafür sorgen, dass die Einkommenslücke zwischen den Hoch- und den Geringqualifizierten innerhalb der gesellschaftlichen Toleranzgrenze bleibt. Je größer die gesellschaftliche Toleranz für Ungleichheit oder gesellschaftliche Konvention für Ausgleich ist, desto geringer kann die mit Effizienzverlusten verbundene staatliche Umverteilung ausfallen. Die Toleranz für Ungleichheit hängt wiederum davon ab, wie durchlässig die Gesellschaft die Qualifikationsgruppen gestaltet. Unterschiede werden eher akzeptiert, wenn sie überwunden werden können. Bildung schafft die Möglichkeit zur Überwindung. Folglich wird der Erfolg einer Gesellschaft im digitalen Zeitalter wesentlich davon abhängen, wie gut die Qualität der Bildung und der Zugang zu dieser sind.

Gegenwärtig kann man drei Gesellschaftstypen identifizieren. In den asiatischen Gesellschaften wird großer Wert auf Bildung gelegt und die gesellschaftliche Konvention für Ausgleich ist relativ hoch. Das kann zum einen daran liegen, dass mit Bildung ein Aufstiegsversprechen verbunden ist (wie es zum Beispiel schon im kaiserlichen China der Fall war), zum anderen daran, dass in der asiatischen Kultur das Individuum in der Gesellschaft einen geringeren Stellenwert hat als in der westlichen. Dadurch dürfte die Bereitschaft zum Ausgleich steigen. In den europäischen Gesellschaften ist der Zugang zur Bildung gut, das Bildungssystem von einigen Spitzen abgesehen eher mittelmäßig und die Toleranz für Ungleichheit gering.

In der amerikanischen Gesellschaft ist der Zugang zu Bildung schwieriger, die Qualität sehr variabel, aber die Toleranz für Ungleichheit größer. Früher galt dort mehr als anderswo ein gesellschaftliches Aufstiegsversprechen, das durch Digitalisierung und Globalisierung zunehmend ausgehöhlt wurde.

Daraus folgt, dass asiatische Gesellschaften mit der Digitalisierung wohl besser umgehen werden können als europäische, wo zunehmende staatliche Umverteilung die Wirtschaft belastet. Die amerikanische Gesellschaft dürfte eine instabile Mittelposition einnehmen, die sich sowohl zum Besseren als auch zum Schlechteren wandeln könnte.

Kapitel 21

Die ungezügelte Geldvermehrung der Zentralbanken

In der Großen Finanzkrise von 2007/2008 platzte die von der Niedrigzinspolitik der Zentralbanken befeuerte Kreditblase. Statt ihre Politik zu ändern, erhöhten die Zentralbanken die Dosis, um sich gegen den Kreditabschwung zu stemmen. Da sich die Therapie als ineffektiv erwies, drückten sie den Zins weiter nach unten, ohne ihre selbst gesetzten Ziele für die Konsumentenpreisinflation zu erreichen. Stattdessen nährten sie einen anhaltenden Anstieg der Vermögenspreise (Grafik 21.1).

Die Entwicklung beschleunigte sich im Jahr 2020 durch die Corona-Pandemie. Aufgrund der Kontaktbeschränkungen (Lockdowns) zur Unterbrechung von Infektionsketten fiel die Weltwirtschaft in die tiefste Rezession seit der Großen Depression der 1930er-Jahre. Die Zentralbanken pumpten noch mehr Geld in die Wirtschaft, indem sie die Kreditvergabe der Banken mit Refinanzierungszinsen bis in den negativen Bereich hinein subventionierten und die Ausgaben der Staaten zur Bekämpfung der Rezession über Anleihekäufe monetär finanzierten. Die Geldmenge schoss weiter in die Höhe, der Abstand zum nominalen Bruttoinlandsprodukt vergrößerte sich und ein gewaltiger Geldüberhang entstand (Grafik 21.2).

Gleichzeitig erhöhte die Politik der niedrigen Zinsen die Ungleichheit in der Vermögenverteilung. Die untere Vermögensklasse (Quantil 20 bis 40 Prozent), bei der Geldersparnisse eine größere

Rolle spielten, erfuhr einen weit geringeren Anstieg ihrer Vermögenswerte in der Zeit von 2005 bis 2020 als die obere (Quantil 80 bis 90 Prozent), die durch den Besitz von mehr Aktien-, Immobilien- und Betriebsvermögen stärker von sinkenden Zinsen profitieren konnte (Grafik 21.3). Wie könnte die Entwicklung nun weitergehen? Um uns einer Antwort auf diese Frage zu nähern, gilt es, zuvor ein paar andere Fragen zu beantworten.

Erstens: Was geschah früher, wenn die Staaten in Verbindung mit ihren Zentralbanken Geld in eine schwächelnde Wirtschaft pumpten? Der Schweizer Ökonom Peter Bernholz ist in seinem Buch *Monetary Regimes and Inflation* dieser Frage nachgegangen.[125] Auf Grundlage der Untersuchung zahlreicher Inflationsepisoden von der Antike bis heute kommt er zu dem Schluss, dass eine Geldvermehrung zunächst die wirtschaftliche Aktivität stimuliert und erst mit Verzögerung die Konsumentenpreise treibt. Wandelt sich eine moderate zur hohen Inflation, leidet die Wirtschaft und die Menschen suchen nach Alternativen zum staatlichen Geld als Mittel zur Wertaufbewahrung.

Die monetäre Finanzierung sehr hoher staatlicher Haushaltsdefizite (von 30 Prozent des Bruttoinlandsprodukts oder mehr) führte in der Vergangenheit immer zu Hyperinflation. In der Hyperinflation schrumpft die Wirtschaft und die Arbeitslosigkeit steigt. Die Menschen fliehen aus dem Geld auch als Mittel zum Tausch. Während Hyperinflationen nur durch Währungsreformen beendet werden konnten, endeten Phasen moderater Inflation in der Regel dadurch, dass der Staat die Hoheit über die Geldemission an eine von ihm unabhängige Zentralbank abgab oder die Landeswährung an eine stabile Fremdwährung oder Edelmetall band.

Zweitens: Zeigt nicht das Beispiel Japans, dass es möglich ist, die Anhäufung gewaltiger Staatsschulden durch die Emission neuen Geldes bei Wahrung der Preisstabilität zu finanzieren? Tatsächlich ist die japanische Staatsschuld von 66 Prozent des Bruttoinlandsprodukts (BIP) im Jahr 1990 auf (von der OECD geschätzte) 242 Prozent des BIP heute gestiegen.

Grafik 21.1: Inflation, Zins und Aktienpreise

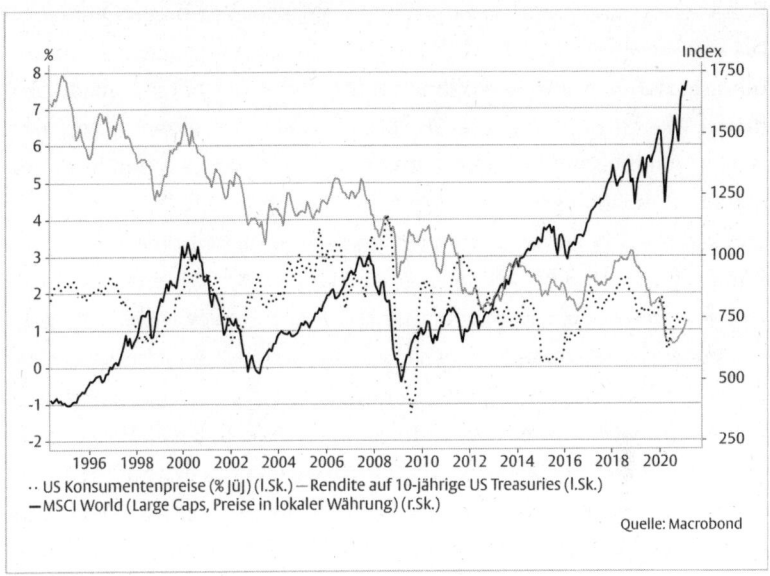

·· US Konsumentenpreise (% JüJ) (l.Sk.) — Rendite auf 10-jährige US Treasuries (l.Sk.)
— MSCI World (Large Caps, Preise in lokaler Währung) (r.Sk.)

Quelle: Macrobond

Grafik 21.2: Geldmenge (M1) und Bruttoinlandsprodukt in USA, China, Japan und Eurozone (in USD)

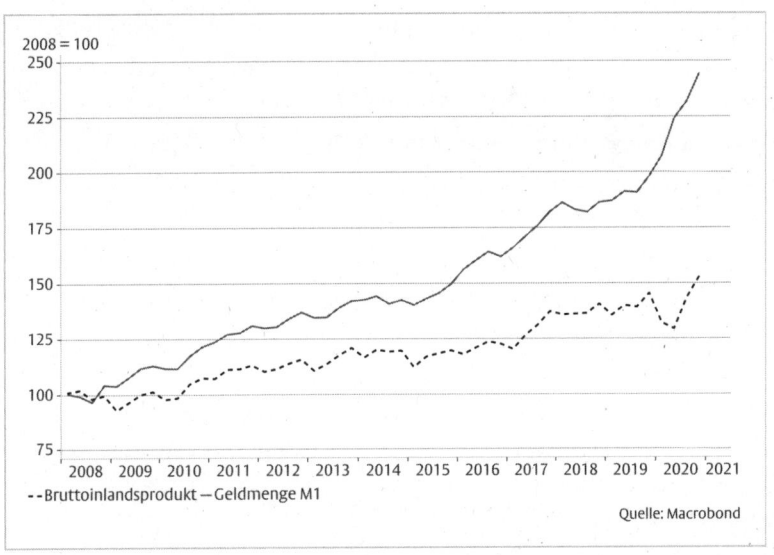

-- Bruttoinlandsprodukt — Geldmenge M1

Quelle: Macrobond

In diesem Zeitraum entwickelte sich der Saldo des Staatsbudgets von einem Überschuss in Höhe von 2 Prozent des BIP im Jahr 1990 auf ein geschätztes Defizit von 13 Prozent im Jahr 2020.

Vor allem im Verlauf des letzten Jahrzehnts wurde ein steigender Anteil der Staatsschuld durch Ankäufe der Zentralbank finanziert. Betrug der Anteil der von der Bank von Japan gehaltenen Staatsanleihen Ende 2008 noch 10 Prozent, so liegt er heute bei 54 Prozent. Dennoch blieb die Konsumentenpreisinflation mit einer Jahresrate von im Schnitt 0,5 Prozent seit 1990 und zuletzt 0 Prozent sehr niedrig. Was also sollte die Welt davon abhalten, dem Beispiel Japans zu folgen und immer höhere Staatsschulden durch Geldemission der Zentralbanken zu finanzieren?

Das Modell Japan verdankt seinen Erfolg vor allem drei Umständen. Erstens sank dank zunehmender Globalisierung und technischen Fortschritts die Inflationsrate weltweit von 26 Prozent im Jahr 1990 auf rund 3 Prozent im Jahr 2020. Zweitens hielt Japan die nominale Aufwertung des Yen unter der Inflation seiner Handelspartner, womit die japanische Industrie wettbewerbsfähig blieb. Während der handelsgewichtete Wechselkurs des Yen seit 1990 nominal um 68 Prozent angestiegen ist, ist er real um 22 Prozent gefallen, sodass der Überschuss der Leistungsbilanz während der letzten drei Jahrzehnte im Schnitt beinahe 3 Prozent des BIP betrug. Der Preis dafür war ein Rückgang der Reallöhne um 25 Prozent. Da private Haushalte und der Staat weniger sparten, wurde der Nettokapitalexport (der das Spiegelbild des Leistungsbilanzüberschusses darstellt) durch Ersparnisse der Unternehmen finanziert. Auf diese Weise konnte der globale Abwärtsdruck auf die Inflation in Japan durch die Aufwertung des Yen verstärkt werden, ohne dass die Wettbewerbsfähigkeit litt.

Drittens steigerten die Erwartungen der nominalen Aufwertung des Yen und niedriger Inflation nicht nur für Konsumgüter die Bereitschaft der Wirtschaftsakteure, Geld als Mittel zur Wertaufbewahrung zu nutzen.

Grafik 21.3: Deutschland: Vermögenspreise nach Klassen

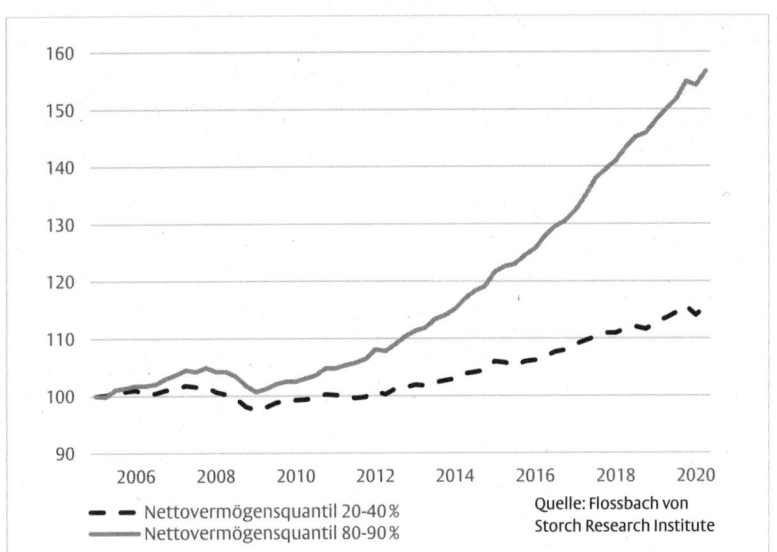

Quelle: Flossbach von Storch Research Institute

Im Jahr 2020 waren die Konsumentenpreise um nur 12 Prozent höher, die Preise für Aktien und Immobilien sogar um 13 Prozent beziehungsweise 34 Prozent niedriger als Im Jahr 1990. Die Umlaufgeschwindigkeit des Yen, die misst, wie häufig die Geldmenge zur Schaffung des Bruttoinlandsprodukts in einem Jahr umgesetzt wird (und als Verhältnis des BIP zur Geldmenge berechnet wird), sank um beinahe die Hälfte von 0,60 Anfang 1990 auf zuletzt 0,37 Ende 2020.

Das japanische Modell der Staatsfinanzierung durch Geldemission lebt also davon, dass Geld als sicheres Mittel zur Wertaufbewahrung erscheint, und zwar durch Erwartungen für eine Inflation von Güter- und Vermögenspreisen nahe oder unter null und die nominale Aufwertung des Wechselkurses. Solange die Menschen daran glauben, dass sie für Geld ebenso viel oder mehr heimische oder ausländische Waren und Dienstleistungen oder reale Vermögenswerte erhalten können wie im Tausch gegen Staatsanleihen, sehen sie keinen Unterschied zwischen beiden Instrumenten und sind bereit, Geldersparnisse zu halten. Doch dürfte sich das japanische Modell auf die Welt in der Zukunft kaum übertragen lassen.

Denn erstens wird sich die Entwicklung der Globalisierung während der letzten drei Jahrzehnte mittelfristig wohl umkehren und durch Protektionismus und die Re-Nationalisierung von Wertschöpfungsketten zunehmender Inflationsdruck für die Konsumentenpreise entstehen. Zweitens dürfte die Alterung der Bevölkerung in China und den Industrieländern die Erwerbsbevölkerung dort schrumpfen lassen, sodass die Löhne wieder stärker steigen werden – und selbst die japanische Lohndepression endet. Drittens steigen die Vermögenspreise außerhalb Japans schon seit längerem. Und viertens dürfte die Vereinnahmung der Zentralbanken durch die Staaten als Finanzierungsquelle für ihre steigende Verschuldung das über Jahrzehnte aufgebaute Vertrauen in die Zentralbanken als politisch unabhängige Bewahrer der Kaufkraft des Geldes schwinden lassen.

Wenn das japanische Beispiel nicht für die Welt gelten kann, bleibt die von Bernholz beschriebene geschichtliche Erfahrung der beste Anhaltspunkt für die weitere Entwicklung. Letzten Endes gründet der Geldwert auf Vertrauen, das über die vergangenen drei Jahrzehnte ohne eigenes Zutun der Politik durch die inflationsdämpfenden Effekte der Globalisierung und des Anstiegs der globalen Erwerbsbevölkerung und mit ihrem Zutun durch die Befreiung der Zentralbanken von Weisungen der Politik aufgebaut wurde. Der Aufbau von Vertrauen braucht bekanntlich Zeit, der Verlust geschieht oft plötzlich. Insbesondere die freiwillige Unterwerfung der Zentralbanken unter die Politik und ihre Blindheit für die Entwicklung der Vermögenspreise könnte das Vertrauen in die Geldwertstabilität zerstören.

Auf der Grundlage der historischen Erfahrungen können wir die jüngere Geschichte nachzeichnen und einen Blick in die Zukunft wagen. Nachdem US-Präsident Richard Nixon den Wechselkurs des US-Dollar gegenüber Gold im Jahr 1971 freigegeben hatte, geriet das damit geschaffene globale Papiergeldsystem im Lauf der 1970er-Jahre in große Schwierigkeiten. Zur Bekämpfung der rezessiven Wirkungen der Ölpreisschocks von 1973 und 1979 pumpten die Zentralbanken Geld in die Wirtschaft. Die Inflation stieg und die Menschen flohen vom Geld zu anderen Mitteln zur Wertaufbewahrung. In einem heroischen Kraftakt (mit Zinsen von bis zu 22 Prozent) stabilisierte US-Notenbankchef Paul Volcker Anfang der 1980er-Jahre das System. Die Befreiung der Zentralbanken von Weisungen der Politik und ihre Verpflichtung auf die Wahrung von Preisstabilität verankerten es neu.

Eine erneute Entankerung begann in der Finanzkrise von 2007/2008, als die Zentralbanken Geld zur Stabilisierung maroder Banken emittierten. Dies trieb im darauffolgenden Jahrzehnt vor allem die Vermögenspreise. In der Corona-Krise sind die großen Zentralbanken nun dazu übergangen, sich der Fiskalpolitik unterzuordnen und staatliche Haushaltsdefizite monetär zu finanzieren. Die umlaufende Geldmenge ist dadurch weit über die wirtschaftliche Aktivität gestiegen. Im Euroraum lagen Ende 2020 rund 27 Prozent der gesamten Schulden der Eurostaaten auf der Bilanz der Europäischen Zentralbank.

Vermutlich befinden wir uns nun in der Phase, in der Anleger verstärkt Alternativen zum Geld als Mittel für die Wertaufbewahrung suchen. Daher der Anstieg der Preise von Aktien, Immobilien, Gold und Kryptowährungen. Bei der Höhe der gegenwärtigen staatlichen Haushaltsdefizite wäre in der zweiten Stufe ein merklicher Anstieg der Konsumentenpreisinflation zu erwarten. Sollten die monetär finanzierten Haushaltsdefizite weiter steigen, müsste man mit einer Hyperinflation rechnen. Allerdings sind Defizite in der Höhe, die nach Bernholz eine Hyperinflation mit hoher Wahrscheinlichkeit erwarten lassen würde, nicht in Sicht. Käme es wider Erwarten zur Hyperinflation, stünde am Ende die Währungsreform. Vermutlich werden wir aber auch eine moderate Inflation nur noch mit einem Wechsel unseres Systems des durch Kredite geschaffenen Geldes beenden können.*

---

* Vermutlich müsste dies auch mit einem Wechsel des leitenden Personals in den Zentralbanken verbunden werden. Zu viele handeln politisch opportunistisch oder klammern sich engstirnig an untaugliche ökonomische Modelle.

Machen wir die Gegenprobe mit einer Prä-mortem-Analyse. Nehmen wir an, dass zu einem unbekannten Zeitpunkt in der Zukunft die deutsche Inflationsrate bei 2 Prozent und die Rendite der zehnjährigen deutschen Bundesanleihen bei 4 Prozent stehen würden. Bei einem *Spread* von 1,5 Prozentpunkten stünde dann die Rendite auf italienische zehnjährige Anleihen bei 5,5 Prozent. Der italienische Staat ist sehr hoch verschuldet, und seit dem Eintritt in die Währungsunion ist die italienische Wirtschaft real nicht mehr gewachsen. Wir nehmen daher ein Wachstum des nominalen potenziellen Bruttoinlandsprodukts von 2 Prozent an. Da der Nenner der Staatsschuldenquote mit 2 Prozent, der Zähler (die Staatsschuld) aber mit dem Zins von 5,5 Prozent pro Jahr steigen würde, wenn der primäre Budgetsaldo (vor Zinszahlungen) ausgeglichen wäre, nähme die Quote mit 3,4 Prozent pro Jahr zu. Die für 2020 geschätzte Staatsschuldenquote von 165 Prozent stünde in 10 Jahren bei 231 Prozent und in 20 Jahren bei 323 Prozent. Da kein Anleger einem Staat mit dieser Schuldenperspektive Geld leihen würde, wäre der italienische Staat bankrott.

Möglicherweise wären die Anleger aber bereit, dem Staat Geld zu leihen, wenn die Staatsschuldenquote sinken würde. Schon um die Schuldenquote stabil zu halten, müsste das primäre Staatsbudget einen Überschuss von 3,5 Prozent des BIP im Jahr ausweisen. Um sie zu senken, müsste er noch größer sein. Nehmen wir an, die Anleger wären zufrieden, wenn die Aussicht bestünde, dass die Quote in 20 Jahren auf 100 Prozent des BIP (also 3,25 Prozent pro Jahr) sinken würde. Dann müsste der Staatshaushalt 20 Jahre lang einen primären Budgetüberschuss von 6,75 Prozent des BIP ausweisen (5,5 Prozent für die Zinszahlungen plus 3,25 Prozent für die Tilgungen minus 2 Prozent für das Wachstum). Weder die Stabilisierung noch die Senkung der Quote ist also realistisch, denn der primäre Haushaltssaldo des italienischen Staates betrug im Durchschnitt der letzten zwei Jahrzehnte 1,0 Prozent des BIP und im Schnitt der letzten sechs Jahrzehnte -0,8 Prozent des BIP. Die einzig plausible Möglichkeit für die Rückkehr zu einer Rendite auf Bundesanleihen von 4 Prozent wäre also ein Schuldenschnitt für den italienischen Staat verbunden mit einer Steigerung des Potenzialwachstums. Dies dürfte nur durch einen Austritt Italiens aus der Währungsunion zu erreichen sein.

Die Hinterlassenschaft der Epidemie wird also statt einer »kosmopolitischen Form der Staatlichkeit, in der die Zivilgesellschaft auf Augenhöhe eine Verbindung mit dem Staat eingeht«, wie Ulrich Beck hoffte, eine weitgehend von den Regierungen gelenkte Wirtschaft, zerrüttete Staatsfinanzen und ein zur Finanzierung der Staatschulden geschaffener enormer Geldüberhang sein. Die Ähnlichkeiten mit einer Kriegswirtschaft sind unübersehbar. Nach den Napoleonischen Kriegen konnte sich England mit der industriellen Revolution aus seinen Staatsschulden herausarbeiten, nach dem Zweiten Weltkrieg gelang dies den USA vor allem mit einem vom Wiederaufbau und Nachholkonsum ausgelösten (und mit negativen Realzinsen unterstützten) Wirtschaftsboom. Ein vergleichbarer Wachstumstreiber für die Zeit nach der Epidemie ist für Europa nicht in Sicht. Es drohen Konkurs oder Inflation zur Beseitigung des Schulden- und Geldüberhangs.

Kapitel 22

Die Entstehung einer neuen geopolitischen Weltordnung

In einer gigantischen Aufholjagd über die letzten Jahrzehnte hat die chinesische Wirtschaft zur US-Wirtschaft aufgeschlossen (Grafik 22.1). Ihr Aufstieg zur größten Wirtschaft der Welt scheint nicht mehr aufzuhalten (Grafik 22.2). Nachdem China seit Mitte des zweiten Jahrtausends wirtschaftlich stetig abgestiegen war und unter der Herrschaft von Mao Tse-tung auch einen gesellschaftlichen Tiefststand erreicht hatte, sind die Gründe für den Wiederaufstieg Gegenstand intensiver Diskussion. Erich Weede gibt einen Überblick und vertritt selbst die These, dass es der Führung unter Deng Xiaoping gelang, die politische Macht so zu dezentralisieren, dass sich Regionalregierungen im Wettbewerb um wirtschaftliche Entwicklung (und die Gunst der Führung) verhielten, als ob die Herrschaft des Rechts gelten und Eigentumsrechte respektiert würden.[126]

Deutlich kommt dies in den nach dem Vorbild Hongkongs eingerichteten Sonderwirtschaftszonen an der Ostküste Chinas zum Ausdruck. Wettbewerb und Öffnung nach außen schufen die notwendige Voraussetzung, um den »Vorteil der Rückständigkeit« zu nutzen. Dieser entsteht dadurch, dass der »Rückständige« sein Ziel schon genau vor Augen hat und sich auf den Weg dorthin konzentrieren kann, während der »Fortschrittliche« neue Ziele formulieren und den Weg dorthin finden muss.

Lange Zeit glaubten die führenden Politiker des Westens, China würde sich in die von den Westmächten gestaltete Weltordnung einfügen. Mit dem Aufstieg Xi Jinpings zum Partei- (2012) und Staatschef (2013) hat sich diese Einschätzung als Illusion erwiesen. Unter Xi beansprucht China die Vormachtstellung in Asien und mindestens die Gleichstellung mit den USA auf Weltniveau.

Dabei ist die chinesische Führung von der Überlegenheit ihres Gesellschafts- und Wirtschaftssystems – das man als »formierte Gesellschaft« mit staatlich gelenktem Kapitalismus bezeichnen könnte – überzeugt und erwartet den historischen Abstieg des Westens.* Der chinesische Politikwissenschaftler Rong Jian zeichnet das Bild eines Landes, das seit beinahe 2.500 Jahren von den Lehren des Konfuzius geprägt ist und im 20. Jahrhundert eher oberflächlich mit dem westlichen Liberalismus und Marxismus geflirtet hat.[127] Folgt man seiner Analyse, dann kann man die von Staatschef Xi Jinping begründete neue Ära als marxistisch verbrämten neuen Konfuzianismus verstehen.**

Im liberalen Rechtsstaat stehen Staat und Gesellschaft in einer Wechselbeziehung zueinander; im autoritären Staat herrscht die Staatsgewalt autonom und von ihr abgesondert über die Gesellschaft; im totalitären Staat verschmelzen Staat und Gesellschaft in einem einzigen, von der staatlichen Herrschaft definierten Willen. Unter Xis Herrschaft hat sich der autoritäre Staat der Ära Deng Xiaoping zum totalitären Staat entwickelt. Die Führung will mit den Mitteln der künstlichen Intelligenz und *Big Data* über das Volk herrschen.

---

* Der Begriff der »formierten Gesellschaft« kam im Westdeutschland der 1960er-Jahre auf und sollte eine Ordnung beschreiben, in der sich individuelle Interessen aus gemeinschaftlichen Zielvorstellungen herleiten. Abweichungen sollten von einem starken Staat korrigiert werden. Unglücklicherweise nahm Ludwig Erhard diesen Begriff auf, der liberalen Prinzipien widerspricht und besser zum totalitären China der Gegenwart passt.

** Ob die Lehren des Konfuzius – wie die »protestantische Ethik« – den Kapitalismus in asiatischen Ländern befördert haben, ist umstritten (Pohlmann, 2000). Darum geht es mir hier aber nicht. Meine These ist nur, dass das Regime von Xi Jinping die in der Gesellschaft verankerte konfuzianische Tradition nutzen will, um die Gesellschaft auf seine Linie zu bringen.

Grafik 22.1: Nominales Bruttoinlandsprodukt (mit IWF-Prognose)

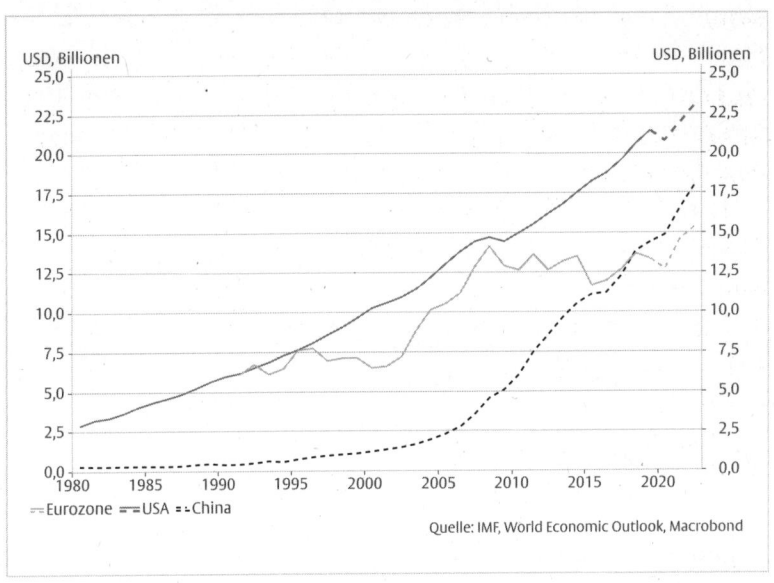

Quelle: IMF, World Economic Outlook, Macrobond

Grafik 22.2: Welt-Bruttoinlandsprodukt – Anteile der Länder (mit Kaufkraftparität aggregiert)

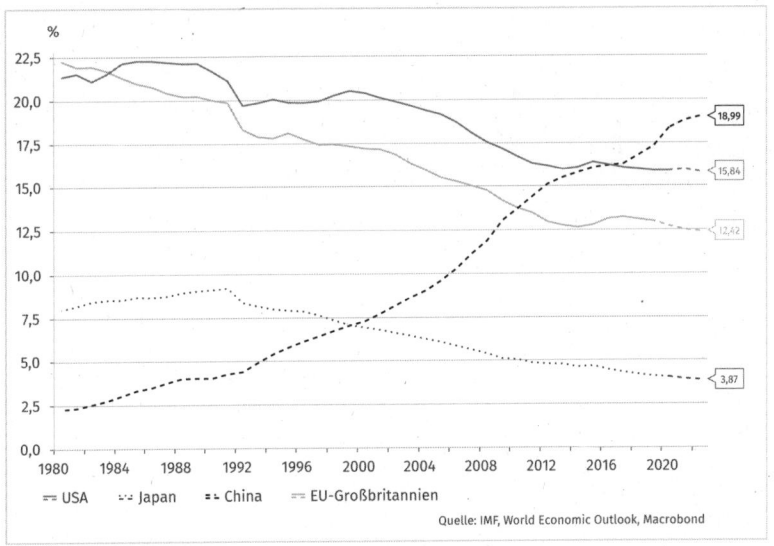

Quelle: IMF, World Economic Outlook, Macrobond

Der amerikanische Politikwissenschaftler Graham Allison fasst Xis Agenda in einem Satz zusammen: »Make China Great Again!«[128] Dazu will der Staats- und Parteichef Chinas wirtschaftlichen Wohlstand und seine politische sowie militärische Macht in einer gemeinsamen Willensanstrengung von Staat und Volk auf Weltniveau heben.

Auf geopolitischer Ebene strebt China regionale Dominanz und weltweiten Respekt für sich als globaler Hegemon an. In der Tradition der konfuzianischen Lehre fühlt sich die chinesische Nation kulturell überlegen und hält alle anderen Nationen in einer universellen politischen Hierarchie für nachgeordnet. »Wenn der Erdkreis in Ordnung ist, so gehen Kultur und Kunst, Kriege und Strafzüge vom Himmelssohn aus. Ist der Erdkreis nicht in Ordnung, so gehen Kultur und Kunst, Kriege und Strafzüge von den Lehnsfürsten aus«, heißt es dazu bei Konfuzius. Mit dem Projekt der »Neuen Seidenstraße« will China Europa und Afrika enger an sich binden. Es wäre naiv, zu glauben, dass dabei eine Partnerschaft auf Augenhöhe angestrebt wird. Sehr viel wahrscheinlicher ist, dass es China darum geht, Asien, Europa und Afrika zu »Afroeurasien« unter seiner Hegemonie zu verbinden. Zu diesem Zweck hat China schon Griechenland und Italien zusammen mit einigen kleineren europäischen und zahlreichen afrikanischen Ländern als Mitglieder in sein Projekt aufgenommen.

Auf wirtschaftlicher Ebene strebt China Technologiedominanz an. Dazu hat sich das Land über die vergangenen drei Jahrzehnte vom globalen Billiganbieter zum Technologieführer gewandelt. Eine wichtige Rolle spielt die Entwicklung künstlicher Intelligenz und von Internet-Plattformen. Schon heute liegt China in der (nach Marktkapitalisierung geordneten) globalen Rangfolge großer Internet-Plattformunternehmen nach den USA an zweiter Stelle, während Europa auf diesem Gebiet eine bescheidene Rolle spielt (Grafik 22.3).

Graham Allison spricht von der *STEM*-Revolution: S steht für *Science*, T für *Technology*, E für *Engineering* und M für *Mathematics*. In diesen Fächern machen jährlich etwa 1,3 Millionen junge Chinesen Abschlüsse. Das erinnert an einen Dialog bei Konfuzius: »Jan Yu fragte: ›Wenn das Volk so zahlreich ist, was könnte man noch hinzufügen?‹ Der Meister sprach: ›Es wohlhabend machen.‹ Jan Yu fragte: ›Und wenn es wohlhabend ist, was kann man noch hinzufügen?‹ Der Meister sprach: ›Es bilden.‹«

Grafik 22.3: Marktkapitalisierung großer Internet-Plattformen

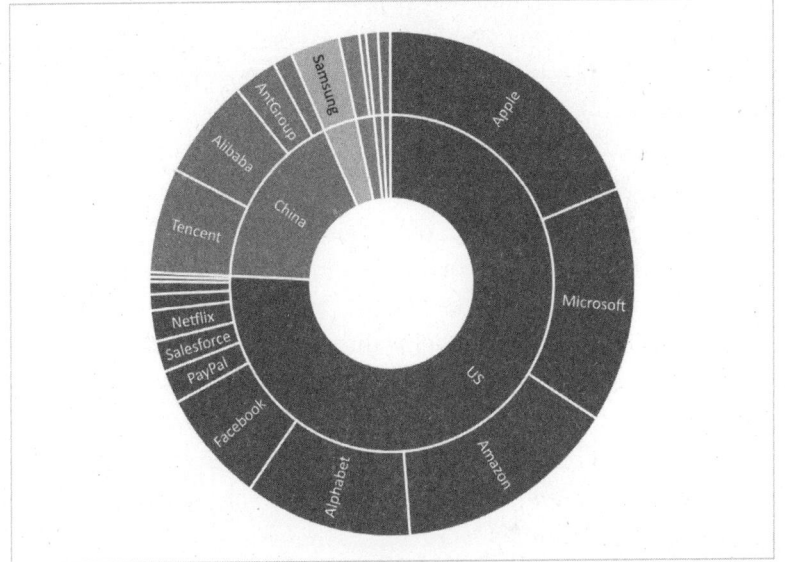

Quelle: *The Economist*, 21.–27. November 2020

Dagegen setzen sich die USA als bisherige globale Führungsmacht zur Wehr – während der Präsidentschaft von Donald Trump allerdings auf sehr ineffektive Weise. Der Westen kann auf die geopolitische und wirtschaftliche Herausforderung auf drei Arten reagieren: mit der Akkommodation an den Aufstieg oder der Unterminierung des Aufstiegs Chinas, oder dem Aushandeln einer Koexistenz nach den Prinzipien des Westfälischen Friedens der gegenseitigen Nichteinmischung in innere Angelegenheiten.

Wie das Schicksal Hongkongs zeigt, dürfte die Akkommodation schließlich in die Unterwerfung führen. Die Unterminierung birgt das Risiko, dass es zu militärischen Konflikten kommt, sodass als realistische Option eigentlich nur das Aushandeln einer »friedlichen« Koexistenz bleibt. »Friedlich« steht hier in Anführungszeichen, weil damit lediglich die Abwesenheit von Krieg gemeint ist. In Anlehnung an den Kalten Krieg zwischen der Sowjetunion und ihren Satellitenstaaten und den Westmächten könnte man das zu erwartende Verhältnis mit China als »kalter Friede« bezeichnen. Dabei könnte das Verhältnis die Formen Kooperation, Wettbewerb und Abschottung annehmen:

- Kooperation in Bereichen wie Gesundheit und Pandemiebekämpfung, Klimapolitik, falls möglich Handelspolitik (zum Beispiel bei einer Reform der Welthandelsorganisation WTO) und Einhaltung der Menschenrechte,
- Wettbewerb im globalen Handel und
- Abschottung von China in allen Fragen der Sicherheitspolitik.

Allerdings dürfte auch dieses Verhältnis nur in einem Schulterschluss der USA mit Europa gelingen, da beide Kontinente das aufstrebende China kaum beeindrucken werden, wenn sie allein oder sogar gegeneinander handeln. US-Präsident Joe Biden strebt einen solchen Schulterschluss an. Vorbild dürfte die nach dem Zweiten Weltkrieg gegen die Sowjetunion gebildete Allianz sein, deren Kern die NATO bildete. Aber sind die europäischen Länder zu einer neuen geopolitischen Allianz mit den USA überhaupt fähig?

Die regierenden Politiker in Deutschland und anderen europäischen Ländern beschwören die Vertiefung der Europäischen Union, um zu verhindern, dass Europa im Wettstreit der Supermächte unter die Räder gerät. Wie aber soll das gehen? »Europa entsteht über das Geld, oder es entsteht gar nicht«, äußerte Jacques Rueff, der Berater von General de Gaulle, im Jahr 1949. Dieser noch heute von Europapolitikern hochgehaltene berühmte Satz dürfte die größte Fehleinschätzung in der französischen Europapolitik seit der Niederlage Napoleons in Waterloo darstellen.

Nach der Aufteilung des Fränkischen Reichs im 9. Jahrhundert entwickelte sich der westliche Teil zum bald homogenen Königreich Frankreich, während der östliche als Heiliges Römisches Reich deutscher Nation zersplittert blieb. Angetrieben von Kardinal Richelieu, dem Ersten Minister des Königs, versuchte Frankreich in der Endphase des Dreißigjährigen Krieges, die Vormachtstellung des Hauses Habsburg zu brechen und sich selbst als Hegemon in Europa zu etablieren. Da Frankreich militärisch dafür zu schwach war, verbündete es sich mit dem protestantischen Schweden, und Richelieu bezahlte zeitweise sogar den erfahrenen Heerführer Bernhard von Sachsen-Weimar, der im Dienst des Schwedenkönigs stand, um den Kampf zu führen. Im zugrundeliegenden Vertrag von Saint-Germain-en-Laye vom 27. Oktober 1635 verpflichtete sich Frankreich, Bernhard für die Dauer des Krieges 4 Millionen Livres jährliche Unterstützung zur Finanzierung eines Heeres zur Verfügung zu stellen.

Dem Herzog von Sachsen-Weimar gelang es, durch Hinhaltetaktik das habsburgische Reichsheer so zu zermürben, dass es den vorgesehenen Angriff auf Paris nicht mehr durchführen konnte. Dennoch geriet Frankreich erheblich unter Druck, und Richelieu erlitt – wie man heute wohl sagen würde – einen Nervenzusammenbruch. Das Land schrammte an einer Niederlage nur knapp vorbei. Dank der gegenseitigen Zerfleischung der anderen Kriegsparteien ging Frankreich aus dem Dreißigjährigen Krieg zwar gestärkt hervor, doch die Kraft reichte nicht, sein Ziel der Vorherrschaft in Europa zu erreichen.

Anderthalb Jahrhunderte später unternahm Napoleon Bonaparte neuerlich den Versuch, für Frankreich die Vormachtstellung in Europa zu erreichen. Er kam bis Moskau, aber dort scheiterte der Russlandfeldzug, und die Niederlage in der Schlacht von Waterloo drei Jahre später besiegelte sein Schicksal. Unter seinem Neffen Kaiser Napoleon III. kam es zum Strategiewechsel. Die französische Politik strebte nun eine europäische Währungsunion an, mit der die wirtschaftliche Macht Frankreichs (vor allem gegenüber England) gestärkt und eine französisch inspirierte (und von Frankreich dominierte) europäische Ordnung geschaffen werden sollte.

Im Jahr 1865 entstand die »Lateinische Münzunion«. Deutschland, das zu dieser Zeit noch in viele kleine und ein paar größere Staaten zersplittert war, spielte dabei keine Rolle. Die Idee, Europa unter Frankreichs Führung über ein gemeinsames Geld zu einigen, gewann nach drei bitteren Kriegen gegen Deutschland neue Dynamik. Im Jahr 1970 erfolgte mit dem Werner-Plan (benannt nach dem damaligen luxemburgischen Premierminister) der erste Anlauf zu einer neuen europäischen Währungsunion, die jedoch am Zerfall des Bretton-Woods-Systems der festen Wechselkurse scheiterte. Erst im Zuge der deutschen Wiedervereinigung gelang es dem französischen Präsidenten Mitterrand, Bundeskanzler Kohl die Zustimmung zu einer Währungsunion abzuringen.

Wie die Lateinische Münzunion leidet auch die Europäische Währungsunion an der Schwierigkeit, souveräne Staaten mit unterschiedlichen Wirtschaftsstrukturen und -kulturen unter einer Währung zu vereinen. Die durch die Corona-Pandemie ausgelöste Wirtschaftskrise beschleunigt die schon vorher zunehmende Divergenz unter den Ländern weiter und ebnet den Weg zu Spannungen, welche die Existenz der Währungsunion erneut bedrohen können. Dies und die neue Bipolarität der Weltordnung sollten nicht nur französische Politiker motivieren, ihre Strategie zur Stärkung Europas zu überdenken.

Es war die Notwendigkeit der Befriedung nach Kriegen, vom Dreißigjährigen Krieg bis zum Zweiten Weltkrieg, welche die Neuordnungen Europas begründete. Die logische Folge wäre heute die Gründung einer militärischen Verteidigungsunion, um Europa ein eigenes Gewicht bei der geopolitischen Neuordnung der Welt zu geben. Denn erst eine wirkliche Verteidigungsgemeinschaft wird Europa einigen, sodass es ein starker Bündnispartner für die USA werden kann.

Doch die Aussichten, dass die USA und Europa zu einer neuen Allianz finden, sind eher mau. Dies liegt zum einen daran, dass Europa nach zwei verheerenden Kriegen, die es im 20. Jahrhundert erleben musste, dem Militär sehr skeptisch gegenübersteht. Insbesondere in Deutschland errichtet ein gesinnungsethischer Wohlfühlpatriotismus hohe Hürden für die Verteidigungsfähigkeit des Landes. Und es liegt zum anderen daran, dass die westlichen Gesellschaften innerlich zerrissen sind und ihren früheren Vorteil, den sie aus einer liberalen Ordnung der Wirtschaft und Gesellschaft gezogen haben, verlieren.

Stellt man einen vereinfachten Vergleich von China (C) unter Xi Jinping mit den heutigen westlichen Gesellschaften (W) an, dann kann man vielleicht die Aufstellungen auf jeweils zwei Punkte bringen: (C1) Konfuzianismus + Big Data für die Gesellschaft und (C2) Staatskapitalismus für die Wirtschaft in China; und (W1) Zerfasern der Gesellschaft durch Identitätspolitik und politischen Moralismus und (W2) »grüner« Staatskapitalismus für die Wirtschaft im Westen. Kalkuliert man den Unterschied, erhält man $C2 - W2 = 0$ und $C1 - W1 > 0$. Unterm Strich liegt der Vorteil bei China. Ergo: Der Unterschied zwischen den Rivalen dürfte sich dadurch verringern, dass der Aufstieg Chinas vom Abstieg des Westens begleitet wird. Findet der Westen nicht zu seiner liberalen Ordnung zurück, dürfte sich der Unterschied zu Gunsten Chinas sogar wieder ausweiten.

Unter diesen Bedingungen ist kaum mehr als eine wacklige Partnerschaft der Westmächte zu erwarten, die von inneren Konflikten sowohl in den USA als auch Europa immer wieder infrage gestellt wird. Hinzu kommt, dass Störfeuer aus Russland und Ländern mit islamistischen Regimen die westliche Gemeinschaft schwächen. Während Russland eine latente militärische Bedrohung für Europa darstellt, schüren islamistische Kräfte mit Terror und Zersetzung der liberalen Ordnung den Konflikt in der europäischen Gesellschaft.

Der algerische Schriftsteller Boualem Sansal sieht als Ziel des politischen Islam die »Eroberung und Islamisierung der Welt und die Bestrafung derer, die den Islam bekämpft oder Muslime gedemütigt haben«.[129] Dabei steht Europa besonders im Fokus. Wie schon in Kapitel 19 erwähnt, liegt in den großen Ländern der Anteil der Muslime an der gesamten Bevölkerung bei rund 7,5 Prozent in Frankreich, 6 Prozent in Deutschland, 5 Prozent in Großbritannien und 4 Prozent in Italien.[130] In den USA beträgt dieser Anteil dagegen weniger als 1 Prozent, in China weniger als 2 Prozent. Die muslimische Bevölkerung ist für den politischen Islam vor allem dort empfänglich, wo die Integration in die westliche Gesellschaft nur schlecht gelungen ist. Das gilt mehr für Europa als die USA und spielt für China keine Rolle, da der Staat die kleine muslimische Minderheit brutal unterdrückt.

Der Konflikt zwischen den USA und China dürfte zu einer Aufteilung der Liefer- und Wertschöpfungsketten entlang der chinesischen und US-amerikanischen Einflusssphären führen. China hat mit der Gründung des 15 asiatische Länder umfassenden Handelsabkommens »Regional Comprehensive Economic Partnership« (RECEP) den Aufschlag gemacht. Das Abkommen bringt 2,2 Milliarden Menschen und 30 Prozent des globalen Bruttoinlandsprodukts in eine Freihandelszone.

Nach den Erfahrungen mit der Transatlantischen Handels- und Investitionspartnerschaft (TTIP), gegen die es in Europa und insbesondere in Deutschland viel Widerstand gab und die während der Amtszeit Donald Trumps auf Eis gelegt wurde, dürfte eine kraftvolle transatlantische Antwort auf RECEP wenig Chancen haben. Die »De-Globalisierung« durch regionale Handelsräume und Renationalisierung von Wertschöpfungsketten dürfte das Produktivitätswachstums insgesamt verringern, die Inflation stärken und an der Abrisskante tätige Unternehmen (wie zum Beispiel Huawei, Apple) beeinträchtigen.

Eine Alternative wäre die Einbindung Chinas in die von den USA nach dem Zweiten Weltkrieg geschaffene globale Ordnung. Dies misslang jedoch schon der Regierung Obama und dürfte mit dem Aufstieg von Xi Jinping nach der von Donald Trump gesuchten

Konfrontation für seinen Nachfolger Joe Biden kaum leichter geworden sein. Zudem müsste das amerikanisch-europäische Verhältnis erneuert werden, was – wie oben erläutert – allein schon sehr schwierig ist. China geht aus der Corona-Pandemie wie die USA aus dem Zweiten Weltkrieg relativ gestärkt hervor. Aber es fehlt ihm die für einen globalen Hegemon nötige Gefolgschaft. Statt einer neuen, von Peking inspirierten Weltordnung dürfte der Aufstieg Chinas daher zu globaler Unordnung und Instabilität führen.

Kapitel 23

Scheinwissenschaftliche Apokalypse (Klimawandel) und erlernte Hilflosigkeit (Pandemie)

Wissenschaft und Zivilisation haben es uns als selbstverständlich erscheinen lassen, dass wir die Naturgewalten zu unseren Zwecken nutzen. Klimawandel und Corona-Pandemie fordern dieses Selbstverständnis heraus. Nicht wir scheinen über die Naturgewalten zu herrschen, sondern sie über uns. Aus dieser Umkehrung der Verhältnisse hat sich über viele Jahre das Narrativ einer scheinwissenschaftlichen Apokalypse zum Klimawandel entwickelt. Uns droht die Klimakatastrophe, womöglich das Ende der Menschheit, aber noch können wir sie abwenden, wenn wir auf die Wissenschaft hören, lautet das Narrativ. Bei der Pandemie liegen die Dinge nicht so klar auf der Hand. Die Wissenschaft lässt uns auf die Bezwingung des Virus hoffen, aber die Umsetzung wissenschaftlicher Erkenntnis in praktisches, politisches und gesellschaftliches Handeln lässt uns manchmal schier verzweifeln. Während ich dies schreibe, sucht das Pandemie-Narrativ noch seinen Weg zwischen Zuversicht und »erlernter Hilflosigkeit«.

Apokalyptische Erzählungen sind ein fester Bestandteil der Menschheitsgeschichte und spielen eine zentrale Rolle in der christlichen, jüdischen und islamischen Religion. Vielleicht liegt es daran, dass wir uns alle vor dem Tod fürchten und in diese Furcht die Welt mit einbeziehen. Einen ebenso festen Platz hat dabei die Erlösung, denn das griechische Wort *apokalypsis* bedeutet »Entschleierung«, die bei den Christen zur »Offenbarung« wird. Die Apokalypse kann den Menschen also auch aus einem unangenehmen Leben befreien. Allerdings ist die Erlösung oft nicht umsonst. Man muss etwas dafür tun, weil sie möglicherweise vom Urteil eines überirdischen Gerichts abhängt. Apokalyptik kommt nicht nur in metaphysischen Erzählungen vor, sondern findet sich auch in säkularen politischen Erzählungen.

Der historische Materialismus der »marxistischen Wissenschaft« folgt einer deterministischen Geschichtsdeutung, die nach dem apokalyptisch-eschatologisch geprägten Muster »Defizienz – Umsturz – Fülle« zu einer Veränderung der Welt führen soll.[131] Nach dem totalen Zusammenbruch der bestehenden Verhältnisse stellt sich die Erlösung in Form der klassenlosen Gesellschaft ein. Auch der Geschichtsentwurf des Nationalsozialismus barg die Vorstellung eines determinierten heilsgeschichtlichen Ablaufs auf der Basis apokalyptischer Denkstrukturen und Motive. Das »Dritte Reich«, propagiert als »Tausendjähriges Reich«, sollte der Endzustand der deutschen und universalen Geschichte sein. Insofern ist die Erzählung vom Klimawandel mit womöglich apokalyptischem Ende nichts Neues: Es droht der Weltuntergang, es sei denn, man stoppt den vom Menschen erzeugten Ausstoß von Kohlendioxid (CO_2).

In der Klimawissenschaft verschwimmen die Grenzen zwischen Wissenschaft und politischem Aktionismus. Laut Vahrenholt und Lüning befinden sich unter den Autoren eines jeden Berichts des Weltklimarats (IPCC) zahlreiche Mitglieder von Umweltorganisationen, während in der Industrie tätige Experten weitgehend ausgeschlossen sind.[132] Aus den verschiedenen Szenarien zur künftigen Welterwärmung wird für die Öffentlichkeit oft das pessimistischste Szenario in den Vordergrund gestellt und es wird betont, dass so gut wie alle Wissenschaftler darin übereinstimmten, dass der Klimawandel menschengemacht und gefährlich sei. Dabei ist das pessimistischste Szenario auch das (in eigener Einschätzung des IPCC) am wenigsten wahrscheinliche und bei der Bestimmung des wissenschaftlichen Konsenses wurden alle Arbeiten als Befürworter der These des menschengemachten Klimawandels gezählt, die dieser These nicht ausdrücklich widersprochen hatten. Werden nur die Arbeiten gezählt, die sich aktiv für die These aussprechen, kommt man auf gerade mal 1,6 Prozent aller Arbeiten).[133]

Gleichzeitig werden Kritiker der These als »Klimaleugner« ausgegrenzt. Dazu liefert Wikipedia eine aufschlussreiche Definition:

»Die Klimawandelleugnung ... ist eine Form der Wissenschaftsleugnung, die durch das Ablehnen, Nicht-wahrhaben-Wollen, Bestreiten oder Bekämpfen des wissenschaftlichen Konsenses der Klimaforschung zur gegenwärtig stattfindenden globalen Erwärmung gekennzeichnet ist. Hierzu zählen insbesondere die Trendleugnung, also das Abstreiten, dass sich die Erde zurzeit erwärmt, die Ursachenleugnung, also das Abstreiten, dass der Effekt menschengemacht ist, und die Folgenleugnung, also das Abstreiten, dass die Erwärmung große gesellschaftliche und ökologische Probleme zur Folge hat. Neben diesen drei Grundkategorien wird häufig auch die Konsensleugnung hinzugezählt, also das Bestreiten, dass die Kernaussagen in der Forschung seit langem unstritten sind. Unter anderem als Selbstbezeichnung werden auch Klimawandelskepsis, Klimaskepsis und Klimaskeptizismus genutzt.«[134]

Das Anzweifeln einer wissenschaftlichen These, auch wenn diese von der überwiegenden Zahl der Wissenschaftler vertreten wird, ist jedoch ein notwendiger Bestandteil wissenschaftlichen Arbeitens. Wenn die Behauptung des menschengemachten Klimawandels den Anspruch der Wissenschaftlichkeit erhebt, ist es ein »Kategoriefehler«, Zweifel an ihr als Leugnung zu bezeichnen. Laut Duden bezeichnet »leugnen« unter anderem »etwas, was als Lehre, Weltanschauung o. Ä. oder allgemein anerkannt ist und vertreten wird für nicht bestehend (zu) erklären«. Insofern dient die Überführung des Zweifels in die »Leugnung« der Missionierung der Menschen mit der Lehre vom menschengemachten Klimawandel und der Übernahme einer Expertenauffassung, die der Ungewissheit unterliegt und fehlbar ist.

Kapitel 23

Welche Blüten die apokalyptische Erzählung treiben kann, zeigt das Beispiel des am 18. November 2020 von der öffentlich-rechtlichen Rundfunkanstalt ARD ausgestrahlten Fernsehfilms *Ökozid*. Dort wird ein fiktives, im Jahr 2034 stattfindendes Gerichtsverfahren gezeigt, in dem 31 Staaten des »Globalen Südens« die Bundesrepublik Deutschland vor dem Internationalen Gerichtshof auf einen Schadensersatz von jährlich 60 Milliarden Euro für die Folgen des Klimawandels verklagen. Die Ankläger behaupten, dass deutsche Regierungen von Gerhard Schröder bis Angela Merkel nicht genügend Steuergeld zur Erreichung der in den Klimaabkommen vereinbarten Begrenzung des CO_2-Ausstoßes ausgegeben und folglich die deutschen Steuerzahler für angeblich durch CO_2-Emissionen verursachte Schäden in den 31 Klägerstaaten aufzukommen hätten. Wesentlich für die schließlich verkündete Verurteilung Deutschlands zu Zahlungen an die Kläger ist das (in einem normalen Verfahren unzulässige) Schlussplädoyer der fiktiven Ex-Kanzlerin Merkel, in der sie sich im Namen des deutschen Volks schuldig bekennt.

Unfreiwillig endet der Film als zynische Satire auf eine (fiktive) ehemalige Bundeskanzlerin, die dem deutschen Steuerzahler nicht nur hohe Kosten zur offensichtlich erfolglosen Vermeidung von CO_2-Emissionen, sondern auch noch Zahlungen für angeblich dadurch verursachte Schäden auferlegt hat. Dennoch wurde er von der Kritik überwiegend positiv beurteilt. »Zum mutigen Kunstwerk wird dieser Film dadurch, dass die eigentlichen Hauptfiguren hier die Fakten und Argumente sind. Sie belegen, dass Deutschland seit 30 Jahren alle konsequente Umweltpolitik blockiert und aushebelt«, meinte der Kritiker der *Süddeutschen Zeitung*. Und der Kritiker der *Zeit* fand: »... enorme Spannung bezieht das aufklärerische Kammerspiel aus seiner Brisanz«. Ähnlich überschwänglich wurden in Deutschland auch schon andere apokalyptische Erzählungen kommentiert.

Es gibt sehr ernst zu nehmende Fakten, dass sich die Erde in einer Erwärmungsphase befindet und die ausführlich begründete Hypothese, dass die Erwärmung auf von Menschen erzeugten CO_2-

Ausstoß zurückzuführen ist. Andererseits könnte die Erwärmungsphase auch Teil eines langen Zyklus sein und der von Menschen zu verantwortende Ausstoß von Treibhausgasen eine geringe Rolle spielen. Auch wenn die erste These plausibler erscheint, gibt es keine Sicherheit dafür, dass der Mensch die Erderwärmung durch die Veränderung seines CO_2-Ausstoßes steuern könnte. Es könnte also sein, dass die apokalyptische Erzählung vom Klimawandel, wie andere apokalyptische Erzählungen, von der Entwicklung widerlegt wird. Dann dürften die Verluste umso größer sein, je mehr in die Vermeidung von CO_2-Emissionen investiert wurde.

Bei dieser Problemlage wäre eine Vorgehensweise wünschenswert, die an neue Erkenntnisse anpassbare Maßnahmen zur Verringerung von Treibhausgasen mit Maßnahmen zur Anpassung an die Erderwärmung kombiniert. Die Kombination sollte so erfolgen, dass die Grenzkosten der Erwärmung, Anpassung und Verringerung von Treibhausgasen gleich sind. Dabei sollten die in den drei Bereichen anfallenden Kosten entsprechend dem Grad der mit ihnen verbundenen Unsicherheit und dem Zeitpunkt ihres Eintretens gewichtet werden. Eine Vorgehensweise, die Zeit- und Risikoprämien berücksichtigt, ist gängige Praxis bei der Bewertung von Investitionen mit in der Zukunft liegenden, unsicheren Erträgen. Konkret könnte die zeit- und risikoadjustierte Grenzbelastung mit einer CO_2-Steuer mit den Grenzkosten der Erwärmung und Anpassung ausgeglichen werden. Der Steuersatz könnte an sich verändernde Umstände und neue Erkenntnisse leicht angepasst werden.

Stattdessen haben sich viele Staaten im Rahmen der Klimaabkommen zur mehr oder weniger starken Verringerung des CO_2-Ausstoßens bis hin zu seiner vollständigen Eliminierung verpflichtet. Das ist nicht nur eine ökonomisch ineffiziente Lösung des Problems, die zu hohen Kosten für ungewisse Erträge führt, sondern lädt zum doppelten Trittbrettfahren ein. Denn trifft die Hypothese vom menschengemachten Klimawandel zu und erweisen sich die zu seiner Steuerung getätigten Investitionen als effektiv, profitiert auch derjenige, der sich daran nicht beteiligt hat. Erweisen sich die Investitionen als ineffektiv oder trifft die Hypothese nicht zu, profitiert wieder derjenige, der sich nicht daran beteiligt hat. Klimaabkommen sollen das Trittbrettfahren vermeiden. Aber Entwicklungsländer (einschließlich China), deren Wirtschaft besonders viel CO_2 ausstößt, werden de facto davon ausgenommen. Außerdem sind die finanziellen Anreize für Trittbrettfahrer hoch und die Einhaltung der Klimaschutzabkommen durch die Industrieländer kann nicht erzwungen werden. Somit ist damit zu rechnen, dass die Klimaziele verfehlt und die Ausgaben zum »Klimaschutz« die Wirtschaft unnötig belasten.

Der Schaden wird dort am größten sein, wo die apokalyptische Erzählung am meisten verfangen hat. An erster Stelle dürfte dabei Europa stehen, gefolgt von den USA, China und dem Rest der Welt. Die asymmetrische Verteilung ist noch stärker in dem Fall, dass die Ausgaben ihren Zweck erfüllen. Denn dann profitierten vor allem diejenigen, die von der Erwärmung am meisten betroffen worden wären und am wenigsten zu ihrer Abwendung beigetragen haben. Dazu dürften vor allem Entwicklungsländer in den heißeren Klimazonen gehören. Dagegen sind die größten Nettozahler diejenigen, die den größten Teil der Kosten getragen haben, aber von der Erderwärmung am wenigsten betroffen worden wären. Auch hier dürfte Europa an erster Stelle stehen, wieder gefolgt von den USA und China.

Allerdings könnte sich der Anstieg der Erdtemperatur auch trotz unverminderter CO_2-Emission abschwächen, falls Kohlendioxid nicht der maßgebliche Treiber von Temperaturveränderungen ist. In diesem Fall hätten die in der gemäßigten Klimazone liegende Regionen wie die USA und Europa geringe oder keine Vorteile, würden aber die unnötigen Kosten der Vermeidung tragen.

Wie man es auch drehen und wenden mag, das Kosten-Nutzen-Verhältnis der Klimapolitik dürfte vor allem für Europa schlecht ausfallen. Ob die zukünftigen Europäer den heute lebenden ihre sie schwer belastenden Entscheidungen in der Klimapolitik verzeihen werden, ist eine offene Frage. Dass sie diese Kosten tragen und zusätzlich Kompensationen zahlen werden, wie es der Drehbuchautor des Fernsehfilms *Ökozid* erwartet, kann allerdings bezweifelt werden.

Im Verlauf der Corona-Pandemie haben uns die Wissenschaft und die Wirtschaft beeindruckt. Das Genom des Coronavirus war schnell entschlüsselt und Impfstoffe gegen die von ihm versursachte Krankheit wurden in Rekordzeit entwickelt. Doch die Eindämmung der Infektionen erwies sich in der westlichen Hemisphäre als Sisyphusarbeit und die Beschaffung von Impfstoffen für die europäische Bürokratie als Desaster. Besonders schwer getroffen wurde das Selbstbewusstsein der Menschen auf dem europäischen Kontinent. Obwohl die europäischen Wissenschaftler und Unternehmer an vorderster Front bei der Entwicklung und Produktion von Impfstoff standen, fielen die Nationen Kontinentaleuropas in der Eindämmung der Infektion hinter die asiatischen Gesellschaften deutlich zurück. Bei der Verimpfung der entwickelten Stoffe schnitten sie gegenüber den USA, Großbritannien, Israel und anderen Ländern kläglich ab, wofür die verantwortlichen Politiker, insbesondere an der Spitze der Europäischen Kommission, die Übernahme der Verantwortung verweigerten. Viele Menschen empfanden einen Kontrollverlust über ihr Leben und fühlten sich hilflos.

»Erlernte Hilflosigkeit« nennen Psychologen einen Zustand, in dem Menschen die Erfahrung machen, dass sich ihre Lebensumstände verschlechtern, ohne dass sie daran etwas ändern können. Sie verlieren die Hoffnung auf Besserung, werden apathisch, erleiden Depressionen. Fällt eine ganze Gesellschaft in den Zustand der erlernten Hilflosigkeit, verdrängt Irrationalität Rationalität, Verschwörungstheorien über den verborgenen Grund der Verschlechterung kommen auf, die Menschen werden fatalistisch und melancholisch. Nach der Spanischen Grippe von 1918 erlebte die »alternative Medizin« eine Blüte, Chiropraktiker und Homöopathen hatten Zulauf.

Sir Arthur Conan Doyle, der Schöpfer von »Sherlock Holmes«, des rationalsten aller rationalen Detektive, hörte auf, Romane zu schreiben, nachdem sein Sohn an der Spanischen Grippe gestorben war. Er wandte sich dem Spiritismus zu. Die Welt der Kunst kehrte der Wissenschaft den Rücken, Melancholie und Fatalismus bestimmten den Ton. Oswald Spenglers 1918 und 1922 in zwei Bänden erschienene Abhandlung *Der Untergang des Abendlandes* machte Furore. Ihm folgte 1927 René Guénons *Die Krisis der Neuzeit*. Der Regisseur Friedrich Wilhelm Murnau brachte mit seinem Film *Nosferatu* 1922 die Legende des blutsaugenden Grafen Dracula in die Kinos und der Schriftsteller Dashiell Hammett begründete mit seinem Roman *Bluternte* Ende der 1920er-Jahre den amerikanischen »Roman noir«, ein Krimigenre, das ein fatalistischer Grundton durchzieht.

Für die Menschen war in der Zeit nach dem Ersten Weltkrieg die Spanische Grippe ein Mysterium. Man kannte zwar Bakterien als Krankheitserreger, aber Viren waren zu dieser Zeit unbekannt. Folglich war die Hilflosigkeit total. Im Vergleich dazu ist heute das Coronavirus bekannt und gut erforscht, Covid-19 kein Mysterium. Nur eine kleine Minderheit der Menschen misstraut der medizinischen Wissenschaft und sucht das Heil in alternativer Medizin. Aber so leistungsfähig die Wissenschaft auch ist, sie kann keine Patentrezepte zum Umgang mit dem Virus liefern. Auf diesem Feld blieb die Unsicherheit über lange Zeit groß, die Politik war hilflos, Verschwörungstheorien, Fatalismus und irrationale Leugnung der von dem Virus verursachten Krankheit kamen auf.

Während ich dies schreibe, ist das Narrativ der Pandemie unvollendet. Gelingt es dem Verbund aus Politik, Staatsbürokratie und Wissenschaft nicht, als erkennbarer Sieger über das Virus aus der Erzählung hervorzugehen, könnte sie durch die Erfahrung der erlernten Hilflosigkeit bestimmt werden. Diese Erfahrung könnte auf das Klima-Narrativ abfärben: Wenn es Politik, Bürokratie und Wissenschaft schon nicht gelang, die Naturgewalt des Coronavirus zu besiegen, die Pandemie also im Wesentlichen natürlich statt menschlichem Willen entsprechend verlief, wie soll der Mensch dann das Klima wie die Zentralheizung seiner Wohnung regulieren können?

Gehen Politik, Bürokratie und Wissenschaft dagegen als klare Sieger gegen das Virus aus der Pandemie hervor, dürfte das Vertrauen in die menschliche Beherrschung der Naturgewalten gestärkt werden. Klimapolitik und ökonomische Zentralplanung könnten neuen Auftrieb bekommen. Das Weltwirtschaftsforum, mit seinem Gründer Klaus Schwab und dem englischen Kronprinzen Charles an der Spitze, hat im März 2020 mit seinem Programm des *Great Reset* ganz auf diesen Sieg gesetzt. Aus ihrer Sicht entsteht aus der durch die Pandemie verursachten Zerstörung die einmalige Gelegenheit, die Weltwirtschaft auf »ökologischer« Grundlage neu aufzubauen.

Für den weiteren Verlauf beider Narrative dürfte es letztlich weniger auf die tatsächlichen Umstände ankommen als darauf, wer die Deutungsmacht über sie gewinnt. Zieht man den Einfluss auf die öffentliche Meinung ins Kalkül, von dem sie bestimmt werden, ist zu erwarten, dass sich Wissenschaft und Politik mit dem Sieg über das Virus schmücken und daraus ein Mandat für den geplanten *Great Reset* der Wirtschaft nach ihren Vorstellungen ableiten werden. Die Erfahrungen mit dem *Great Reset* der kapitalistischen Produktionsweise in Russland nach der Oktoberrevolution von 1917 lassen jedoch befürchten, dass am Ende dieses Wegs für alle ein weiteres grandioses Scheitern eines großen, in wenigen menschlichen Gehirnen gefassten Plans stehen wird.

Kapitel 24

Die Auflösung der liberalen Ordnung durch Identitätspolitik

Der liberale Rechtsstaat stellt höchste Ansprüche an die Mündigkeit einer Gesellschaft. Sie muss sich darauf einigen können, dass die Freiheit des Einzelnen über der Durchsetzung der von einer Mehrheit in der Gesellschaft verfolgten Ziele steht. Laut Friedrich von Hayek kann sich die offene Gesellschaft selbst keine Ziele setzen, sondern muss Regeln entwickeln, welche dem Einzelnen die größtmögliche Freiheit zur Entfaltung seiner Fähigkeiten geben.[135] Regeln setzen der Freiheit des Einen nur dort Grenzen, wo die Freiheit des Anderen beginnt. Das bedeutet, dass der liberale Rechtsstaat seine erfolgreicheren Bürger allenfalls zur Hilfe für ihre ohne eigenes Verschulden in Not geratenen Mitbürger verpflichten, aber niemals von den Regierenden oder einflussreichen Interessenverbänden geprägte Vorstellungen von »sozialer Gerechtigkeit« durchsetzen kann.

Die Regeln des gesellschaftlichen Umgangs entstehen im liberalen Rechtsstaat durch Versuch und Irrtum im Zeitverlauf. Die Komplexität des gesamten Regelwerks übersteigt die Fähigkeit eines einzelnen Verstands, es zu konstruieren. Weder der Gesetzgeber noch der urteilende Richter erschaffen die gesellschaftlichen Regeln. Vielmehr spüren sie die im gesellschaftlichen Umgang entstandenen Regeln auf und formulieren sie oder wenden sie auf konkrete Fragestellungen an. Freiheit schaffende Regeln sind abstrakt, von allgemeiner Natur und meist als Verbote formuliert.

Andreas Suchanek und Martin von Brok nennen als Voraussetzung für die Funktionsfähigkeit der auf Regeln fußenden Ordnung der Freiheit ein gemeinsames »Spielverständnis« der Gesellschaftsmitglieder im Hinblick auf ihre Grundwerte.[136] Ernst-Wolfgang Böckenförde hält einen »gesellschaftlichen Konsens« für notwendig, damit die Ordnung der Freiheit funktionieren kann.[137]

War in der Moderne der liberale Rechtsstaat eine auf dem Konsens der gesamten Gesellschaft beruhende Institution, zeichnet sich die Postmoderne der jüngeren Vergangenheit und Gegenwart durch die Auflösung dieses Konsenses in eine Mehrzahl von nicht miteinander verbundenen oder zu vereinbarenden Wahrheits- und Gerechtigkeitsbegriffen aus. Der französische Philosoph Jean-François Lyotard erklärt die Botschaft der Aufklärung in der Moderne für gescheitert.* Die »Erzählungen« in der Moderne legten, so Lyotard, der Welterklärung jeweils ein zentrales Prinzip zugrunde (im Liberalismus das Subjekt), um auf dieser Grundlage zu allgemeinen Aussagen zu kommen. Damit schieden sie jedoch das Heterogene aus und zwängen das Einzelne unter eine allgemeine Betrachtungsweise, welche gewaltsam dessen Besonderheiten einebnet.

Lyotard setzt an die Stelle eines allgemeingültigen und absoluten Erklärungsprinzips (insbesondere Subjekt und Vernunft) eine Vielzahl von Sprachspielen, welche verschiedene »Erzählungen«, also Erklärungsmodelle anbieten. Sein Kollege Jacques Derrida meint, dass jeder »Text« in einem Kontext steht und erst durch »Dekonstruktion« verstanden werden kann.[138] »Pluralismus statt Leitkultur« wäre wohl die daraus folgende politische Devise für einfachere

---

* Lyotard, 1986. Siehe weiterhin: »Meine Annahme besteht darin, dass das Projekt der Moderne (die Verwirklichung der Universalität) nicht aufgegeben, vergessen, sondern zerstört, ›liquidiert‹ worden ist. Es gibt mehrere Modi der Zerstörung, mehrere Namen, die sie symbolisieren. ›Auschwitz‹ kann als ein paradigmatischer Name für die tragische ›Unvollendetheit‹ der Moderne genommen werden ...Wie können die großen Legitimationserzählungen unter diesen Umständen noch glaubwürdig erscheinen?« (Lyotard, 2015, S. 50).

Gemüter.* Der Schriftsteller Frantz Fanon sieht in den »Schwarzen« eine Gruppe, die Opfer des »weißen« Kolonialismus geworden ist:

> »Dieses Europa ist buchstäblich das Werk der Dritten Welt. Die Reichtümer, an denen es erstickt, sind den unterentwickelten Völkern gestohlen worden … Deshalb werden wir nicht zugeben, dass die Hilfe an die unterentwickelten Länder als ein Werk der Barmherzigkeit verstanden wird. Vielmehr hat diese Hilfe eine doppelte Bedeutung: sie bestärkt die Kolonisierten in dem Bewusstsein, dass man ihnen etwas schuldig ist, und die kapitalistischen Mächte in der Erkenntnis, dass sie zahlen müssen.«[139]

Wortgewaltig feiert Jean-Paul Sartre die Gewalt als Mittel der »Dekolonisierung«: »Denn in der ersten Zeit des Aufstands muss getötet werden: einen Europäer erschlagen heißt zwei Fliegen mit einer Klappe treffen, nämlich gleichzeitig einen Unterdrücker und einen Unterdrückten aus der Welt schaffen. Was übrig bleibt ist ein toter Mensch und ein freier Mensch.«[140] Der Relativismus hat gesellschaftliche Konsequenzen: Dienten in der Moderne die Metaerzählungen noch dazu, gesellschaftliche Institutionen, politische Praktiken, Ethik und Denkweisen zu legitimieren, so geht in der Postmoderne dieser Konsens verloren und löst sich auf in eine Vielzahl von nicht miteinander zu vereinbarenden Wahrheits- und Gerechtigkeitsbegriffen.**

Globale Migration (und damit verbundener Druck auf indigene Bevölkerungen) treibt diese Entwicklung ebenso voran wie Konflikte innerhalb der Eliten aufgrund von frustrierten Eliteaspiranten.

---

* Natürlich darf man das um Gottes Willen nicht so platt sagen! Eine »Initiative GG 5.3 Weltoffenheit« von »Kulturschaffenden« verschwurbelte dies kürzlich höchst geistreich: »Weltoffenheit, wie wir sie verstehen, setzt eine politische Ästhetik der Differenz voraus, die Anderssein als demokratische Qualität versteht und Kunst und Bildung als Räume, in denen es darum geht, Ambivalenzen zu ertragen und abweichende Positionen zuzulassen. Dazu gehört es auch, einer Vielstimmigkeit Freiräume zu garantieren, die die eigene privilegierte Position als implizite Norm kritisch zur Disposition stellt.«

** Die Konzepte der Postmoderne und Dekonstruktion stammen aus dem Bereich der neuen französischen Philosophie. Vielleicht ist es deshalb kein Zufall, dass gerade in Frankreich Mehrheitsgesellschaft und Staat besonders nachsichtig gegenüber der Entstehung islamischer Parallelgesellschaften waren.

Kapitel 24

Während in der Moderne die Toleranz für Unterschiede, Heterogenität und Pluralität zunahm, entwickeln in der Postmoderne die »Tolerierten« Machtansprüche, die zur Rückkehr der Intoleranz führen. Auf diese Weise wandelt sich die Moderne auf dialektische Weise in die Postmoderne. Diese gibt die Vorlage für die dialektische Weiterentwicklung der einheitlichen zur in Identitätsgruppen zerfaserten multiplen Stammesgesellschaft (die an die vormoderne Standesgesellschaft erinnert).

In einer Zeit, in welcher der in der liberalen Ordnung entstandene wirtschaftliche Wohlstand selbstverständlich und gesichert erscheint, aber sich die Familienbande immer weiter lösen, weckt das Konzept der Stammesgesellschaft in vielen Bürgern die Erinnerung an eine längst verlorene Heimat. Sie ist hierarchisch zu dem Zweck organisiert, den Stamm zu erhalten und sein Wachstum zu fördern. Die Führung der Stammesgesellschaft konnte früher religiös, durch Erbfolge oder demokratisch legitimiert sein oder ihren Machtanspruch gewaltsam durchsetzen. In der multiplen Stammesgesellschaft der Gegenwart bildet sich die Führung spontan durch Zustimmung der Mitglieder. In jedem Fall verpflichtet die Führung der Stammesgesellschaft ihre Mitglieder zur Verfolgung gemeinsamer Zwecke, die sie zwar als »Volkswillen« oder »Gruppeninteressen« ausgeben mag, aber in Wahrheit in der Regel selbst definiert. Zur Motivation ihrer Mitglieder appelliert sie an die »Solidarität« im Volk oder in der Gruppe und verteufelt die Verfolgung individueller Interessen als Egoismus.

Das Konzept der Stammesgesellschaft profitiert davon, dass vielen Bürgern der liberale Rechtsstaat als kalt und herzlos erscheint. Er wird nur hingenommen, solange er sichtbare wirtschaftliche Erfolge bringt. Nachdem die Finanzkrise den weiteren wirtschaftlichen Erfolg infrage gestellt hatte, haben sich trotz des Scheiterns des Sozialismus viele vom Konzept des liberalen Rechtsstaats ab- und dem der multiplen Stammesgesellschaft zugewendet. Dabei war es unerheblich, dass gerade die Verletzung eines zentralen Prinzips des liberalen Rechtsstaats – der Verbindung von Freiheit mit Haftung im wirtschaftlichen Handeln – der Krise den Weg bereitet hatte. Der »Neoliberalismus« trug und trägt bis heute die Schuld, und die Antwort darauf ist die »Solidargemeinschaft«.

Das kommt nicht nur bei den links-grünen Anhängern des ökologischen Wohlfahrtsstaats, sondern auch bei den neuen Rechten an, die sich ebenfalls am Heimatgefühl und der Solidargemeinschaft der Stammesgesellschaft wärmen. Die Unterschiede sind nur graduell: Glauben die Anhänger des ökologischen Wohlfahrtsstaats daran, eine multiple Stammesgesellschaft als harmonische, multikulturelle Patchwork-Großfamilie nach ihren Vorstellungen erschaffen zu können, betrachten die neuen Rechten den Stamm als homogen und aus Blut und Boden kommend. Umstritten ist nur, wer zur Stammesgesellschaft gehören darf. Und das wird heute immer mehr durch »Identität« bestimmt.[141]

Identität wird als Zugehörigkeit zu einer bestimmten gesellschaftlichen Gruppe definiert, die in der multiplen Stammesgesellschaft die Rolle eines Stamms übernimmt. Auf der politisch rechten Seite wird homogene Identität in der Nation oder »Kultur« verortet. Auf der politisch linken Seite sucht man multiple Identitäten im »Anti-Rassismus«, »Anti-Kolonialismus«, der (»LBGTQ«-)Sexualität, im Widerstand gegen die Atomkraft, im Kampf gegen den Klimawandel, und so weiter. Der totalitäre Anspruch der Identitätspolitiker kann gewalttätig (vom »Nationalsozialistischen Untergrund« bis zur »Antifa«) oder durch »politischen Moralismus« (Hermann Lübbe)[142] durchgesetzt werden.

Letzterer fegt in einer besonders krassen Form durch die USA, wo Denkmäler gestürzt, nicht konforme Journalisten aus der *New York Times* gemobbt und an den Universitäten Sprechverbote erteilt werden. Öffentliche Schulen in Seattle und San Francisco haben Algebra als »rassistisch« eingestuft und die ehrwürdige, 1846 gegründete Kulturstiftung Smithonian Institution hat befunden, dass harte Arbeit, Individualismus und Kernfamilie »weiße Merkmale« seien.[143] Politischer Moralismus und Identitätspolitik von der links-grünen

Seite führt zu einer entsprechenden Antwort von der rechts-nationalen Seite, die ihren bisher größten Triumph mit dem Einzug Donald Trumps ins Weiße Haus feierte.

Identitätspolitik erzeugt und nährt Geschäftsmodelle für politische Entrepreneure.[144] Kämpften Minderheiten früher gegen negative Diskriminierung, nutzen sie ihre Kampferfahrung heute oft, um sich positive Diskriminierung zu verschaffen. Allein die frühere Benachteiligung soll die künftige Bevorzugung rechtfertigen – und umgekehrt. »Opfer-Entrepreneure«, so Kostner, gebärden sich als selbst ernannte Interessenvertreter von Opfergruppen. Ihnen gegenüber stehen in symbiotischer Verbundenheit »Schuld-Entrepreneure«, die »Tätergruppen« identifizieren. Dabei gilt: Täter ist, wer nicht Opfer ist. Zusammen erpressen sie durch politischen Moralismus von der Mehrheitsgesellschaft zur »Läuterung« durch Wiedergutmachung Leistungen, von denen sie sich einen Teil abzweigen.

Das Geschäftsmodell der Opfer- und Schuld-Entrepreneure dürfte vor allem für die mit staatlichen Subventionen an Universitäten am privaten Arbeitsmarkt vorbei produzierten Absolventen geisteswissenschaftlicher Studiengänge interessant sein. Sie können allenfalls auf eine Stelle im Staatsdienst hoffen und müssen für ihre Handlungen dort keine Konsequenzen befürchten.[145] So wendeten sich zum Beispiel die Leiter zahlreicher staatlich finanzierter Kultur- und Wissenschaftseinrichtungen in einem »Initiative GG 5.3 Weltoffenheit« titulierten Aufruf im Dezember 2020 gegen eine im Mai 2019 verabschiedete Resolution des Bundestags, die sich gegen die Verwendung öffentlicher Mittel zur Förderung der israelfeindlichen und als antisemitisch eingestuften Boykottbewegung *Boycott, Divestment and Sanctions* (BDS) aussprach. In linksidentitären Kreisen ist es gebräuchlich, dem Staat Israel die Rolle eines »Täters« und den Palästinensern die eines »Opfers« zuzuweisen. Natürlich tarnt man diese Haltung mit einem Lippenbekenntnis gegen Antisemitismus.

Aber auch der Unternehmensberatung eröffnet die Identitätspolitik unerwartet neue Geschäftsfelder. Der politische und soziale Druck zur »Diversität« in der Wirtschaft ist stark gewachsen. Es genügt nicht mehr, wie in den 1990er-Jahren im *War of Talents* nach den »Besten« zu suchen. Wollen sie nicht politisch oder sozial abgestraft werden, müssen Unternehmen ihre Mitarbeiter und Führungskräfte vor allem nach deren Gruppenzugehörigkeit auswählen. Das nährt *Diversity Consultants*, die helfen, Arbeitsplätze mit Bewerbern zu besetzen, die Ansprüche der Arbeitgeber auf deren Geschlecht, sexuelle Orientierung, Migrationsgeschichte, ethnische Herkunft oder Rasse (was nur in den USA so genannt werden darf) erfüllen. Nicht immer kommen dabei die tatsächlich Besten zum Zug, und es ist nicht sicher, dass gleichgeschaltetes Denken durch äußere Unterschiede verhindert wird.

Heute ist die bürgerliche Gesellschaft nicht mehr durch den einfältigen Totalitarismus des Sozialismus, sondern durch den neuen, vielfältigen Totalitarismus der um sich greifenden Identitätspolitik bedroht, der mit den Mitteln der politischen Moralisierung und Gewalt durchgesetzt wird. Statt »sozialer Gerechtigkeit« ist nun »Identitätsgerechtigkeit« das Ziel. Hayek identifizierte das Ziel der »sozialen Gerechtigkeit« als trojanisches Pferd, durch das der singuläre, staatliche Totalitarismus die Ordnung der Gesellschaft übernimmt.[146] »Identitätsgerechtigkeit« führt dagegen zum Zerfall der Gesellschaft und zu identitätsspezifischem Totalitarismus. Denn wenn sich die Gesellschaftsmitglieder zuerst als Angehörige bestimmter Identitätsgruppen und erst in zweiter Linie als Bürger begreifen – und die Gesellschaft insgesamt als Beute sehen –, kommt es auf der Ebene der Identitäten zum Krieg aller gegen alle, wie ihn Thomas Hobbes schon im 17. Jahrhundert in seinem *Leviathan* beschrieben hat.

Migration spielt eine wichtige Rolle in der Aufspaltung der Gesellschaft in Identitätsgruppen. Von den »Identitätslinken« (Kostner) werden Migranten als Nachfolger der Marx'schen Proletarier als besondere Opfergruppe betrachtet (insbesondere, wenn sie darüber hinaus als Opfer von »Rassismus« stilisiert werden können). Außerdem hängt ihre Fähigkeit zur Eingliederung in die Gesellschaft, außer von ihrer eigenen Bereitschaft, stark von ihrem Bildungsstand ab, wenn sie aus einem anderen Sprach- und Kulturraum kommen. Nimmt man an, dass die meisten Einwanderer mit guten Absichten kommen, kann die Eingliederung dennoch misslingen, wenn ihr Bildungsstand niedrig ist. In Deutschland gelang die Eingliederung von europäischen und asiatischen Arbeitsmigranten mit höherer Bildung (südkoreanische Krankenschwestern) ohne große Probleme. Die Eingliederung türkischer Gastarbeiter und arabischer Zuwanderer mit geringerer Bildung ist – bis teilweise in die zweite und dritte Generation – dagegen nur unzulänglich gelungen. Bilden Einwanderer eigene gesellschaftliche Gruppen, geht das die Gesellschaft zusammenhaltende »Spielverständnis« verloren.

Einwanderungsgesellschaften stehen vor einer besonderen Herausforderung. Fühlt sich die indigene Bevölkerung von den Einwanderern bedroht, kann es zu heftigen Reaktionen kommen. Populistische Politiker bekommen Aufwind und spalten die Gesellschaft zu ihrem Vorteil. Beispiele dafür gibt es in Indien, wo Premierminister Narendra Modi eine betont hinduistische Politik gegen die Muslimminderheit durchsetzt, in Brasilien, wo sich Präsident Jair Bolsonaro als Interessenvertreter der weißen Wählerschaft versteht, oder in Myanmar, wo die Regierung »ethnische Säuberungen« zu verantworten hat. In Frankreich spaltet die Einwanderung von Muslimen aus den früheren nordafrikanischen Kolonien die Gesellschaft und stärkt nationalistische Parteien. Laut dem früheren US-Präsidenten Barack Obama ist die USA »das erste wirkliche Experiment zum Aufbau einer großen, multiethnischen, multikulturellen Demokratie. Und wir wissen noch nicht, ob das halten kann«.[147]

In den USA stieg Donald Trump als Vertreter weißer Arbeiter zum Präsidenten auf, und es bleibt auch nach seiner Abwahl offen, ob die Spaltung der amerikanischen Gesellschaft überwunden werden kann. Am 6. Januar 2020 stürmten Trump-Anhänger das Kapitol in Washington D.C., den Sitz des Parlaments. Die Spaltung der US-Gesellschaft ist so tief, dass sogar seit 240 Jahren in ihr verwurzelte, demokratische Institutionen (Parlament) und Prozeduren (Wahlverfahren) infrage gestellt und von erschreckend vielen Bürgern abgelehnt werden.

Wir gewinnen einen besseren Überblick über das Geschehen, wenn wir in das Jahr 1990 zurückgehen. Das Sowjetimperium befand sich im Untergang, China und Indien öffneten sich dem Welthandel und die Zentralbanken übernahmen die Versicherung der Wirtschaft gegen Abschwünge. Die politische Linke schien erledigt, mit der liberalen Weltordnung das »Ende der Geschichte« erreicht. Doch erwies sich das aus im Wesentlichen drei Gründen als eine Illusion:

1. Globalisierung durch Handel, neue Kommunikationstechniken und Migration verringerten zwar die Einkommensungleichheit zwischen den Kontinenten, erhöhten sie aber innerhalb der Industrieländer des Westens. Die Gesellschaften zerfielen in *Anywheres* und *Somewheres*, in Globalisierungsgewinner und Verlierer.
2. Die Versicherung gegen wirtschaftliche Abschwünge durch die Zentralbanken schuf die Illusion der *Great Moderation* – des Versicherungsstaats in Perfektion –, führte aber in Wahrheit zur Finanzialisierung der Wirtschaft. Der Zinsverfall machte Vermögende reicher und es dem klassischen Geldsparer schwerer, Vermögen zu bilden.
3. Die politische Linke erfand sich neu. Statt dem Klassenkampf zwischen Arbeitern und Kapitalisten widmete sie sich nun dem Identitätskampf gesellschaftlicher Gruppen gegen die liberale Mehrheitsgesellschaft.

Wie schon so oft bei anderen Gelegenheiten bildeten die USA die Avantgarde auch dieser Entwicklung. Die Einkommens- und Vermögensungleichheit nahm dort rascher zu als anderswo. Der Versuch, über *Sub-Prime*-Hypotheken unteren Schichten zu Hausbesitz zu verhelfen, scheiterte. Als Einwanderergesellschaft waren sie anfälliger für die Identitätspolitik der neuen Linken als andere

Gesellschaften. Die alte Sünde der Verschleppung und Versklavung afrikanischer Menschen kam als Trauma zurück.

Im Bürgerkrieg von 1861 bis 1865 ging es vor allem um die Bewahrung der Union, aber auch um die Entmachtung der Südstaatenelite, die sich mit den wirtschaftlichen Gewinnen ihrer von Sklaven bewirtschafteten Plantagen einen größeren Einfluss auf die Bundespolitik verschaffen konnte als die Kaufleutegesellschaft des Nordens. Die Abschaffung der Sklaverei war vor allem Mittel zu diesem Zweck, und erst in zweiter Linie ein humanitäres Anliegen. Die Sklaven wurden befreit, aber nicht als gleichberechtigte Bürger akzeptiert. Sie und ihre Nachfahren wurden noch hundert Jahre danach vielfach als Menschen zweiter Klasse behandelt (was in den »Jim-Crow-Gesetzen« zur Rassentrennung legitimiert wurde). Erst in den späten 1950er-Jahren gewann die Bürgerrechtsbewegung (*Civil Rights Movement*) an politischem Momentum. Durch Verordnungen und Gesetze sollte in den 1960er-Jahren die Rassendiskriminierung überwunden und die Gleichstellung erreicht werden. Ab den 1970er-Jahren änderte sich der Charakter der *Affirmative Action* jedoch: Zunehmend wurde »positiv« diskriminiert. Die früher Benachteiligten sollten jetzt Vorteile bekommen.

Die Möglichkeit, aufgrund seiner Herkunft Vorteile erlangen zu können, öffnete den Weg zur (zunächst von der politischen Linken betriebenen) Identitätspolitik. Wer sich als »Opfergruppe« organisieren konnte, hatte Aussicht, sich besserzustellen als der durchschnittliche Angehörige der Mehrheitsgesellschaft. »Anwälte« nahmen sich den Anliegen der Opfergruppen an und begründeten das Geschäftsmodell der »Opfer-Entrepreneure« und »Schuld-Entrepreneure« (siehe oben), die den Angehörigen der Mehrheitsgesellschaft ein schlechtes Gewissen einredeten. Opfer- und Schuld-Entrepreneure arbeiteten Hand in Hand – sichtbar zum Beispiel in der *Woke Culture* und *Black Lives Matter*-Bewegung.

Für die privilegierten Angehörigen der Mehrheitsgesellschaft war linke Identitätspolitik verkraftbar. Solange sie nicht ihre Wirtschaftsinteressen beeinträchtigte, war sie sogar besser als die klassische linke Politik der Umverteilung über das Steuersystem. Vielleicht erklärt das die gelegentlich sichtbare Sympathie von Angehörigen der Oberschicht für linke Identitätspolitik: Solange die Linke damit beschäftigt ist, ist es gut. Anders sah dies für die unterprivilegierten Angehörigen der Mehrheitsgesellschaft aus. Positive Diskriminierung von Opfergruppen bedeutete für sie negative Diskriminierung. Der Ausweg: Organisierung als eigene Opfergruppe über die »Stammeszugehörigkeit«, die Nation. So förderte die linke Identitätspolitik den Aufschwung rechter Identitätspolitik.

Der Zerfall der Gesellschaft hat begonnen, sich in der Wahrnehmung der Bürger zum Stand ihrer bürgerlichen Freiheiten niederzuschlagen. Der *Voice & Accountability*-Index der Weltbank misst die Wahrnehmung der Bürger eines Landes, in welchem Ausmaß sie an der Wahl ihrer Regierung mitwirken können, und ihre Einschätzung der Meinungs- und Vereinigungsfreiheit sowie der Freiheit der Medien. Außer in Deutschland und Japan, wo der Wert auf hohem beziehungsweise niedrigem Niveau stabil geblieben ist, hat sich der Index in allen Ländern seit den 1990er-Jahren verschlechtert. In den USA und Frankreich setzte die Verschlechterung schon vor der Finanzkrise ein. In Italien löste insbesondere die Eurokrise einen Rückgang des Index aus (Grafik 24.1).

Der Biologe und Evolutionsforscher Peter Turchin versucht, mit quantitativen Methoden Determinanten zyklischer gesellschaftlicher Entwicklungen vom Rom der Antike bis zu den Vereinigten Staaten von Amerika der Gegenwart zu bestimmen. Eine herausragende Rolle spielt dabei die Entwicklung der Bevölkerung, weshalb er sein Konzept *Structural Demographic Theory* nennt.[148] Ausgangspunkt ist die These, dass eine Gesellschaft an sozialen und politischen Konflikten arm und wirtschaftlich erfolgreich ist, wenn sie sich auf eine von ihren Mitgliedern weitgehend akzeptierte Ordnung verständigen kann.

Grafik 24.1: Einschätzungen der Bürger zum Stand ihrer bürgerlichen Freiheiten

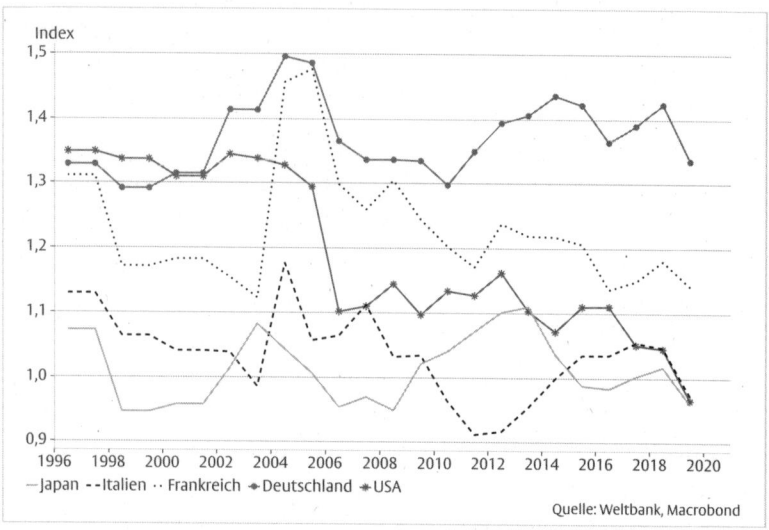

Quelle: Weltbank, Macrobond

Die Gesellschaft verliert diese Balance und es kommt zum Abschwung im Wohlergehen und Anstieg an Konflikten, wenn ein Überangebot an Arbeitskräften entsteht. Das führt zu Lohnsenkungen und einer Verschlechterung des Lebensstandards der Mehrheit der Bevölkerung. Gleichzeitig verbessern sich aber die Lebensumstände einer elitären Minderheit, die aus den gefallenen Löhnen der Masse Nutzen ziehen kann. Der Anreiz, zur Elite aufzusteigen, wird größer und es gibt mehr Eliteaspiranten als Eliteplätze. Es kommt zu erhöhtem Wettbewerb innerhalb der Elite und Konflikten. Frustrierte Eliteaspiranten bilden Gegeneliten und versuchen, die Masse der Bevölkerung gegen die herrschenden Eliten zu mobilisieren. Das Ergebnis ist soziopolitische Instabilität, die sich in zunehmenden politischen Konflikten (bis zum Bürgerkrieg), wirtschaftlichem Abstieg und einer Finanzkrise des Staates äußert. Erst wenn die Überbesetzung der Elite bereinigt ist, kann der Tiefpunkt überwunden werden und der Wiederaufstieg (und mit ihm ein neuer Zyklus) beginnen.

Turchin hat dieses Narrativ auf die USA in der Zeit von den Revolutionskriegen um 1780 bis 2010 angewendet.[149] Dabei bestimmt er einen kompletten Zyklus zwischen 1780 und 1920 mit dem Höhepunkt um 1820. Der laufende, noch nicht abgeschlossene Zyklus begann um 1920, erreichte seinen Höhepunkt in den 1970er-Jahren und befindet sich seither im Abschwung. Dort treiben das Wachstum der inländischen Bevölkerung, Einwanderung, Globalisierung und die steigende Erwerbstätigkeit von Frauen das Arbeitsangebot in die Höhe und drücken vor dem Hintergrund einer gleichgültigen Gesellschaft und Regierung die Reallöhne. Da die Menschen dafür Ausgleich suchen, bildet sich ein Eliteüberschuss, der zu verstärktem Wettbewerb, Konflikten innerhalb der Elite und politischer Instabilität führt. Die Präsidentschaft von Donald Trump war ein Phänomen dieser Entwicklung, die nicht abgeschlossen ist und daher die Präsidentschaft von Joe Biden überschatten dürfte.

Folgt man Turchin, muss sich die amerikanische Gesellschaft erst wieder ihrer Zerrissenheit um 1920 annähern, damit die Wende kommen und sich ein neuer Aufschwung entfalten kann. Aus Angst vor revolutionären Verhältnissen beschränkten die Eliten damals die Einwanderung. Die Löhne stiegen, und der Anreiz, sich in die Elite hochzukämpfen, nahm ab. Gleichzeitig erhöhte die etablierte Elite die Zugangsbarrieren zu ihrer Gruppe (unter anderem, indem sie Juden und Afroamerikaner systematisch ausschloss) und handelte mit den Gewerkschaften einen Burgfrieden aus. Das leitete zwar einen neuen Aufschwung des allgemeinen Wohlergehens ein, der seinen Höhepunkt in den 1970er-Jahren erreichte. Die Maßnahmen legten aber auch dessen Ende an, das durch die überzogene Macht der Gewerkschaften, eine leistungsfeindliche Steuerpolitik und die gesellschaftliche Diskriminierung von jüdischen und afroamerikanischen Bürgern herbeigeführt wurde.

Auch die Geschichte des Römischen Reiches und seiner Nachfolger bieten vielfältiges Anschauungsmaterial für das Auf und Ab freiheitlicher Ordnungen (siehe Kapitel 19). Im Verlauf des Mittelalters kehrte die Herrschaft unter dem Recht teilweise wieder zurück und entwickelte sich über die Jahrhunderte unter vielen Rückschlägen zu neuer Blüte im liberalen Rechtsstaat im Zeitalter der Aufklärung und der »Moderne«, die nun von der »Postmoderne« bedroht ist.

Nachwort

Wohin das Modell der staatlichen Allversicherung führen kann, zeigt beispielhaft die im November 2020 gehaltene Schillerrede des Virologen Christian Drosten. Die Freiheit war Friedrich Schillers wichtigstes persönliches und künstlerisches Anliegen. Zum Gedenken an ihren Namensgeber richtet die Deutsche Schillergesellschaft im Deutschen Literaturarchiv in Marbach am Neckar seit 1999 alljährlich eine »Schillerrede« aus. Warum der Virologe Drosten, zu dieser Zeit allgemein bekannt und Bundeskanzlerin Merkel beratend, qualifiziert sein sollte, an Schillers Anliegen zu erinnern, erschließt sich dem Betrachter allerdings ebenso wenig wie die entsprechende Qualifikation vieler vorangegangener Redner. Wie dem auch sei, immerhin griff Drosten Schillers Anliegen auf. Was dabei herauskam, könnte man als eine Umsetzung von Ulrich Becks Vorstellung der »Ermächtigung von Staaten und zivilgesellschaftlichen Bewegungen zur Legitimation von neuen Handlungsoptionen« ansehen.

Drosten will »der Frage nach der mit der Freiheit in Zusammenhang stehenden Verantwortung« nachgehen. »Was fangen wir mit all der Freiheit an, die wir so sehr schätzen? Was leiten wir daraus für den Umgang mit anderen Menschen und der Gesellschaft als Ganzes ab?« Und er gibt die Antwort: »Je mehr ich mich als Individuum aus freien Stücken verantwortlich verhalte, desto weniger Anlass gebe ich dem Staat, ins gesellschaftliche Leben einzugreifen. Je unbedachter und egoistischer ich aber handle, desto eher muss der Staat meine Freiheit beschränken, um das Gemeinwesen wie auch das Wohlergehen der anderen Menschen wirksam zu schützen.« Im Hinblick auf die Corona-Krise fordert er »eine Art pandemischen Imperativ: ›Handle in einer Pandemie stets so, als seist Du selbst positiv getestet, und Dein Gegenüber gehörte einer Risikogruppe an.«

Wer aber definiert »verantwortliches Handeln«? Natürlich der Versicherungsstaat, der sich diese Definition von Experten einholt. Freiheit ist für den Virologen Drosten also ein vom Staat gewährter Bewegungsspielraum zur Erhaltung der Volksgesundheit. George Orwell, der Erfinder des *Doublethink*, hätte seine Freude an der Umdeutung der Freiheit in den Gehorsam gegenüber dem Versicherungsstaat gehabt.

Dem von der Risikogesellschaft gezeugten Versicherungsstaat ist das Scheitern an sich selbst in die Wiege gelegt. Der Versicherungsstaat hat sich so aufgebläht, dass er zu seiner Finanzierung auf die Geldschaffung der Zentralbank angewiesen ist. Er hofft, die Schulden in der Zukunft zurückzahlen und die Geldausweitung rückgängig machen zu können. Wie Goethes Zauberlehrling wird er aber die Kontrolle über die Geister, die er rief – die Anhäufung von Staatsschulden und die Geldmengenausweitung – verlieren. Denn der Versicherungsstaat wird nie eine gute Gelegenheit finden, den monetären Überhang durch einen Abbau der Staatsverschuldung zu beseitigen. Wenn die Inflation der Vermögenspreise schließlich von einer ausufernden Verbraucherpreisinflation begleitet wird, gelangt der Versicherungsstaat an einen Wendepunkt.

Was wird als nächstes kommen? Wir können nur spekulieren. Vielleicht wird sich Kredit- oder »Fiat«-Geld, wie es manchmal genannt wird, in absterbendes Geld mit schwindender Kaufkraft verwandeln, und neues Geld wird entstehen. Vielleicht wird neues Geld privat in Form von Kryptowährungen emittiert, die gegenüber sterbendem Kreditgeld an Wert gewinnen. Schuldner in Kreditgeld werden von der Inflation entlastet, Gläubiger werden Verluste erleiden. Vielleicht haben die Menschen für eine Weile genug vom grenzenlosen Versicherungsstaat, und wir erleben eine weitere Periode der Abstinenz, wie in der ersten Hälfte der 1980er-Jahre. Der Versicherungsschutz durch den Staat könnte dann viel sparsamer ausfallen. Aber es gibt kein »Ende der Geschichte«. In der Zukunft lauert die Wiederauferstehung des Versicherungsstaats.

Doch brauchen wir nicht zu fürchten, dass uns die »Götter« dazu verdammt haben, Niedergang und Wiederaufstieg des Versicherungsstaats in einem endlosen Zyklus zu erleiden. Die schicksalslastige Weltanschauung der alten Griechen wird durch die Reflexivität relativiert: Wenn die Erkenntnis zyklischer Abläufe zur Änderung von Handlungen führt, kann das auch den zyklischen Ablauf beeinflussen. Die Dynamik der Geschichte kann sich ändern, wenn sie als solche erkannt wird. Um die Dynamik positiv zu beeinflussen, wären jetzt Anstrengungen zur Rückkehr zu Gemeinsinn und gegenseitigem Respekt im Rahmen der liberalen Ordnung von Wirtschaft und Gesellschaft nötig.

Dafür müssten wir gesamtgesellschaftliche Antworten auf die Herausforderungen unserer Zeit finden, also einen Ausgleich zwischen Alt und Jung, analoger und digitaler Welt, Umwelt und Wirtschaft aushandeln. Wir müssten die Zuwanderung sinnvoll regeln und unsere Geldordnung reformieren. Wir müssten einsehen, dass wir dazu verurteilt sind, unter radikaler Unsicherheit zu handeln. Einsicht in die Abläufe, die unsere Gesellschaft bestimmen, ist nötig. Doch von solcher Einsicht ist leider gerade wenig zu sehen.

Anmerkungen

1. In der *Frankfurter Rundschau*, 10. April 2020.
2. Wikipedia, Artikel »Essay« (abgerufen am 9.4.2021).
3. Kehlmann, 2005.
4. Bernstein, 1998.
5. https://ec.europa.eu/clima/citizens/support_de
6. »Bericht zur Risikoanalyse im Bevölkerungsschutz 2012«, Drucksache 17/12051, 3. Januar 2013.
7. Kay und King, 2020.
8. Beck, 2017, S. 45.
9. Habenicht, 2020.
10. Beck, 2017, S. 139,20.
11. Knight, 1921.
12. Keynes, 1936.
13. Kay und King, 2020, S. 69–84.
14. Mayer, 2018; Kleinheyer und Mayer, 2020.
15. Wagenknecht, 2011.
16. Erhard, 2009, S. 248–249.
17. Erhard, 2009, S. 252.
18. Erhard, 2009, S. 254–255.
19. Hayek, 1982.
20. Beck, 2017, S. 44.
21. Vahrenholt und Lüning, 2020, S. 226.
22. IPCC, 2014, S. 48–49 (eigene Hervorhebungen).
23. IPCC, 2014, S. 61.
24. Vahrenholt und Lüning, 2020.
25. Bojanowski, 2020.
26. Von Storch, 2020.
27. Popper, 1945.
28. Kuhn, 1970.
29. Lakatos, 1976.
30. Vahrenholt und Lüning, 2020.
31. Von Storch, 2020.
32. Wikipedia, »COVID-19-Pandemie« (abgerufen am 9.4.2021).
33. Welt am Sonntag, 14. Februar 2021.
34. Mises, 2007.
35. Welt am Sonntag, 28. Juni 2020.
36. Knotek, 2007.
37. Markowitz, 1952.
38. Murphy, 2007.
39. Mandelbrot und Hudson, 2005.
40. Herr, 2005.
41. Lowenstein, 2002, S. 234.
42. Rajan, 2020, S. 42–45.
43. https://de.scalable.capital/vermoegensverwaltung-dynamisches-risikomanagement, aufgerufen am 3. Februar 2021.

Anmerkungen

44 Zu § 10 der Derivateverordnung.
45 Brunnermeier et al., 2011.
46 Siehe dazu https://ec.europa.eu/commission/presscorner/detail/en/MEMO_18_3726
47 Beck, 2017, S. 30.
48 Wikipedia, »Nuklearkatastrophe von Fukushima – 10.4.3 Deutschland« (abgerufen am 9.4.2021).
49 Beck, 2017, S. 139.
50 Beck, 2017, S. 43.
51 Beck, 2017, S. 143.
52 Beck, 2017, S. 142.
53 Beck, 2017, S. 22.
54 Beck, 2017, S. 342.
55 Beck, 2017, S. 24.
56 Beck, 2017, S. 70–71.
57 Gesetz zur Verhütung und Bekämpfung von Infektionskrankheiten beim Menschen (Infektionsschutzgesetz (IfSG) § 32 Erlass von Rechtsverordnungen.
58 Beck, 2017, S. 138.
59 Lübbe, 2019.
60 Beck, 2017, S. 27.
61 Beck, 2017, S. 28.
62 Turchin, 2016.
63 Beck, 2017, S. 240.
64 Beck, 2017, S. 245.
65 Beck, 2017, S. 127–128.
66 Böckenförde, 2019, S. 112–113.
67 Böckenförde, 2019, S. 113.
68 Tocqueville, 1835/41.
69 Schuknecht, 2021.
70 Standard & Poor's, 2021.
71 Standard & Poor's, 2021, S. 10.
72 Standard & Poor's, 2021, S. 7.
73 Banerjee und Hofmann, 2020.
74 McGowan et al., 2017.
75 Siegel, 1994.
76 Bessembinder et al., 2019.
77 Immenkötter, 2021.
78 Hayek, 1982.
79 Böckenförde, 2019, S. 45.
80 Erhard, 2009; Hayek, 1982.
81 Beznoska und Henche, 2017.
82 Scheuer und Slemrod, 2020.
83 Scheuer und Slemrod, 2020.
84 Böckenförde, 2019, S. 221.
85 Duarte und Mayer, 2021.

[86] Bagus, 2010.
[87] Böckenförde, 2019, S. 243.
[88] Taleb, 2013.
[89] Artikel 191, Absatz 2 des Vertrags über die Arbeitsweise der Europäischen Union.
[90] Kay und King, 2020.
[91] Clausewitz, 1998, S. 157.
[92] The Economist, 2020.
[93] Mayer, 2019.
[94] Suchanek und von Brook, 2012.
[95] Kleinheyer und Mayer, 2020.
[96] Shiller, 2017.
[97] Shiller, 2019.
[98] Mises, 1985.
[99] Keynes, 1936.
[100] Shiller, 2019.
[101] Kay und King, 2020; Kleinheyer und Mayer, 2020.
[102] Soros, 1987.
[103] Hagstrom, 1999.
[104] Foster, 2019.
[105] Turchin, 2003.
[106] Bott und Milkau, 2018.
[107] Kleinheyer, 2020.
[108] Akerlof, 1970.
[109] Kay und King, 2020.
[110] Kay und King, 2020.
[111] Turchin, 2016.
[112] Cavendish, 2019.
[113] Aleman, 2013; Cavendish, 2019.
[114] Mayer und Schnabl, 2021.
[115] Goodhart und Pradhan, 2020.
[116] Varian, 2020.
[117] Bonin, 2014, S. 56.
[118] Bonin, 2014, S. 58.
[119] Bonin, 2014, S. 1.
[120] Houellebecq, 2015.
[121] Wikipedia, »Liste der Länder nach muslimischer Bevölkerung« (abgerufen am 9.4.2021).
[122] Manea, 2019.
[123] Plumpe, 2019.
[124] Varian, 2020; Goodhart et al., 2020.
[125] Bernholz, 1980.
[126] Weede, 2020.
[127] Rong, 2020.
[128] Allison, 2017.
[129] Die Welt, 24. November 2020.
[130] Wikipedia, »Liste der Länder nach muslimischer Bevölkerung« (abgerufen am 9.4.2021).
[131] Tilly, 2012.
[132] Vahrenholt und Lüning, 2020.
[133] Vahrenholt und Lüning, 2020, S. 271.

[134] Wikipedia, »Klimawandelleugnung« (abgerufen am 9.4.2021).
[135] Hayek, 1982.
[136] Suchanek und Brok, 2012.
[137] Böckenförde, 2019.
[138] Engelmann, 2015.
[139] Fanon, 2020, S. 83–84.
[140] Fanon, 2020, S. 20.
[141] Mayer und Tofall, 2017.
[142] Lübbe, 2019.
[143] Weiss, 2021.
[144] Kostner, 2019.
[145] Kostner, 2019, S. 14, 26.
[146] Hayek, 1982.
[147] *Financial Times*, 30. November 2020 (https://www.ft.com/content/5dc98d87-8915-4501-a5c1-f39745407190).
[148] Turchin, 2003.
[149] Turchin, 2016.

Liste der Grafiken

1.1 Covid-19-Neuinfektionen in den Kalenderwochen 2020–2021

3.1 OECD-Länder: Sozialausgaben und Alterung der Bevölkerung

4.1 Globale Industrieproduktion und Kohlendioxidgehalt der Luft

5.1 USA: Okuns »Gesetz« (1949–2020)

5.2 Eurozone: Okuns »Gesetz« (1996–2020)

5.3 USA: Okun-Koeffizient im Verlauf der Zeit

5.4 Eurozone: Okun-Koeffizient im Verlauf der Zeit

5.5 USA: Phillips Kurve (2010/Q1–2020/Q4)

5.6 Eurozone: Phillips-Kurve (2010/Q1–2020/Q4)

5.7 G7 Länder: Staatsschuldenquoten (1995–2022)

5.8 USA: S&P 500-Aktienindex und Federal Funds Rate

6.1 USA: Zinsen 1990–1996

6.2 Rendite und Schwankungen von 10-jährigen US-Staatsanleihen

6.3 S&P 500: Monatliche Veränderung und Standardabweichungen

6.4 Asien- und Russlandkrise 1997–1998: Wechselkurse

6.5 Zinsdifferenzen für 10-jährige Staatsanleihen

6.6 USA: Optionspreisvolatilität

6.7 Auslagerung von Bankkrediten durch Verbriefung

6.8 USA: Immobilienkredite (in % des BIP)

6.9 USA: Politikzins und Hypothekenzins

6.10 USA: Leitzins und Vergabe von Hypothekenkrediten

7.1 USA: Aktienmarkt und Arbeitslosigkeit

7.2 USA: Aktienmarkt und Politikzins

8.1 Staatsschuld und Bruttoinlandsprodukt in den USA, der Eurozone und Japan

8.2 Bruttoinlandsprodukt, Geldmenge (M1), Staatsverschuldung (alle in USD) und Zins in USA, Japan und Eurozone

9.1 Gesamtrendite verschiedener Anlagen (in EUR)

10.1 MSCI World (Mid & Large Cap, Gesamtrendite in EUR)

10.2 Qualitätsaktien (in USD, 1995–2021)

10.3 Qualitätsaktien (in USD, 2020–2021)

Liste der Grafiken

11.1 Globale Vermögensverteilung
11.2 Dollarmillionäre (% der gesamten Welt, Ende 2019)
18.1 Eurozone: Nominales Bruttoinlandsprodukt und Geldmenge M3
18.2 Deutschland: Vermögens-, Verbraucherpreise und Zins
18.3 Bernankes »Sparschwemme«: US-Zins und asiatische Leistungsbilanzüberschüsse
18.4 Summers' »Säkulare Stagnation«: US-Zins und globale Investitionsquote
18.5 OECD: Veränderung von Sparquote und Altersquotient, 1995–2018
18.6 Schätzung und Prognose der Erwerbsbevölkerung (15- bis 64-Jährige)
18.7 Abhängigkeitsrate
19.1 Afrika und EU: Differenz in der Bevölkerung und BIP pro Kopf
19.2 Afrika und EU: Nettomigration
20.1 Siegeszug der Internet-Plattformen und Software-Firmen
20.2 Marktkapitalisierung: Apple versus DAX All Shares
20.3 US S&P 500-Preisindex (in USD, nach Sektoren/Industrien)
20.4 USA: Löhne und Gehälter nach Qualifikation
21.1 Inflation, Zins und Aktienpreise
21.2 Geldmenge (M1) und Bruttoinlandsprodukt in USA, China, Japan und Eurozone (in USD)
21.3 Deutschland: Vermögenspreise nach Klassen
22.1 Nominales Bruttoinlandsprodukt (mit IWF-Prognose)
22.2 Welt-Bruttoinlandsprodukt – Anteile der Länder
22.3 Marktkapitalisierung großer Internet-Plattformen
24.1 Einschätzungen der Bürger zum Stand ihrer bürgerlichen Freiheiten

Liste der Tabellen

Tabelle 8.1 Bilanzen von Zentralbank und Geschäftsbanken
Tabelle 8.2 Konsolidierte Bilanz des Staats
Tabelle 11.1 Verteilung der Steuern auf die Einkommensdezilen (2017)
Tabelle 11.2 Effekte der Besteuerung von Ersparnis
Tabelle 13.1 Formen der Unsicherheit und des Umgangs mit ihr

Literatur

Akerlof, George (1970): ›The Market for ›Lemons‹. Quality Uncertainty and the Market Mechanism‹, in: *Quarterly Journal of Economics, 84*, S. 488–500

Allison, Graham (2017): *Destined for War*. Scribe Publications (London)

Aleman, André (2013): *Wenn das Gehirn älter wird*. C.H.Beck (München)

Bagus, Philipp (2012): *The Tragedy of the Euro*. Ludwig von Mises Institute (Auburn, Alabama)

Banerjee, Ryan und Boris Hofmann (2020): »Corporate zombies. Anatomy and life cycle«, in: *BIS Working Papers Nummer 882*, September 2020

Beck, Ulrich (2017): *Weltrisikogesellschaft*. Suhrkamp (Frankfurt)

Bernholz, Peter (1980): *Monetary Regimes and Inflation*. Edward Elgar (Cheltenham, UK)

Bernstein, Peter L. (1998): *Against the Gods. The Remarkable Story of Risk*. John Wiley & Sons (New York)

Bessembinder, Hendrik (Hank), Te-Feng Chen, Goeun Choi und Kuo-Chiang (John) Wei (2019): »Do Global Stocks Outperform US Treasury Bills?«, 5. Juli 2019 (https://ssrn.com/abstract=3415739 order http://dx.doi.org/10.2139/ssrn.3415739)

Beznoska, Martin und Tobias Hentze (2017): »Die Verteilung der Steuerlast in Deutschland«, in: *IW-Trends 1/2017*

Böckenförde, Ernst-Wolfgang (2019): *Recht, Staat, Freiheit. Studien zur Rechtsphilosophie, Staatstheorie und Verfassungsgeschichte*. Suhrkamp (Frankfurt)

Bojanowski, Axel (2020): »Was 2020 alles passieren sollte«, in: *Die Welt*, 31. Dezember 2020

Bonin, Holger (2014): *Der Beitrag von Ausländern und künftiger Zuwanderung zum deutschen Staatshaushalt*. Bertelsmann Stiftung (Gütersloh)

Bott, Jürgen und Udo Milkau (2018): »Risk Culture and the Role Model of the Honorable Merchant«, in: *Journal of Risk and Financial Management*, 2018, 11(3), 40.

Brunnermeier, Markus K. et al. (2011): »The sovereign-bank diabolic loop and ESBies«, in: *American Economic Review Papers and Proceedings*, Vol. 106, Nr. 5, S. 508–512

Cavendish, Camilla (2019): *Extra Time. Ten Lessons for an Ageing World*. HarperCollins (London)

Clausewitz, Carl von (1998): *Vom Kriege*. Berlin (Ullstein)

Duarte, Pablo und Thomas Mayer (2021): »Unterwerfung. Staatsfinanzierung durch Zentralbanken«, in: Flossbach von Storch Research Institute, 30. März 2021

Ehrhard, Ludwig (2009): *Wohlstand für Alle*. Anaconda (Köln)

Engelmann, Peter (2015): »Einführung. Postmoderne und Dekonstruktion. Zwei Stichwörter zur zeitgenössischen Philosophie«, in: Peter Engelmann (Hrsg.): *Postmoderne und Dekonstruktion*. Reclam (Ditzingen)

Fanon, Frantz (2020): *Die Verdammten dieser Erde*. Suhrkamp (Frankfurt). Im Original 1961 erschienen

Anmerkungen

Foster, Lauren (2019): »Aswath Damodaran on the Disruption Dilemma«, in: Enterprising Investor, CFA Institute, 23. Dezember 2019 (https://blogs.cfainstitute.org/investor/2019/12/23/aswath-damodaran-on-the-disruption-dilemma/)

Friedman, Milton (1962): *Price Theory. A provisional Text*. Aldine (Chicago)

Goodhart, Charles und Manoj Pradhan (2020): *The Great Demographic Reversal*. Palgrave Macmillan (Cham) 2020

Habenicht, Georg (2020): *Ablass. Wertpapier der Gnade*. Michael Imhof Verlag (Petersberg)

Hagstrom, Robert G. (1999): *The Warren Buffett Portfolio*. John Wiley & Sons (New York)

Hayek, F. A. (1982): *Law, Legislation, and Liberty*. Routledge (London and New York), Neuauflage 2013

Herr, Hansjörg (2005): »Die Finanzkrise in Russland im Gefolge der Asienkrise.« Bundeszentrale für politische Bildung. Aus Politik und Zeitgeschichte, 26. Mai 2005

Houellebecq, Michel (2015): *Die Unterwerfung*. Dumont (Köln)

Immenkötter, Philipp (2021): »Das Risiko der einzelnen Aktie«, in: Flossbach von Storch Research Institute, 3. März 2021

IPCC (2014): Klimaänderung 2014, Synthesebericht. (Genf)

Kay, John und Mervyn King (2020): *Radical Uncertainty*. The Bridge Street Press (London)

Keynes, John Maynard (1936): *The General Theory of Employment, Interest and Money*. Macmillian & Co. (London)

Kleinheyer, Marius und Thomas Mayer (2020): »Discovering Markets«, in: *Quarterly Journal of Austrian Economics*, Vol. 23, Nr. 1 (Frühjahr), S. 3–32

Kleinheyer, Marius (2020): »Der ehrbare Finanzkaufmann«, in: Flossbach von Storch Research Institute, 22. September 2020

Kehlmann, Daniel (2005): *Die Vermessung der Welt*. Rowohlt (Reinbek)

Knight, Frank (1921): *Risk, Uncertainty and Profit*. Houghton Mifflin (New York)

Knotek, Edward (2007): »How Useful is Okun's Law?«, in: Federal Reserve Bank of Kansas City, Economic Review, Viertes Quartal 2007, S. 73–93

Kostner, Sandra (2019): »Identitätslinke Läuterungsagenda. Welche Folgen hat sie für die Migrationsgesellschaften?«, in: Sandra Kostner (Hrsg.): *Identitätslinke Läuterungsagenda. Eine Debatte zu ihren Folgen für Migrationsgesellschaften*. Ibidem (Stuttgart)

Kuhn, Thomas S. (1970): *The Structure of Scientific Revolutions*. University of Chicago Press (Chicago)

Lakatos, Imre (1976): *Proofs and Refutations*. Cambridge University Press (Cambridge)

Lowenstein Roger (2002): *When Genius Failed*. Fourth Estate (London)

Lübbe, Hermann (2019): *Politischer Moralismus. Der Triumph der Gesinnung über die Urteilskraft*. LIT Verlag (Münster)

Lyotard, Jean-François (1986): *Das postmoderne Wissen. Ein Bericht*. Passagen Verlag (Wien)

Lyotard, Jean-François (2015): »Randbemerkungen zu den Erzählungen«, in: Peter Engelmann (Hrsg.): *Postmoderne und Dekonstruktion*. Reclam (Ditzingen) 2015

Mandelbrot, Benoît und R. L. Hudson (2005): *The (Mis) Behaviour of Markets*. Profile Books (London)

Manea, Elham (2019): »Wie das Schuldbewusstsein der Weißen dem Islamismus Vorschub leistet«, in: Sandra Kostner (Hrsg.): *Identitätslinke Läuterungsagenda. Eine Debatte zu ihren Folgen für Migrationsgesellschaften*. Ibidem (Stuttgart)

Markowitz, Harry (1952): »Portfolio Selection«, in: *The Journal of Finance*, März 1952

Mayer, Thomas und Norbert F. Tofall (2017): »Integristen und Identitäre. Anti-Globalisierung und Anti-Kapitalismus auf dem Vormarsch«, in: Flossbach von Storch Research Institute (Köln)

Mayer, Thomas (2018): *Austrian Economics, Money and Finance*. Routledge (London)

Mayer, Thomas (2018): *Die Ordnung der Freiheit und ihre Feinde*. FinanzBuch Verlag (München)

Mayer, Thomas and Gunther Schnabl (2021): »Reasons for the Demise of Interest. Savings Glut and Secular Stagnation or Central Bank Policy?«, in: *Quarterly Journal of Austrian Economics*, 24, 1 (Frühjahr)

McGowan, Adalet M., D. Andrews und V. Millot (2017): »The Walking Dead? Zombie Firms and Productivity Performance in OECD Countries«, in: OECD Economics Department Working Paper No. 1372

Mises, Ludwig von (1985): *Theory and History. An Interpretation of Social and Economic Evolution*. Neuauflage Ludwig von Miss Institute (Auburn, Ala.) 2007

Mises, Ludwig von (2007): *Human Action. A Treatise in Economics*. Liberty Fund (Indianapolis)

Murphy, Anne L. (2007): »Trading options before Black-Scholes. A study of the market in late-seventeenth-century London«, in: *The Economic History Review*, 26. November 2007

Planck, Max (1948): *Wissenschaftliche Selbstbiographie*. Barth (Leipzig)

Plumpe, Werner (2019): *Das kalte Herz*. Rowohlt (Berlin)

Pohlmann, Markus (2000): »Max Weber und der ›konfuzianische Kapitalismus‹«, in: *PROKLA* Heft 119, Jg. 30, 2000, Nr. 2, S. 281–300

Popper, Karl R. (1945): *The Open Society and Its Enemies*. Routledge (London)

Rajan, Raghuram (2010): *Fault Lines*. Princeton University Press (Princeton)

Rawls, John (1971): *A Theory of Justice*. Harvard University Press (Cambridge, Mass.)

Reilly, Frank und Keith Brown (2000): *Investment Management and Portfolio Management*. Hartcourt (Orlando, FL)

Rong, Jian (2020): »A China Bereft of Thought«, in: Timothy Cheek, David Ownby, Joshua A. Fogel (Hrsg.): *Voices from the Chinese Century*. Columbia University Press (New York)

Scheuer Florian und Joel Slemrod (2020): »Taxing Our Wealth.« Cesifo Working Papers 8719/ November 2020

Schuknecht, Ludger (2021): *Public Spending and the Role of the State*. Cambridge University Press (Cambridge)

Schumpeter, Joseph (2014): *Capitalism, Socialism and Democracy*. Kindle-Edition, Sublime Books (Floyd, VA)

Shiller, Robert (2017): »Narrative Economics. Cowles Foundation Discussion Paper no. 2069.« Cowles Foundation for Research in Economics, Yale University, New Haven, Conn, Januar 2017

Shiller, Robert (2019): *Narrative Economics. How Stories Go Viral and Drive Major Economic Events.* Princeton University Press

Siegel, Jeremy (1994): *Stocks for the Long Run. A Guide to Selecting Markets for Long-term Growth.* Burr Ridge (Illinois)

Springer, Roland (2019): »Ideologie der Weltoffenheit – wie links ist die identitätslinke Läuterungsagenda«, in: Sandra Kostner (Hrsg.): *Identitätslinke Läuterungsagenda. Eine Debatte zu ihren Folgen für Migrationsgesellschaften.* Ibidem (Stuttgart)

Soros, George (1987): *The Alchemy of Finance.* John Wiley & Sons (New York)

Standard & Poor's (2021): »Sovereign Debt 2021. Global Borrowing Will Stay High to Spur Economic Recovery«, in: S&P 5. März 2021

Storch, Hans von (2020): *Klimawandel, was ist zu tun?* Ludwig Erhard Stiftung, Bonn, 2. Oktober 2020

Suchanek, Andreas und Martin von Brok (2012): »Stakeholder-Dialoge. Investitionen in ein gemeinsames Spielverständnis«, in: Wittenberg-Zentrum für globale Ethik, Diskussionspapier Nr. 2012-5

Taleb, Nassim (2013): *Antifragile. Things that Gain from Disorder.* Penguin (London)

The Economist (2020): »What the armed forces can teach business«, 24.10.2020, S. 58

Tocqueville, Alexis de (1835/1841): »Über die Demokratie in Amerika.«(https://etwasanderekritik.files.wordpress.com/2012/05/17alexis_de_tocqueville.pdf)

Tolstoi, Leo N. (2002): *Krieg und Frieden.* Patmos (Düsseldorf und Zürich)

Tilly, Michael (2012): »Kurze Geschichte der Apokalyptik.« Bundeszentrale für Politische Bildung, 11. Dezember 2012 (https://www.bpb.de/apuz/151302/kurze-geschichte-der-apokalyptik?p=2)

Turchin, Peter (2003): *Historical Dynamics. Why States Rise and Fall.* Princeton University Press (Princeton, New Jersey)

Turchin, Peter (2016): *Ages of Discord. A Structural-Demographic Analysis of American History.* Beresta Book (Chaplin, Connecticut)

Vahrenholt, Fritz und Sebastian Lüning (2020): *Unerwünschte Wahrheiten.* Langenmüller (München)

Varian, Hal (2020): »Automation versus procreation (aka bots versus tots).« Voxeu.org, 30. März 2020

Wagenknecht, Sahra (2011): *Freiheit statt Kapitalismus.* Eichborn (Frankfurt am Main)

Weede, Erich (2020): »Does Chinese Economic Development fit the Austrian Perspective?«, in: A. Godart van der Kroon (Hrsg.): *The Austrian School of Economics in the 21st century.* Mises Institut Brüssel (in Vorbereitung)

Weiss, Bari (2021): »In meinem Amerika haben die Leute Angst vor der illiberalen Linken«, in: *Die Welt,* 6. März 2021

Personenregister

Ackermann, Josef 12
Akerlof, George 187 f.
Aleman, André 195
Allison, Graham 234
Bagus, Philipp 166
Beck, Ulrich 8, 25, 39, 99, 101, 103 f., 106, 112, 229, 267
Bernanke, Ben 199
Bernholz, Peter 222, 226 f.
Bernstein, Peter, L. 9, 27
Bessembinder, Hank 144
Biden, Joe 106, 236, 240, 265
Bismarck, Otto von 117,
Black, Fischer 68, 77
Böckenförde, Ernst-Wolfgang 115, 147 f., 166, 254
Bolsonaro, Jair 260
Bonin, Holger 208
Bott, Jürgen 187
Brok, Martin von 254
Brunnermeier, Markus 96
Buffett, Warren 184
Carlowitz, Hans Carl von 127
Cavendish, Camilla 195
Charles, Prince of Wales 251
Clausewitz, Carl von 175, 178
Corzine, Jon 11
Damodaran, Aswath 185 f.
Deng Xiaoping 231 f.
Derrida, Jacques 254
Doyle, Arthur Conan 249
Drosten, Christian 267 f.
Elisabeth II. 51
Erhard, Ludwig 32, 232
Fama, Eugene 67
Fanon, Frantz 255

Fermat, Pierre de 25
Finetti, Bruno de 27, 30
Friedman, Milton 27 f., 54
Friedman, Steven 11
Gaulle, Charles de 236
Gauß, Carl Friedrich 9, 70 f.
Goodhart, Charles 202, 204
Greenspan, Alan 72, 90, 92, 109, 119
Guénons, René 250
Hammett, Dashiell 250
Hayek, Friedrich von 29, 147, 253, 259
Hegel, Georg Wilhelm Friedrich 124
Houellebecq, Michel 211
Humboldt, Alexander von 9
Immenkötter, Philipp 144
Jain, Anshu 12
Kay, John 8, 23, 27, 99, 173, 181, 186, 189, 191
Kehlmann, Daniel 9
Kelton, Stephanie 124
Keynes, John Maynard 26 f., 30, 54, 58, 117, 163, 181
King, Mervyn 8, 23, 27, 99, 173, 181, 186, 189, 191
Kleinheyer, Marius 179, 181
Knight, Frank 26, 30
Kober, Ulrich 208
Kohl, Helmut 238
Konfuzius 232, 234 f.
Kostner, Sandra 258 f.
Kuhn, Thomas S. 44 f., 180
Lakatos, Imre 45, 180
Lintner, John 66
Litterman, Bob 11
Lowenstein, Roger 82
Lübbe, Hermann 105, 257

Lüning, Sebastian 39, 41, 46, 244
Lyotard, Jean-François 254
Mandelbrot, Benoît 72
Markowitz, Harry 64 f., 69, 71, 95
Marx, Karl 216, 218
Meriwether, John 11, 77, 82
Merkel, Angela 42, 100, 102, 108, 189 f., 246, 267
Merton, Robert C. 11, 68, 77, 82
Milkau, Udo 187
Milken, Michael 69
Mises, Ludwig von 29, 51, 181
Mitterrand, François 238
Modi, Narendra 260
Moivre, Abraham de 25 f.
Mossin, Jan 66
Murnau, Friedrich Wilhelm 250
Napoleon I. (Bonaparte) 237
Napoleon III. 237
Nixon, Richard 226
Obama, Barak 240, 260
Okun, Arthur 53 ff.
Orwell, George 268
Pacioli, Luca 63
Pascal, Blaise 25
Phillips, Alban William 53
Popper, Karl 99
Pradhan, Manoj 202, 204
Ramsey, Frank 27, 30
Richelieu, Armand-Jean du Plessis, duc de 237
Rong, Jian 232
Rueff, Jacques 236
Rumsfeld, Donald 27
Sahin, Ugur 124
Sansal, Boualem 239

Sartre, Jean-Paul 255
Schnabel, Isabel 52, 54
Scholes, Myron 11, 68, 77, 82
Schröder, Gerhard 246
Schuknecht, Ludger 117
Schumpeter, Joseph 30
Schwab, Klaus 251
Sharpe, William 66
Shiller, Robert 179, 181
Soros, George 183 f.
Spengler, Oswald 250
Storch, Hans von 43
Suchanek, Andreas 254
Summers, Larry 200
Taleb, Nassim Nicholas 169
Thunberg, Greta 43
Tocqueville, Alexis de 116, 178
Tolstoi, Leo 174
Toynbee, Arnold 18
Träger, Jörg 208
Trump, Donald 106 ff., 235, 240, 260, 265
Turchin, Peter 186, 191, 263, 265
Vahrenholt, Fritz 39, 41, 46, 244
Volcker, Paul 227
Weede, Erich 231
Weizsäcker, Carl Christian von 200
Xi Jinping 232, 239 f.

Sachregister

Abhängigkeitsrate 204 f.,

Ablassblase 24

Afrika 207 ff., 234

Afroeurasien 234

Aktien 28, 60 f., 65, 75 ff., 109 ff., 128 f., 132 ff., 137 ff., 214 f., 222 ff.

Alternative für Deutschland (AfD) 107 f.

Altersabhängigkeitsquote 34, 204

Alterung der Gesellschaft 191, 195 ff.

Antifragilität 127, 172 f.

Artificial Intelligence 213

Asset-Backed Securities 86

Besteuerung des CO2-Ausstoßes 39 ff., 177, 246

Big Data 213, 232, 239

Black Lives Matter 262

Capital Asset Pricing Model (CAPM) 66 f., 71

Chancengerechtigkeit 35 f.

China 47 f., 101, 118, 150 f., 192, 203 ff., 218, 223, 226, 231 ff., 248, 261

Civil Rights Movement 262

CO2-Konzentration 40

Collateralized Debt Obligation 86

Collateralized Mortgage Obligations 69, 88

Collective Action Clauses 131

Corona-Pandemie 14, 18, 37 ff. 104, 107, 117 f., 139, 148, 150, 154, 161 ff., 169 f., 192, 202, 207, 221, 228, 243, 249

Credit Default Swaps 12, 89

De-Globalisierung 240

Deutsche Bank 12

Digitalisierung 18, 138, 140, 156 f., 191, 213 ff.

doppelte Buchführung 63 f.

Drei-Speichen-Regel 64 ff.

Duration 73

ehrbarer Kaufmann 187 ff.

Einkommenssteuer 148 ff., 196

Energiewende 103

erlernte Hilflosigkeit 249

Ersparnisschwemme 200

EU-Aufbaufonds 165

Europäische Zentralbank (EZB) 52 ff., 60, 96, 129 ff., 164 f., 170, 197 f., 227

European Safe Bonds (ESBies) 96

»Experten« 38, 99, 103 ff.

Expertenherrschaft 99 ff.

Federal Reserve 10 f., 60, 72 f., 75, 80 ff., 117

Flossbach von Storch 184, 198

Fordismus 214 ff.

Fraktalgeometrie 72

GameStop 137 f.

Geldkrise 148, 166, 206

Geldmenge 122 ff., 197 f., 221 ff, 227

Generationenbilanz 196, 208

Gold 134 f., 226 f.

Goldman Sachs 10 ff., 74

Great Reset 251

Greenspanismus 117, 124

Greenspan-Put 60, 109

Große Finanzkrise 12, 51, 169

Große Gesellschaft 31

Humankapital 156 f., 199

Hyperinflation 135, 222, 227

Identitätsgerechtigkeit 212, 259

Identitätspolitik 18, 36, 210, 239, 253 ff.

Immobilien 58, 75, 88 ff., 122, 132 ff., 155 f., 222, 225, 227

Industrie 4.0 213

Inflationsziele 58

Internet of Things 213

IPCC (Intergovernmental Panel on Climate Change, Weltklimarat) 39, 40, 42, 244
Japan 61, 78, 99 f., 118 f., 122 f., 222 ff., 263 f.
Junk Bonds 69
kalter Friede 236
Kapitalismus 30, 94, 101, 216, 232
Keltonismus 124
Klimaaktivisten 43, 104
Klimaleugner 245
Klimawandel 12 f., 16 ff., 24, 37 ff., 191, 243 ff.
Kliodynamik 186
Konfuzianismus 232, 239
Kreditvergabe 58, 85, 89, 92, 198, 221
Kryptowährungen 135, 227, 268
Lateinische Münzunion 238
Long-Term Capital Management (LTCM) 11, 77 ff., 97
Mean-Variance Portfolio Optimisation 65
messbare Unsicherheit 26, 173
Migration (siehe auch Völkerwanderung) 192, 207 ff., 255, 259, 261
Modern Finance 11, 65 ff.
Modern Monetary Theory 124 f.
Moderne 254 ff., 266
moderne Finanztheorie 63 ff., 170
moderne Geldpolitik 51 ff.
moderne Gesellschaft 99
moderner Sozialstaat 159
monetäre Staatsfinanzierung 164
Muslime 212, 239, 240
Nachhaltigkeit 99, 127
Narrative 18, 138, 173 ff., 179 ff., 184 ff., 191, 251
Narrative Economics 179
Niedrigzinspolitik 88, 221

Nifty Fifty 140, 142
»No Covid«-Strategie 49
Okun-Koeffizient 53 ff.
Okuns Gesetz 53 ff.
Opfer- und Schuld-Entrepreneure 258, 262
Option 68, 79, 128, 131, 143
Optionspreistheorie 68 f., 77
Optionspreisvolatilität 83
Österreichische Schule 29
Österreichische Wirtschaftstheorie (ÖWT) 180 f.
Paradigma 44 ff., 190
Paradigmenwechsel 45, 180
Phillips-Kurve 53 f., 56, 58 ff.
politischer Moralismus 105, 239, 257 f.
Postmoderne 254 ff., 266
Prä-mortem-Analyse 174 f., 206, 211, 228
Querdenker 49, 107
radikale Unsicherheit 26, 30, 37 f., 50, 51, 60, 70, 99, 115, 127, 132, 144, 169 ff., 175 ff. 181, 183, 191, 269
Reflexivität 58, 60, 99, 110, 112, 183, 269
Regional Comprehensive Economic Partnership (RECEP) 240
Reichenmigration 158
Resilienz 128, 134, 143 ff., 148, 172 f., 178, 188
Risiko 26, 65 ff., 86, 165, 187 ff.
Risikogesellschaft 99
Risiko-Pooling 8, 109, 165
Robustheit 127, 133, 145, 172 f.
säkulare Stagnation 200 ff., 205
Salomon Brothers 77
SARS-CoV-2 13 ff., 47, 171, 191
Sekuritisierung 84
Sharpe-Quotient 67
Sklaverei, Abschaffung 262

soziale Gerechtigkeit 33, 35 f., 148 f, 152, 253, 259

Soziale Marktwirtschaft 31 f.

Sozialleistungsquote 34

Sparschwemme 200 ff., 205

Spielverständnis 176, 254, 260

Staatsverschuldung 118, 122 f., 163, 190, 202, 268

Stammesgesellschaft 31, 36, 256 f.

Stationarität 39, 70

Structural Demographic Theory 263

Thymologie 181, 184

totalitäre Gesellschaft 34

totalitärer Staat 36, 147, 159 f., 232

Totalitarismus 101, 159 f., 259

Tragik der Allmende 165

Umlageverfahren 196

Unbekanntes, bekanntes 18, 28, 37, 172 f., 191 ff., 195

Unbekanntes, unbekanntes 18, 37, 172 f.

Value-at-Risk-Modelle (VaR-Modelle) 69 ff., 94 ff.

Vermögenpreise 198

Vermögensabgabe 154 f.

Vermögenspreisinflation 58, 123

Vermögenssteuer 149 f., 152 ff.

Versicherungsstaat 10, 17, 33, 97, 109, 115 ff., 127 ff., 148, 161 ff., 178, 268

Volatility, Uncertainty, Complexity and Ambiguity 175

Völkerwanderung 191, 207 ff.

Vorsichtsprinzip 102

Vorsorgeprinzip 171 f.

Wachstumsaktien 139

Wahrscheinlichkeitsrechnung 9 ff., 23 ff., 64, 67

Weltklimarat (siehe auch IPCC

Wertaktien 139

Wohlfahrtsstaat 32, 148, 257

Woke Culture 262

Zentralbank-Put 109

zentrale Planung 31, 170

»Zero Covid«-Strategie (siehe auch »No Covid«-Strategie) 49

Zins 52 ff., 63 ff., 77 ff., 90 ff., 122, 128 f., 192, 198 ff., 221 ff.

Zombie-Unternehmen 138

Über den Autor

Thomas Mayer ist Gründungsdirektor und Leiter des Think Tanks Flossbach von Storch Research Institute. Zuvor war er Chefvolkswirt der Deutschen Bank Gruppe und Deutschland-Volkswirt bei Goldman Sachs und Salomon Brothers. Bevor er in die Privatwirtschaft wechselte, arbeitete er beim Internationalen Währungsfonds in Washington und beim Institut für Weltwirtschaft in Kiel. Er ist Gewinner des getAbstract International Book Award und mehrmaliger Manager-Magazin-Bestsellerautor.

Die neue Ordnung des Geldes

Thomas Mayer

Seit der Finanzkrise stehen die Banken unter Generalverdacht und nicht wenige ihrer Kunden fühlen sich von Bankern ausgebeutet. Im Sog der öffentlichen Empörung überzieht die Politik das Bankgewerbe mit Strafen und will es bis ins kleinste Detail regulieren. Die Hohepriester der Ökonomie an den Universitäten und den Zentralbanken liefern dazu bereitwillig die Blaupausen. Doch kratzt man an der Oberfläche der Diskussion um die Banken, stellt man fest, dass sogar unter Experten heillose Verwirrung über die einfachsten Begriffe herrscht. Was ist eigentlich Geld und wie entsteht es? Was machen die Banken wirklich? Was ist Zins? Kann es ein stabiles Geldsystem überhaupt geben?

Thomas Mayer – einer der renommiertesten deutschen Wirtschaftsexperten – wagt es, sich dem Konsens der Experten entgegenzustellen und die konventionelle Makroökonomik und Finanztheorie herauszufordern. Seine Antwort auf die Frage nach einer besseren Geldordnung ist eine Geldreform, die unsere gegenwärtige Passivgeldordnung durch eine Aktivgeldordnung ersetzt. Mayer ist kein Krisenprophet. Er glaubt, dass unser mangelhaftes Geldsystems in einem evolutionären Prozess verbessert werden kann – wenn Politiker und Entscheidungsträger es nur wollen.

256 Seiten | Softcover | 17,99 € (D) | 18,50 € (A) | ISBN 978-3-89879-840-2

Die neue Kunst, Geld anzulegen

Thomas Mayer

Unser Geld hat eine seiner einst elementaren Eigenschaften verloren: Es ist nicht länger Mittel zur Wertaufbewahrung. Gezielt wurde in den letzten Jahren darauf hingearbeitet, den Bürgern das Sparen abzugewöhnen. Denn wer spart – also ein Großteil der Deutschen – entzieht nach Meinung der vorherrschenden Wirtschaftslehre dem Wirtschaftskreislauf Geld und muss dafür mit Null- oder Negativzinsen bestraft werden. Doch nicht das Verständnis der Bürger, sondern die gängige Geld- und Finanztheorie scheint in einem höchst besorgniserregenden Zustand zu sein.

Was also ist zu tun? Nichts weniger, als die Geld- und Finanztheorie neu zu erfinden. Thomas Mayer – einer der renommiertesten deutschen Wirtschaftsexperten – hat diesen Schritt gewagt und liefert nach seinem Buch zu einer neuen Geldordnung nun mit der »Austrian-Finance-Theorie« erstmals das Fundament für ein völlig neues Verständnis für die Geldanlage. Denn so aktuell sich die modernen und verhaltensorientierten Finanztheorien geben, so wenig sind sie sich ihrer Mängel und mitunter zerstörerischen Auswirkungen auf die Finanzmärkte und die Wirtschaft bewusst. Es ist deshalb Zeit für einen kompletten Neuanfang, ehe die weltfremden Theorien endgültig in die Katastrophe führen.

240 Seiten | Softcover | 17,99 € (D) | 18,50 € (A) | ISBN 978-3-89879-986-7

Die Ordnung der Freiheit und ihre Feinde

Thomas Mayer

Der Zusammenbruch der Sowjetunion wirkte einst wie ein großartiger Sieg der liberalen Ordnung über die sozialistische Unterdrückung. Davon kann heute keine Rede mehr sein. Von »links« wird sie für die Finanzkrise sowie eine ungerechte Verteilung von Einkommen und Vermögen kritisiert. Von »rechts« wird sie als Bedrohung für nationale Identität und Wohlstand durch fremde Mächte verschrien. Das führt zu bizarren Verbrüderungen der politischen Linken und Rechten gegen einen gemeinsamen Feind: die liberale Ordnung.

Angesichts der enormen Leistungen der liberalen Ordnung wirken die Anfeindungen absurd. Warum verteufeln die Menschen ein Prinzip, das nachweislich zu Wohlstand beigetragen und ein Leben in Freiheit ermöglicht hat, und fordern stattdessen eine sozialistische Gesellschaftsordnung, obwohl alle politischen Systeme, in denen diese gelebt wurde, gescheitert sind?
Thomas Mayer zeigt, warum wir den Prinzipien des Liberalismus verdanken, was wir erreicht haben und was wir sind. Und er gibt einen Ausblick darauf, was passiert, wenn die Prinzipien der liberalen Gesellschaftsordnung nicht mehr verstanden und stattdessen von Politikern ausgehebelt werden: Wir verlieren alles – unsere Freiheit und unseren wirtschaftlichen Wohlstand.

240 Seiten | Softcover | 17,99 € (D) | 18,50 € (A) | ISBN 978-3-95972-127-1